KB218059

불교사회복지개론

프라즈냐 총서 17

불교사회복지개론

-불교사회복지의 사상과 역사, 실천체계 및 현황-

조보각 · 손능인 · 김혜도 · 최영신 著

운주사

본 연구는 대원학술기금의 지원으로 이루어졌습니다.

머리말

고령화의 진행으로 인한 노인 인구의 증가, 가족 부양 의식의 약화, 가족 가치관의 변화, 개인적 이기주의 팽배 등 다양한 사회문제의 증가 속에 사회복지에 대한 욕구가 증대하고 있다. 불교는 이러한 사회문제를 해결하는 데 있어 커다란 힘과 자원을 가지고 있으며 그 사회적 역할이 매우 증가하고 있다.

불교계는 종단 산하에 사회복지재단을 설립하면서 그동안 개별적 관심 수준에서 진행되던 불교계의 사회복지활동들이 크게 확대되기 시작하였다. 불교계의 사회복지활동이 보다 효과적, 체계적으로 이루어지기 위해서는 불교사회복지의 역할 정립과 더불어 사회복지서비스가 필요한 대상자들에게 적절한 서비스를 제공하기 위한 불교사회복지 전문인력 양성이 시급한 과제라 할 수 있다.

불교사회복지의 역할 정립과 불교사회복지 전문인력의 양성은 다양한 방법의 모색과 지원이 필요하다. 특히 불교사회복지학의 학문적 기반을 마련하기 위한 체계적인 교재의 개발이 필요하다.

불교사회복지는 불교라는 종교의 정체성을 바탕으로 내재된 불교사상을 사회복지실천을 통하여 발현하는 과정으로, 불교사회복지학이 정립되기 위해서는 독자적이고 과학적인 기반 위에 서야 한다.

따라서 불교사회복지의 개념과 대상, 의의, 원리에 대한 명확한 정리가 필요하며, 불교사회복지학의 연구 대상과 영역을 체계적으로 정리함으로써 학문의 성립을 위한 필수조건을 확보해야 한다. 이를 통하여 불교사회복지의 보편적 실천방법을 제시하여야 한다.

또한 최근 지역사회 내에서 다수의 불교사회복지시설과 기관들이 다양한 사회복지사업들을 제공하고 있으며, 이들 시설과 기관들은 사회복지서비스의 제공에 있어 불교적 인간관, 세계관이 반영된 실천 방법을 통하여 불교사회복지의 독자성의 확보가 필요하다.

그러므로 불교사회복지 전문인력들을 위한 불교사회복지 교재의 개발은 불교사회복지의 독자성 확보는 물론 불교의 수행방법으로도 이용될 수 있으며, 전문적인 사회복지 실천의 유용한 도구가 되어 사회복지 대상자들의 삶의 질을 높일 수 있다.

이러한 의미에서 이 책은 불교사회복지에 대한 올바른 관점과 폭넓은 영역의 이해를 통하여 불교사회복지를 배우고자 하는 학생들은 물론 불교사회복지 관련 종사자들에게 불교사회복지의 학습에 필요한 기본 적이고 전문적인 지식을 제공하여, 불교사회복지 전문인력으로서의 능력을 향상하도록 하는 데 목적이 있다.

불교사회복지에 대한 체계적인 이해를 위하여 이 책은 제1장에서 불교사회복지의 개념과 대상, 제2장에서 불교사회복지의 사상, 제3장 에서 불교사회복지의 원리, 제4장에서 불교사회복지의 발달과정, 제5 장에서 불교사회복지의 실천방법과 체계, 제6장에서 불교사회복지

분야론, 제7장에서 불교사회복지 실천현황, 제8장에서 불교사회복지의 과제에 대하여 다루고 있다.

끝으로 이 책이 나올 수 있도록 지원을 해 주신 대한불교진흥원 이사장님과 대원학술기금 관계자 여러분께도 감사드린다.

2012년 8월
저자 일동

【표】

【그림】

제1장 불교사회복지의 개념과 대상

제1절 사회복지의 개념

1. 사회복지 개념의 출현

사람들은 모두 행복한 삶을 살고자 한다. 그러나 살아가는 데 필요한 삶의 조건들은 사람들에게 언제나 행복을 보장해 주지 않는다. 사람들은 누구나 전 생애에 걸쳐 행복하게 살아가는 데 있어 여러 가지 위험을 만나게 된다. 이러한 위험들 중 사회구성원 대부분에게 보편적으로 발생할 가능성이 많고, 위험 발생과 그 결과에 대한 책임을 개인에게만 탓할 수 없는 경우가 있는데, 이러한 위험이 바로 사회적 위험(social risk)이다. 즉 사회적 위험은 사회가 공동체적 차원에서 공동으로 대처하기로 인정한 위험을 말한다(조흥식·권기창·이태수·박경수·이용표·엄규숙·박기훈, 2008: 24~25).

한 사회가 어떤 위험을 사회적 위험으로 승인하느냐의 여부는 그 사회의 도덕적 규범과 위험 발생의 원인에 대한 사회적 인식에 달려 있다. 따라서 각 사회마다 승인된 사회적 위험의 내용은 상이할 수 있다. 국제노동기구(ILO)는 1952년에 "사회보장의 최저기준에 관한 조약"에서 현대산업사회에서 국가가 보장해야 할 9가지 사회적 위험들을 열거하고, 국가가 이러한 위험들로부터 시민을 지키기 위하여 9가지의 사회보장 급여를 제공할 것을 권고하였다. 또한 이러한 급여는 외국인에게도 평등하게 제공되어야 한다는 것을 명시함으로써 사회보장에 대한 권리가 시민의 권리를 넘어서서 인간의 권리로 보장되어야 함을 선언하고 있다.

ILO의 조약에서 추론할 수 있는 사회적 위험들의 내용은 질병, 노동능력 상실이나 감소, 실업, 노령, 산업재해, 자녀양육, 직업병, 임신과 분만, 부양자의 사망이다. 이러한 사회적 위험들은 개인의 노동능력을 감소시키거나, 상실하게 할 뿐만 아니라 소득자체를 상실하게 하거나 감소시켜서 인간 생활을 위협한다. 이러한 사회적 위험들에 대응하는 사회보장급여로 의료급여, 상병급여, 실업급여, 노령급여, 산재급여, 가족급여, 폐질급여, 모성급여, 유족급여 등이 있다(백종만·최원규·최옥채·윤명숙·홍경준·이상록·박현선, 2001: 37~38).

우리나라의 사회보장기본법(일부개정 2010.1.18 법률 제9932호) 제3조에서는 질병, 장애, 노령, 실업, 사망 등을 사회적 위험으로 규정하고 있다. 사회적 위험이 발생하면 그 위험에 처한 사람이나 가족들은 생존의 유지에 필요한 기본적 욕구를 충족하는 데 어려움을 겪게 되고 위험에 처한 사람들의 수가 많아져 사회가 받아들일 수 있는 범위를 넘어서게 되면 그런 상황은 해결되어야 할 사회문제로 규정된다. 이렇게 일단 사회문제로 규정되면 문제를 해결하기 위한 사회적 노력이 각종 사회복지제도와 프로그램의 형태로 등장하게 된다고 볼 수 있다.

빈곤, 질병, 고통, 사회해체와 같은 사회문제는 전 인류의 역사를 통해 존재하고 있으며, 국가와 사회에 따라 다소의 차이는 있으나 19세기 전까지는 상부상조, 자선, 박애를 중심으로 가족, 종교기관, 부락, 민속적 관행(두레, 품앗이 등)과 같은 전통적인 사회제도가 사회문제를 주로 담당하여 왔다. 그러나 사회가 산업화됨에 따라 이러한 전통적인 사회제도는 인구의 이동과 기술적인 변화에 의해 새로이 대두되는 수많은 사회문제를 취급하기에는 미흡하여 보다 공식적 사회복지제도가 필요하게 되었다.

따라서 사회복지의 개념이 오늘날처럼 과학적이고 보다 체계적인 제도로 쓰이게 된 것은 산업사회에서 사회문제의 해결 내지는 예방과 관련해서 비롯되었다고 볼 수 있다(김상균·최일섭·최성재·조흥식·김혜란, 2001: 46).

2. 사회복지의 개념

사회복지의 개념은 사회복지가 갖고 있는 영역의 범위에 따로 광의의 사회복지와 협의의 사회복지로 구분할 수 있으며, 사회복지의 기능에 따라 잔여적 복지와 제도적 복지로 구분할 수 있다.

1) 영역의 범위에 따른 사회복지의 개념

사회복지는 인간의 삶의 질에 관련된 광범위한 영역을 포괄하기 때문에 넓게 광의적으로 개념을 규정할 수도 있고, 좁게 협의적으로 규정할 수도 있다. 이렇게 영역의 범위에 따라 광의의 사회복지와 협의의 사회복지로 나누어 그 개념을 살펴보면 다음과 같다.

(1) 광의의 사회복지

로마니쉰Romanyshyn의 정의에 따르면 "사회복지는 개인과 사회 전체의 복지를 증진시키려는 모든 형태의 사회적 노력을 포함하며, 사회문제의 치료와 예방, 인적 자원의 개발, 인간생활의 향상에 직접적 관련을 갖는 일체의 시책과 과정을 포함한다. 또 사회복지는 개인이나 가정에 대한 사회적 서비스의 제공뿐만 아니라 사회제도를 강화시키거나 개선시키려는 노력을 포함하는 것"이라고 말하고 있다(Romanyshyn, 1971: 3).

또한 프리드랜더와 압테(Friedlander & Apte)는 "사회복지란 국민의 복지를 도모하고, 사회질서를 원활히 유지하는 데 반드시 필요하다고 생각되는 사회적 욕구를 충족시키기 위한 시책으로서의 입법, 프로그램, 급여와 서비스를 포함시키는 제도"라고 말하고 있다.

이상의 두 가지 정의를 통해서 사회복지의 개념에는 다음과 같은 속성이 있음을 알 수 있다.

첫째, 사회복지는 인간이 만들어 낸 사회제도의 하나로서 다른 사회제도와 구별될 수 있는 특유의 사회적 기능을 갖는다는 점이다.

둘째, 사회복지는 특수 대상층의 복지뿐만 아니라 사회전체 성원의 복리(well-being)를 추구한다는 점이다.

셋째, 사회성원의 복리는 그들의 사회적 욕구를 충족시킴으로써 증진된다는 점이다.

넷째, 사회복지는 인간생활을 향상시키려는 제반 시책과 노력을 포함한다는 점이다. 따라서 사회복지는 정부에 의한 시책뿐만 아니라 민간부문에 의한 노력도 포함하는 것이며, 어느 특정 전문분야의 노력

뿐만 아니라 관련 전문분야의 자원봉사의 영역까지도 포함할 수 있다는
것을 의미한다.

마지막으로 사회복지는 사회질서를 유지하고 사회안정을 도모하는
수단이 된다는 점이다. 이러한 점에서 사회복지는 다른 사회제도에
의해서 파생되는 문제를 예방하고 해결하는 데 있어서 중요한 기능을
한다는 것을 알 수 있다(김상균, 2001: 47).

(2) 협의의 사회복지

오늘날 서구의 복지국가들과는 달리 전문사회사업을 중심으로 사회복
지를 이해하려는 미국에서는 사회복지를 협의적으로 개념화하는 경향
이 있다. 즉 사회복지가 궁극적으로는 전 국민의 복지를 추구한다고
하지만 실제로 그 대상범위는 상당히 제한되어 있고, 또 될 수밖에
없다는 입장이다.

미국의 사회복지제도를 설명하면서 카두신Kadushin은 "사회복지는
흔히 전체 국민의 복지를 지원, 제고하는 것이라고 정의되고 있지만,
실제 사회복지의 범위는 보다 협의적이고 잔여적 방향(residual
orientation)을 취하고 있다"고 지적하고, "현 미국의 사회복지는 국민
중 특수계층의 욕구를 충족시키려는 정책, 급여, 프로그램, 서비스를
의미한다"고 하였다(Kadushin, 1972: 7).

이러한 경향을 반영하여 미국에서 사회복지라는 용어는 일반적으로
빈곤, 노령, 신체적 혹은 정신적 장애, 질병, 기타 특정한 사항으로
인해서 도움을 필요로 하는 사람들에게 현금이나 물품, 기타 서비스를
제공하는 것으로 이해되며(Chatterjee, 1966: 3), 협의적으로는 '복지'를
'공공부조'(public assistance)와 동일시하는 경향도 있다(김상균, 2001:

47~48).

2) 기능에 따른 사회복지의 개념

기능에 따른 사회복지 개념으로 가장 많이 인용되고 있는 것은 1958년 윌렌스키Wilensky와 르보Lebeaux가 내린 것으로 사회복지의 개념을 잔여적 개념(residual concept)과 제도적 개념(institutional concept)으로 구분하여 설명하고 있다.

전통적으로 사회복지제도의 역할은 잔여적 성격이 강하지만 산업화가 진전되면서 제도적인 성격이 강조되고 있다. 윌렌스키Wilensky와 르보Lebeaux에 따르면, 사회문제의 발생원인과 관련하여 잔여적 역할은 개인의 책임을 강조하는 반면, 제도적 역할은 사회구조적인 책임을 강조한다는 것이다. 따라서 사회복지의 역할은 잔여적 성격에서 비롯된 자선과 구호, 시혜에서 벗어나 사회문제의 발생을 예방하고 경감시키는 지속적이고 독자적인 제도적 성격으로 발전해 간다고 하겠다(조흥식 외, 2008: 32).

(1) 잔여적 복지

잔여적 개념에서 사회복지제도란 가족 또는 시장과 같은 정상적인 공급구조가 제 기능을 발휘하지 못하는 경우에 기능하는 것으로 본다. 즉 개인의 욕구를 충족시켜 주어야 하는 가족이 가장의 실직이나 질병으로 제 기능을 하지 못하거나, 시장체계가 경기침체나 그 밖의 요인으로 인하여 제 기능을 하지 못할 때, 사회복지가 가족이나 시장체계를 대신하여 개입하게 되는 것이다.

그러므로 이 경우의 사회복지는 보충적, 일시적 혹은 대체적인 성격을 지니게 된다. 잔여적인 개념에서 사회복지는 비상대책으로서의 기능을 일시적으로 수행하며 가족이나 시장체계가 그 기능을 회복했을 때 개입을 중단하게 된다.

또한 사회복지의 혜택을 받는 사람은 대체로 다른 사람보다 약하고 사회에 적응을 잘하지 못하는 비정상적이고 병리적인 사람으로 간주된다. 이러한 점 때문에 사회복지 수혜자는 시혜나 자선을 받는 사람이라는 낙인(stigma)이 찍히기도 한다. 잔여적인 개념의 사회복지를 반영하는 대표적인 사회복지프로그램은 공공부조프로그램이라고 할 수 있다.

(2) 제도적 복지

제도적인 개념에서는, 사회복지를 현대 산업사회에서 사람들이 만족할 만한 수준의 삶과 건강을 누릴 수 있도록 하는 제도적 기능을 수행하는 것으로 본다. 또한 복잡한 현대사회에 있어서 각 개인이 자신의 능력과 자아를 최대한 계발하고 발전시키기 위해 사회복지의 혜택을 받는 것은 정상적이라고 본다. 이런 점에서 제도적 개념의 사회복지는 그 사회의 '제일선의 기능'(first line function)을 수행하는 것으로 본다. 이 개념은 경제적 개인주의, 자유시장의 가치와 안정, 평등, 인도주의라는 가치들 사이의 절충을 반영하고 있다.

사회복지의 제도적 개념에서는 잔여적 개념의 사회복지가 지니고 있는 자선이나 시혜가 수반하는 낙인이나 수치, 응급처치적인 요소를 수반하지 않는다.

연금제도나 건강보험제도와 같은 사회보험제도들이 제도적인 사회복지의 대표적인 프로그램이라고 할 수 있다(박병현, 2007: 20).

제2절 종교사회복지의 개념

1. 종교와 사회복지

대부분의 종교는 자선, 인도주의 및 이타주의적인 교리를 포함하고 있다. 이러한 이념들은 그 자체로서 훌륭한 사회복지 이념이 되어 있으며, 실제로 오늘날 많은 사회복지사상들은 종교적인 교리에 그 뿌리를 두고 있다(김영모, 1986: 6).

일반적으로 동서양의 사회복지는 종교에서 시작되었으며, 종교는 사회변화에 따라 다양한 형태로 사회참여를 해 왔는데, 사회적 약자나 소외계층에 대한 자선구제에서 사회개혁과 현재의 시민운동에 이르기까지 사회문제에 주도적으로 대처해 왔으며, 사회복지가 지향하는 가치의 기반이 되어 왔다. 이와 같이 종교와 사회복지는 상당히 밀접한 관계를 갖고 있다. 종교의 사회적 기능에는 여러 가지가 있지만, 그 가운데서도 특히 종교는 동기부여와 더불어 사회복지활동을 통해 사회통합에 기여한다는 점이다(권경임, 2004: 13~14).

사회통합의 기능이란 종교가 사회의 지배적인 가치와 규범을 정당화하면서 사회구성원들 사이에 공통된 집단의식을 마련해주고, 이에 따라 사회질서와 안정에 기여할 수 있다는 것을 의미한다(이원규, 1995: 31). 그러나 다원주의 종교체계 속에서 종교의 사회통합의 기능은 종교적 활동만으로는 이루어지기 어렵다. 복잡한 사회관계 속에서 분열과 갈등이 팽배한 상황을 화합과 일치로 이끌어 내기 위해서는 소외계층에 대한 구체적인 활동 없이는 불가능하다. 개인적, 집단적으로 소외된 사람들에 대해 물질적, 정신적 도움을 줌으로써 사회통합과 함께 인도주의적 방법으로 사회변화를 추구할 수 있다. 이러한 활동들이 모아져서 종교사회복지를 구성한다(정무성, 2008: 17).

종교가 세속화되기 이전까지의 사회복지는 주로 종교적 교리에 따른 시혜적인 구호활동으로 전개되었는데, 자원동원에서부터 분배에 이르기까지 대부분의 사회복지가 종교적 교리에 기초하여 이루어졌다. 특히 종교의 교리는 여러 사회복지활동을 위한 근거를 확립해 주었다.

근대혁명은 종교와 세속국가 사이의 세력관계를 역전시키는 계기가 되었다. 근대 민족국가의 발전에 따라 종교가 수행해오던 사회복지의 역할은 대부분 국가에 위임되었고, 그로 인해 종교의 역할은 국가의 사회복지가 제공하지 못하는 영역을 보완하는 정도로 축소되었다. 즉 자본주의가 발달하면서 상부상조와 자선에 의한 기존 종교의 역할로는 산업사회의 새로운 문제에 대응하기 어려웠으며, 사회복지제도가 발달하게 되는 배경이 된다.

1980년대 이후에 제기된 복지국가의 위기는 사회복지의 민영화를 가져왔으며, 민간복지의 상당부분을 차지하고 있는 종교계의 비중을 강화하는 계기가 되었다. 이에 따라 국가는 사회복지자원의 일부를 민간에 보조하는 역할을, 사회복지서비스의 수행은 민간이 담당하는 식으로의 역할분담이 점차 등장하기 시작했다. 여러 종류의 민간조직 중에서 가장 활발한 조직들은 주로 종교와 관련된 조직들이었다(백종만 외, 2001: 143~145).

2. 종교이념과 사회복지실천의 관계

권경임은 종교이념과 사회복지실천의 관계에 대해서는 일반적으로 크게 두 가지 입장이 있을 수 있다고 하며 "하나는 종교의 측면을 강조하여 종교이념의 실천이 곧 사회복지실천이 될 수 있다고 생각하는 입장이다. 이는 사회복지 영역이 종교사회복지영역 안에 포함되는 것을 의미한다. 또 하나는 사회복지를 종교로부터 독립한 것으로 생각하여 사회복지의 여러 영역 가운데 한 분야로 보는 관점이다"고 하였다. 또한 종교사회복지의 정립을 위해서는 사회복지의 전문성과 종교적 이념의 결합이 요구되며, 종교사회복지의 독자성을 확보하고 나아가 체계화를 이루기 위해서는 무엇보다도 종교사회복지의 정체성 확립이 필요하다고 주장하고 있다(권경임, 2004: 22~24참조).

이와 달리 김영모는 종교와 사회복지가 서로 상호보완적으로 영향을 주고받는 관계로 다음의 그림과 같이 설명하고 있다. 즉 종교는 직접 사회복지 제공자로서 역할을 하며 사회복지실천을 주관하기도 하고 (①), 정치적 또는 사회적 이데올로기 형성에 영향을 미쳐(②), 사회

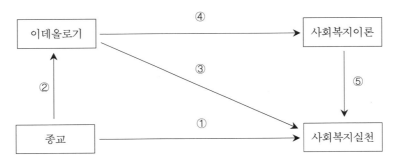

그림 1 종교와 사회복지의 관계

복지실천을 결정하거나(③), 사회복지이론에 가치기반을 제공함으로
써(④), 사회복지실천을 이론적으로 뒷받침하기도 한다(⑤)는 것이다
(김영모, 1986: 5).

한편 이태수(1999)는 종교적 이념과 사회복지의 전문적 실천적 동기
에 따라 종교사회복지와 일반사회복지의 특성을 〈표 1〉과 같이 구분하
며, 종교에서 반드시 지켜야 할 조건으로서 종교적 이념에 기초한
종교사회복지활동과 사회복지의 전문적 실천방법과 수단, 철학에 기
반한 일반사회복지활동은 둘 다 사회복지활동이라는 점에서 같지만
그 추구하는 내용은 다르다고 기술하고 있다.

표 1 종교사회복지와 일반사회복지의 특성

항목	내용(종교사회복지)	전문적 실천동기(일반사회복지)
지향점	각 종교의 기본 교리에 따른 인간의 구원	개인적, 구조적 요인에서 오는 인간 조건의 열악함을 극복 → 평등한 사회상의 실현
원리	사랑, 자비 등의 실천사상	인간에 대한 존엄성, 평등 및 사회연대 의식의 실현
동원자원	종교계 내의 물적, 인적 자원	공적 그리고 민간의 자원 동원
활동의 근거	종교적 가르침	사회복지학을 비롯한 사회과학 제 이론 및 전문지식
궁극적인 관심 영역	영적인 구원	생활의 조건을 구성하는 제 영역의 곤란 해소(물질적 영역이 우선시)
주요 표적	가난하고 소외된 이	전체 국민

출처: 이태수(1999: 28, 부분수정)

〈표 1〉의 내용에 따르면 종교사회복지활동은 인간의 구원을 궁극적
인 지향점으로 삼고 있다. 이러한 점은 사회복지활동에서도 마찬가지

로 나타난다. 반면에 일반사회복지활동은 개인과 그를 둘러싼 환경에 대한 이중적인 초점에 기초하여 개인의 삶의 질을 증진시키고 평등한 사회상을 실현하는 것을 궁극적인 지향으로 삼는다.

조직화의 원리에 있어서는 종교사회복지활동은 각 종교에서 강조하고 있는 사랑, 자비 등의 핵심교리를 실천하는 맥락에서 조직화된다. 반면에 일반사회복지활동은 인간의 존엄성에 대한 확고한 가치와 평등 및 사회연대의식의 실현을 위해 조직화된다.

사회복지활동에 필요한 자원의 동원에 있어서 종교사회복지활동에 필요한 물적, 인적 자원은 주로 해당되는 종교계의 내부에서 동원된다. 반면에 일반사회복지활동은 공공과 민간의 물적, 인적 자원을 통해 수행된다. 또한 종교사회복지활동의 근거는 종교적인 교리이지만 일반사회복지활동은 사회복지학을 비롯한 사회과학의 이론과 전문적 지식에 기초를 두고 있다.

궁극적인 관심영역에 있어서는 종교사회복지활동은 영적인 구원에 관심을 가지지만, 일반사회복지활동은 생활의 조건을 구성하는 제 영역에서의 곤란해소, 즉 물질적 욕구의 충족을 우선시한다. 주요 표적에 있어서는 종교사회복지활동은 가난하고 소외된 사람들을 주요 대상으로 하고 있지만 일반사회복지활동은 전 국민을 대상으로 한다 (백종만외, 2001: 147~148 참조).

3. 종교사회복지의 개념과 특성 및 원칙

종교는 자선이나 이타주의를 실천함으로써 사회복지에 영향을 미치며 발전해 왔는데 불교의 자비慈悲, 기독교의 박애博愛, 유교의 인仁,

이슬람의 선행(Khairat) 등이 사회복지의 가치관이나 동기부여의 기능
으로 작용해 왔다고 할 수 있다(James Midgley Wiley, 1984, 권경임,
2004: 14, 재인용).

종교의 사회복지 역할은 첫째, 인간존중의 원리를 바탕으로 한 종교
적 휴머니즘의 대중적 실천운동이며, 둘째, 종교의 상생관계의 법칙(자
비, 사랑, 은혜 등)에 근거한 자립원조의 공생적 사회운동이다. 셋째,
종교 간 편견적인 이데올로기의 갈등구조를 넘어서 공동사회를 위해
실천을 모델로 하는 통합기능을 갖춘 생활운동이다(김인종, 1999).

종교적 교리에 바탕을 둔 철학과 이념은 사회복지서비스를 제공하는
시설과 기관에 중요한 영향을 미치며 사회복지사들에게 열악한 처우나
환경 속에서도 책임과 의무를 다하여 열심히 업무를 수행하게 하는
중심체의 역할을 하고 있다.

이렇게 종교교리나 철학, 사상의 가치 및 신념 체계에 기반하여
종교가 주체가 되어 사회복지를 실천하는 종교사회복지에 대하여 조흥
식은 "사회문제의 해결과 예방, 인간의 사회적 기능수행의 활성화,
생활의 질적 향상 등을 위해 종교가 행하는 복지서비스"라고 규정하였
다(조흥식, 1998: 9~21). 또한 원석조는 종교사회복지를 "종교(단체)가
주체가 되어 시행하는 일체의 사회복지활동"이라고 규정하였다(원석
조, 2008: 116).

종교사회복지의 특성을 김성천(1986)은 다음과 같이 제시하고 있다
(1986: 109~111). 첫째, 종교의 이념과 실천이 사회복지에 끼친 영향은
크다. 전통적 사회복지의 많은 부분이 종교사회복지에 의해서 수행되
었고, 사회복지의 탈종교화가 이루어진 현재에도 종교사회복지는 민
간사회복지 영역에서 큰 역할을 하고 있다. 둘째, 각 종교의 사회복지에

대한 태도는 다양하다. 동일 종교라도 그 이념을 해석하는 시각과 시대에 따라 종교사회복지의 성격이 달라질 수 있다. 셋째, 각 종교의 사회복지에 대한 태도의 다양함에 비하여 종교사회복지의 발달유형에는 큰 차이가 없다. 초기에는 빈민과 병자를 위한 세분화된 서비스가 발달하였으나 근세부터는 국가가 이들 기능 중 많은 부분을 위임받게 되었고 종교집단은 국가가 개입하지 않은 민간복지 분야에서 활동하게 되었다. 넷째, 각 종교 교리의 사랑, 자비, 자선, 평등의 이념을 실천하려는 바가 종교사회복지의 근본 목적이라고 볼 수 있다.

조흥식은 종교사회복지의 원칙을 다음과 같이 제시하고 있다. 첫째, 사랑을 토대로 하는 종교의 공동체적 사명에 충실해야 한다. 둘째, 사회 어느 조직보다 강제성이 아닌 자발성을 기초로 해야 한다. 셋째, 사회 어느 조직보다 긴급하게 대처하는 선도성을 기초로 해야 한다. 넷째, 국가의 공공정책 및 제도에 보완적이며 보충적인 기능을 수행해야 한다. 다섯째, 정부의 사회복지활동에 대한 압력단체의 역할을 수행하는 비판성을 가져야 한다. 여섯째, 복지공급자보다 복지대상자 우선 원칙을 견지해야 한다. 일곱째, 종교 교파 간 공조체계를 갖추어서 상호 협조하는 공조성의 원칙을 지켜야 한다(조흥식, 1998).

제3절 불교사회복지의 개념과 대상

1. 불교사회복지의 개념

불교의 자비정신과 보시사상은 인간존중사상 및 기회균등사상, 사회적 책임을 기본철학으로 하는 사회복지와 맥을 같이하고 있으며, 불교

와 사회복지의 공통점은 인간과 인간이 처한 현실의 문제를 해결하려는
점일 것이다.

그러나 불교는 인간을 고통의 속박에서 해탈하는 데 목적을 두며,
사회복지는 인간이 처한 상황이나 생활상의 문제를 해결함으로써 행복
을 도모하는 데 목적을 둔다. 또한 불교사회복지는 불교를 주체로
하는 복지활동으로 불교정신으로부터 필연적으로 도출되는 사회적
실천인 반면, 일반사회복지는 자본주의 모순에 의해 발생한 사회문제
를 해결하기 위해 복지의 대상을 사회과학적으로 분석하여 사회적으로
실천하려는 것이기 때문에 엄밀한 의미에서 차이가 있다. 이와 같은
차이점은 불교와 사회복지의 관점과 궁극적인 목적의 차이에서 비롯된
다(권경임, 2009: 23).

불교사회복지의 개념은 불교에서 바라보는 관점과 사회복지에서
바라보는 관점에 따라 달라질 수가 있다. 따라서 많은 학자들이 각각의
관점에서 다양한 정의를 내리고 있어 통일적인 정의를 내리기 어렵지만
이하에서는 불교사회복지의 개념을 불교의 관점과 사회복지의 관점,
불교와 사회복지의 통합적 관점에서 고찰하고자 한다.

1) 불교의 관점에서 본 불교사회복지의 개념

불교의 관점에서 볼 때 불교사회복지는 불교와 사회복지를 동일시하며
불교의 실천을 곧 사회복지활동으로 바라본다.

미즈타니 코쇼(水谷幸正)는 불교사회복지란 사회과학의 한 부분으
로서가 아니라 불교 본래로부터 나오는 필연적인 전제로서 불교복지를
구축하려는 학문으로서 규정하고 있다(水谷幸正, 1967). 즉 불교가
인간 사회에 전개되기 위해서는 사회복지의 형태가 아니면 안 된다고

주장하며, 불교이념이 인간에게 받아들여져 실현된 모든 것을 사회복
지라고 보고 있다(水谷幸正, 1974: 16~17). 즉 불교사회복지는 불교를
주체로 하는 복지활동이며, 불교정신으로부터 필연적으로 나오는 사
회적 실천이다. 따라서 불교의 모든 것이 복지활동이라고 본다(水谷幸
正, 1982: 18, 신섭중, 1994: 11 재인용).

미치하타 료슈(道端良秀)는 불교 신행의 실천이 사회복지와 일치할
때 불교사회복지이며, 가장 중요한 것은 정신적 교화, 즉 사회를 정토화
함으로 인해 불교적 인간상을 완성시키는 데 있다고 한다. 불교의
사회복지사업은 불교가 있는 곳에 불교의 사회복지사업이 있다고 말한
다(道端良秀, 1967: 14, 능인, 1999: 221 재인용).

조보각은 불교의 활동이 곧 사회복지이며, 불교사회복지는 불교를
주체로 하고 불교정신에서 발로한 것을 말하기 때문에 불교만의 사회복
지가 따로 있는 것으로 보기보다는 불교사상 속에 있는 사회복지 요소를
불교사회복지로 보는 것이 타당하며, 불교의 모든 것이 복지활동이라
고 하고 있다(조보각, 1994; 조보각, 1999).

구체적인 불교사회복지의 정의로 나카가키 마사미(中垣昌美)는 "불
교사회복지는 불교적 심정으로 생활개선을 원조하고 개인이나 가족의
자립을 촉진하는 것을 총칭하는 개념으로 정의할 수 있다. 불교사회복
지의 실천주체는 구체적인 교단이나 사찰 내지는 법인조직 혹은 비영리
단체일 것이다. 그리고 대상설정에 따라 그 주체적 계기와 목표과제가
정해지는데, 개인만이 아니라 사회적 장애를 목표과제로 하여 불특정
다수의 국민전체를 대상으로 평등하게 복지사업을 전개하는 것이 불교
사회복지사업의 대상과 목표가 된다"고 하고 있다(中垣昌美, 1991,
196~200. 권경임, 2010: 31~32 재인용).

2) 사회복지의 관점에서 본 불교사회복지의 개념

사회복지의 관점에서 볼 때 불교사회복지는 사회복지의 한 분야로 사회복지 실천의 한 영역으로 바라본다.

고하시 쇼이치(孝橋正一)는 사회과학적 관점에서 불교사회복지에 대한 견해를 제시하면서 불교사회복지가 사회복지의 한 분야인 이상, 사회문제에 대한 사회과학적 인식이 필요하며, 사회복지의 본질이 불교의 자비라고 보는 관점을 비판한다(花田順信, 1986: 186~187).

따라서 "불교가 외적인 현실문제를 담당하려면 역사와 사회를 도외시한 자선사업에 그쳐서는 안 되며 현실사회의 문제에 어떻게 대처할 것인가에 대해서도 사회과학에 대한 인식과 접합점을 찾음으로써 가능하다"고 본다(孝橋正一, 1977: 22~24, 권경임, 2009: 28, 재인용). 나아가 불교와 사회복지의 연구방법으로 다음의 두 가지를 들고 있는데 "첫째는 불교사회복지에 주체적 계기로서 불교의 원리를 도입하는 것이고, 둘째는 불교가 갖는 형식·방법·의식·행사를 그대로 사회복지 속에 포함하는 것이 아니라 불교가 갖는 의미·정신·방법을 취하여 그것을 현대·사회적으로 되살리는 것"이다(孝橋正一, 1968: 272, 권경임, 2009: 39~40, 재인용).

모리야 시게루(守屋 茂)는 사회과학으로서 불교사회복지의 성립을 인정하면서도 불교사회복지가 사회과학적 입장에 선 사회복지에 단순히 불교적인 요소를 도입하는 것이 아니라, 불교의 궁극적인 지향점을 추구하는 것 의해 사회복지는 보다 그 존재의의를 찾을 수 있다고 한다(守屋 茂, 1971).

모리나가 마츠노부(森永松信)는 사회과학이론을 도입하여 불교사회복지이론을 '불교사회복지학'으로 인식하며, 불교의 특색을 사회복지사업분야에 도입하기 위해서는 불교의 복지이념을 명확하게 하여 사회복지사업의 실천의 주체인 시설 직원 및 대상자에게 전달하는 것이라고 주장하고 있다. 또한 불교사회복지사업의 기본이념은 자비와 보살도이며 이에 기초하여 애愛와 지智, 지智와 행行의 변증법적 통일을 통하여 휴머니즘에 기반한 대중과의 공감에 의해 자본주의 체제의 여러 모순과 사회문제를 이해하고 행복한 사회를 만들어 가려는 것이라고 주장하고 있다(花田順信, 1986: 185 참조). 나아가 불교사회복지학의 궁극적 목표는 사회과학의 한 부문으로 불교학을 도입하고, 사회과학적인 입장에 있는 사회복지학의 한계를 뛰어넘어서 불교가 가르치는 궁극적인 것을 추구하는 것이다(능인, 1999: 227).

3) 불교와 사회복지의 통합적 관점의 모색

불교사회복지가 정립되기 위해서는 불교의 사상을 사회과학적으로 사회복지 관점에서 분석하고 재해석하여 응용 실천하는 작업이 이루어져야 하는데, 불교의 측면에서는 사회과학적 관점이 부족하고 사회복지의 측면에서는 불교에 대한 이해가 부족하다.

따라서 불교사회복지를 학문적으로 정립하기 위해서는 사회복지 현상에 대한 불교의 독자적인 해석이 전제되어야 하고, 이것이 사회과학적이고 입증 가능한 것이어야 한다. 또한 사회문제를 해소하기 위한 실천방법이 불교사회복지만의 독자적이며 일관성 있는 접근이 되어야 하며, 불교가 갖는 사회복지적 성격의 보편성과 특수성을 확보해야만 한다(권경임, 2007: 41).

권경임(2009)은 "불교가 사회과학과 결합하기 위해서는 현대사회가 자본주의는 외적세계에 대한 인식을 갖고 자본주의 법칙에서 필연적으로 발생하는 국민생활의 곤란한 문제를 바르게 인식하여 불교적 관점에서 복지를 실천하고 해결할 때 가능하다"고 하고 있다. 따라서 불교사회복지는 종교와 일반 사회복지의 양면적인 이해를 통해서만이 총체적인 접근이 가능한 것임을 알 수 있다(권경임, 2009: 29).

이러한 전제하에 권경임은 사회복지적 원리를 바탕으로 불교사회복지의 개념을 불교와 사회복지의 관계를 연구하는 실천·응용학문으로 불교에 의한 사회복지활동을 총체적으로 의미하며, 특히 불교사회복지의 이념이나 역사, 그리고 개념과 주체 및 대상은 물론 그 사업이나 유형 또는 방법이나 대상 등에 관하여 연구하는 것으로 역사적·사회적 변동이 있을 때마다 민간복지로서 불교사회복지가 실천해온 모든 활동에 대한 인과법칙을 알아내고 의미를 규정하는 것이라고 하였다(권경임, 2004: 34).

임송산은 불교사회복지의 개념에 있어 사회과학적 지식을 받아들이면서도 보시행과 자비사상이 불교사회복지의 직접적인 지도이념이라고 강조하면서 불교와 사회복지의 통합을 강조하고 있다(임송산, 1983). 모리나가 마츠노부(森永松信)는 "사회복지를 종교의 자기실현의 과정으로 받아들이고 사회복지의 이념적 원천을 불교의 인간존중의 정신에서 구해야 한다"고 하고 있다(森永松信, 1964: 115~117, 권경임, 2010: 46 재인용). 이혜숙은 불교사회복지의 의미와 사회복지 일반의 공통적 의미가 만날 수 있는 접점에서 불교사회복지활동을 정의하는데 그에 의하면, 불교사회복지사업은 불교정신을 체득하고 그것을 신조로 일관하는 주체에 의해 시행되는 사회복지사업 혹은 사원이나 불교임을 표방하는 사회사업가에 의해 행해지는 사업을 의미한다고 한다(이혜숙, 1991: 270~283).

한편 박광준은 불교사회복지의 개념을 학문적 영역 혹은 사회복지 실천의 영역에서 ①사회과학으로서의 사회복지의 학문적 원리나 실천적 원리를 불교의 가르침과 사상에 근거하여 조명하고 연구하는 것, ②불교적 사회복지 이념을 실현하기 위한 과학적이고 조직적인 활동, ③불교사상과 불교적 실천방법에 근거하는 사회복지 실천활동의 세 가지를 포함하는 활동으로 규정하고 있다.

이러한 개념규정 속에서 "불교와 사회복지는 각각 독립된 학문영역이자 실천활동이지만 불교는 인간 고통의 구제라는 공통의 관심영역이 있으므로 융합을 기대할 수 있다"고 주장하고 있다. "다만 불교의 일차적인 관심이 사회복지에 있지 않다는 점, 그리고 사회복지의 다양한 영역 중에서 국가가 주체가 되어 시행하는 활동에 대해서는 종교조직이 개입할 여지가 적다는 점에서 모든 사회복지활동과 모든 불교교리가 융합될 수 있는 것은 아니다"고 주장하면서 "불교와 사회복지가 융합될 수 있는 영역은 불교사상 중에서는 인간붓다의 실천활동 내지 실천사상과 관련된 부분과 그리고 사회복지 영역 중에서는 주로 사회복지 서비스 부분이 될 것이다"라고 주장하고 있다(박광준, 2010: 247~248). 즉 불교의 실천사상을 중심으로 한 사회복지서비스를 중심으로 한 불교사회복지의 개념을 강조하고 있다.

또한 박광준은 불교사회복지는 크게 학문적 영역과 실천적 영역으로 나눌 수 있고 하며, "학문적 영역에서 불교사회복지란 사회복지의 대상이 되는 사회문제를 불교적 세계관과 인식방법에 근거하여 발견하고 분석하며 그 해결책을 제시하는 것, 사회복지의 원리를 불교의 가르침에서 찾아 불교의 독자적인 사회복지 원리를 발견해가는 연구활동이다"라고 하고 있다. 그리고 "실천의 영역에서 불교사회복지란 붓다의 행적과 가르침에서 추출하여 복지실천에 적용해가는 활동이다.
물론 실천방법은 어디까지나 과학적·조직적인 방법이어야 한다"고
하고 있다(박광준, 2010: 248~249).

　서병진은 "불교＋사회복지＝불교사회복지의 개념이다. 즉 사회복
지에 불교의 가치규범이나 원리·사상 등을 대입하여 사회복지 실천의
주체적 계기로 삼아 사회의 안녕과 행복을 추구하는 사회적 활동을
말하는 것이다. 어느 시대를 막론하고 사회문제는 존재해왔으며, 특히
불교는 사회문제를 모든 존재가 상호영향을 주고받는 유기적 관계선상
에서 원인과 조건에 의해 공존하는 연기론적 관점에서 본다"(서병진,
2010: 89)고 하였다. 그리고 "불교사회복지의 궁극적인 목적 역시 개인
적으로 인간의 존엄과 가치를 지니면서 참다운 인간으로 살아갈 수
있도록 하는 개인의 복지와 더불어 사회적으로 공업共業 중생인 사회구
성원 모두가 행복한 삶을 영위할 수 있도록 복지사회나 국가를 만드는데
있다"고 하고 있다(서병진, 2010: 93).

　임해영은 기존의 불교사회복지의 개념정의에 대한 선행연구를 통해
불교사회복지의 개념을 재구성하여 "불교사회복지는 깨달음과 중생구
제를 복지이념으로 하는 사회조직인 불교조직과 불자 개개인이 사회구
성원의 행복추구와 궁극적 자기실현을 위해 사회적으로 노력하는 민간
사회복지 활동이다"라고 규정하고 있다(임해영, 2005: 238).

2. 불교사회복지의 대상

불교와 사회복지는 모두 인간의 존엄성을 기반으로 모든 구성원의
행복한 삶을 추구한다. 즉 불교에서는 인간이 모두 불성을 지니며

모두 평등한 존재로 존엄성을 갖고 있다고 믿고 있으며, 이것이 바로 사회복지가 추구하는 인간의 존엄성의 중시와 공통된 기반을 형성한다. 이러한 통합적 관점에서 볼 때 불교사회복지의 대상은 모든 구성원의 행복한 삶의 질을 추구한다는 점에서 사회복지의 대상과 동일하다고 할 수 있다. 즉 나카가키 마사미(中垣昌美)는 "대상설정에 따라 불특정 다수의 국민전체를 대상으로 평등하게 복지사업을 전개하는 것이 불교사회복지사업의 대상과 목표가 된다"고 하고 있다(中垣昌美, 1991).

따라서 불교사회복지의 대상은 사회복지에서 대상으로 하는 각계각층의 모든 국민이 포함되며, 그들의 일상생활과정에서 직면하게 되는 개인과 집단 및 지역사회의 문제들을 포함한다. 이러한 사회복지대상으로서의 문제는 사회적 욕구와 문제가 중요한 관심의 대상이 된다.

사회적 욕구는 개인이나 집단이 인간의 생존과 성장·발전을 위해 필요하여 구하는 주관적인 개념인 필요(want)와는 구별되는 객관적인 개념의 욕구(need)로서 물질적 욕구와 정신적 욕구로 나눌 수 있다. 물질적 욕구는 1차적 욕구로서 소득·보건·교육·주택 등이 있고, 2차적 욕구는 스포츠·예술 등 문화적 욕구와 사회참여 등의 사회적 욕구가 있다. 그리고 정신적 욕구는 애정결핍·정서장애·성격장애 등을 정상화시키는 것이다.

사회문제는 일탈과 같은 반사회적 행위 이외에 사회불평등과 사회해체 등으로 크게 나눌 수 있다. 일탈은 범죄·자살·알콜중독·약물중독 등을 말하고, 불평등은 빈곤·실업·소외·지역불균형·계층격차 등을 말하며, 사회해체는 결손가정·빈곤가정 등 가족해체와 윤락가·빈민촌 등 지역사회 해체를 지적할 수 있다(최성균·고명석·승금희, 2005: 57).

한편 박광준은 불교사회복지의 대상을 시간적 범위를 기준으로 하여 "불교가 아이의 뱃속에서 나오는 순간보다는 그 이전의 어떤 단계를 인간의 시작으로 보고 있다는 점에서 불교사회복지의 시간적 범위를 의학적으로 말하는 인간의 탄생 이전의 상태, 태아의 존재가 그 대상이 포함되어야 한다. 그리고 죽음의 완료시점을 생물학적·의학적 죽음이 이루어진 후, 인간다운 장례의식이 완료된 때로 보고 이를 포함하여야 한다"고 하고 있다(박광준, 2010: 253~254).

제4절 불교사회복지의 의의

불교사회복지의 출발은 인간의 존엄성에 기반을 두고 인간중심의 휴머니즘에 기초한 인간의 구제에 가장 큰 사명을 두고 있다. 인간의 구제에 있어 불교의 기본사상인 자비는 대중에 대한 인간애를 그 본질로 한다. 즉 타인의 아픔, 사회적 고통은 그들만의 문제가 아니라 곧 나의 아픔, 나의 고통이다. 타인의 고통을 나의 고통으로 공감하는 동체대비의 사상이 곧 불교사회복지의 실천으로 나타난다.

따라서 사회적 문제와 고통 해결을 통한 모든 구성원의 행복한 삶을 위해 개인과 사회전체의 복지를 위해 끊임없이 노력하는 것이 필요하며, 서로 물질적, 정신적으로 도움을 주고받는 이타적 행위는 바로 불교의 자비사상에서 나오게 된다. 이렇게 불교의 자비사상을 바탕으로 한 인간의 존엄성 존중은 인간의 주체성의 확립과 불성의 계발에 기반이 되며 불교사회복지의 커다란 의의라 할 수 있다.

나아가 불교사회복지의 궁극적인 목적은 모든 중생을 고통에서 구제하여 완전한 인격자인 부처가 되도록 도와 이상적인 불국정토를 만드는 것을 통하여 사회의 모든 구성원들이 인간의 존엄과 가치를 존중받으면서 사회구성원 모두가 행복한 삶을 영위할 수 있도록 복지사회를 만드는 데 있다.

그러므로 불교사회복지의 전개는 대승불교정신(보살의 정신)에 의한 사회복지활동인 동시에 현대 사회에 대응하는 사회적 활동이어야 하므로, 현대 사회의 실태 파악과 그에 대응할 불교정신의 본질적 이해가 내면적으로 이루어져야 한다.

불교사회복지의 가장 중요한 본질적 특질 중의 하나는 불교적 인간관계의 상호성을 정확하게 인식하는 일이다. 즉 무상관과 무아관을 바로 인식하는 일이다. 이것은 우리가 부분적, 의존적이고 일시적 존재임을 깨닫는 일이며, 모든 불안과 곤란이 일어나는 원인은 인간존재의 기초적 구조의 결함에 의하는 것임을 통찰해야 한다. 그렇게 되면 우리는 서로 자·타의 인격적 관계와 가치부여를 통해서 상호 봉사하는 인간관계가 생긴다.

이러한 인간관계를 중심으로 불교사회복지는 일반사회복지사업의 현재 상황을 잘 이해하고 그 위에 지역주민의 절실한 요망을 민감하게 파악하여 거기에 대응할 특성 있는 활동방법을 강구해 나가지 않으면 안 된다. 불교는 일체 중생의 구제를 기반으로 조화로운 정신공동체의 실현을 목표로 하고 궁극적으로는 널리 지구상의 평화와 복지에 공헌하는 것이 되어야 한다. 그리고 그 점이 곧 불교사회복지의 목표이기도 한 것이다(이혜숙 역, 森永松信, 1992: 304~310).

제2장 불교사회복지의 사상

불교사회복지의 사상은 불타의 뜻에 따라 세상과 사람을 위하여 세계인류의 이익과 행복을 추구한다는 불교의 본질에 입각한 사상이라고 할 수 있다. 불교사회복지의 사상을 자비사상, 평등사상, 연기사상, 생명존중사상으로 나누어 살펴보면 다음과 같다.

제1절 자비사상

불교를 자비의 종교라 할 만큼 자비사상은 불교적 실천의 중핵이며 기준이다. 자비의 '자慈'는 범어 Maitrī, 또는 Maitreya, 팔리어 Mettā 등이며, '비悲'는 범어 Karuṇā, 팔리어 Snin-rje로 사무량심四無量心 중의 이무량심二無量心이다. 이러한 자비를 『대지도론大智度論』에서는 낙樂을 주고 고뇌를 제거해준다는 발고여락拔苦與樂이라고 한다. 즉 자비는 일체중생을 고뇌의 망상에서 구하지 못하는 한 결코 열반의 세계에 들지 않겠다는 대승보살의 서원에 입각하여 모든 생명 있는 것에 자애의 손을 뻗고, 고뇌하는 자에게는 그 고뇌를 제거하고, 빈곤한 자에게는 그가 구하는 바를 보시하고, 병자에게는 약을 주어 치료했던 보살의 이타행을 뜻한다. 이 자비행이 바로 사회복지인 것이다.

이러한 자비는 경전에 따라 매우 다양한데, 여기서는『대지도론大智度論』을 중심으로 삼종三種자비에 대하여 기술하면 다음과 같다.

1. 중생연자비衆生緣慈悲

일자비심一慈悲心으로서 일체중생을 부모처럼, 형제자매처럼 보는 것이다. 이것을 연으로 해서 항상 약을 주어 고苦를 없애 주려는 마음을 말한다. 이것은 범부凡夫 또는 유학인有學人이 아직 번뇌를 여의지 못했기 때문에 있는 것이다. 즉 애증의 판별 없이 중생을 일률 평등하게 대하여 항상 호사好事를 구하여 이익안온利益安穩을 얻게 하는 현실적 범부의 사랑이다.

2. 법연자비法緣慈悲

이미 번뇌를 끊은 삼승三乘의 성인은 법공法空에서 아我의 상相을 파하고 일이一異의 상을 파했지만, 이 공성空性을 알지 못하는 중생은 일심一心에 고를 발하고 악을 얻으려고 하므로 이를 불쌍히 여겨 그 뜻에 따라서 발고여락拔苦與樂함을 말한다. 즉 만유萬有의 온갖 법이 가假로 화합한 것임을 알고, 물심의 본체가 공空한 줄을 알아서 번뇌가 없어진 성자聖者가 일으키는 자비이다.

3. 무연자비無緣慈悲

제불諸佛의 마음이 유위·무위성 중에도 있지 않고, 또 과거·현재·미래에도 있지 않으며, 제연諸緣의 부실·전도顚倒·허망함을 아는 까닭에 심에 소연所緣하지 않으므로 중생연, 법연이라고 하는 분별조차 버리고 행하는 절대적인 자비이다.

또한 『대반열반경大般涅槃經』에서는 중생에게 이익과 이락利樂을 베푸는 것이 대자대비大慈大悲라고 말하고, 『보행왕정론寶行王正論』에서는 남을 이롭게 하는 것이 자비심임을 말하고 있다. 그리하여 일체의 사람을 이롭게 하기 위해서는 마땅히 항상 자비심을 일으켜야 한다.

이와 같이 불교는 자비의 종교이다. 즉 자비정신은 불교적 실천의 정신으로서 불교에서 사회구제사업을 하는 근본적인 지도이념이 바로 이러한 자비사상에 기인하는 것이다. 이와 같은 자비심이 구상화된 것이 보시행과 복전행이라고 할 수 있다. 자비의 실천은 타인을 자기 속에 전향시키는 것이며, 자타불이의 평등성이 그 특징이다(조보각, 2001: 3~8).

제2절 평등사상

평등이란 높고, 낮고, 깊고, 얕은 차별 없이 한결같은 것을 뜻하는 것으로 만법萬法의 근본이 되는 원리이다. 그래서 모든 법이 평등하다는 진리를 깨달은 불타를 평등각이라 하고, 여러 중생들을 두루 차별 없이 성불하게 하는 불교의 교법을 평등법이라고 한다.

『열반경涅槃經』에서는 일체의 중생은 어떤 사람이라도 모두 평등하게 불성을 가지고 있어 언젠가는 반드시 부처가 될 수 있다고 하여 일여평등一如平等·일즉일체一即一切를 강조하였으며, 『대승기신론大乘起信論』에서는 "일체의 제법은 다만 망념妄念에 의해서 차별이 있게 된다. 만일 망념을 버리면 일체의 경계상이 없어진다. 그러면 일체법은 언설言說의 상相과 명자名字의 상과 심연心緣의 상을 떠나므로 반드시 평등하다"고 하여 일체의 법이 평등함을 밝혔다.

이러한 평등사상은 '타의 존재'를 바르게 인식함에서 비롯된다. "사람의 생각은 어느 곳에서 미칠 수 있지만 자기 자신보다 더 사랑스러운 것을 발견하지 못한다. 그와 같이 다른 사람들에 있어서도 자기는 무엇보다도 사랑스러운 것이다. 그러므로 자기가 사랑스러운 것을 아는 사람은 남을 해롭게 해서는 안 된다"는 부처님의 교설은 그러한 사상의 단적인 표현이며, 부처님에게 공양하려면 병자에게 공양하라고 한 것은 바로 평등사상의 발로라 할 것이다.

인간은 모두가 삶을 바라고 죽음을 싫어하며 고통을 싫어하는 것이 상정常情이며, 그러한 점에서 자타自他는 같은 사회적인 존재라는 평등관이 바탕이 될 때, 남의 고통이 자기의 고통으로 느껴질 것이며 진심으로 이를 구제하려는 마음이 생길 것이다. 부처님의 인류 문제와 계급제에 대한 평등과 질서의 이념은 불교사회복지의 대표적인 사상이라할 수 있다(조보각, 2001: 8~9).

제3절 연기사상

인간은 자연 생물적 존재인 동시에 의지적·정신적 존재이기에 시간적으로 무시無始의 과거로부터 자연적·역사적인 무수한 인연에 의하여 제약되고 공간적으로 전우주적 공간의 자연적 인연 및 사회적 인연에 의하여 형성된 것이다. 이러한 연관관계를 설명하고 있는 것이 불교의 연기사상이다. 연기적 관점에서 보면 인간은 과거, 현재, 미래와 시방세계(十方世界, 전우주적 공간)의 무수한 인연관계상의 존재이다.

연기론에 의하면 인간세상은 의적 작용과 그 반응들에 의한 총체적 과보인 것이다. 서로가 서로에게 부단한 영향을 주고받으며 그 가운데 일으키는 업의 세력이 이 세계를 형성하고 이 사회의 운명을 결정하게 되어 있다. 그러므로 인간은 근본적으로 사회성을 안고 태어나 그 법칙 하에서 살다가 죽는 존재로서 사회적 관계 속에 존재한다. 다시 말해서 각 개체는 세계를 구성하고 세계와 관련된 동시에 각 개체가 서로 연관되어 있는 연기적 관계가 세계의 존재형태인 것이다.

이를 개인과 사회의 관계에서 보면 개인을 떠난 사회도 있을 수 없고 사회를 떠난 개인도 있을 수 없다. 따라서 개인이 밝아지면 사회도 밝아지고 개인이 어두우면 사회도 어두워지는 것이다. 인간은 무수한 인연관계의 존재인 동시에 스스로 관계의 인因을 짓는 무한 가능적 존재이다. 연기론적 존재로서의 인간은 고립적·이기적·수동적 존재가 아닌 개방적·관계적·능동적 존재로서 개인적·사회적 구원을 동시에 추구하는 이성적 존재로 파악되는 것이다.

그런데 이와 같이 세간의 모든 것이 상호의존적 관계로 인과 연이 결합해서 성립했다고 한다면 어떠한 힘이 작용했을 것이다. 그 힘은 자신이 지은 업, 즉 행위로서 그 자신과 그가 거처할 기세간器世間까지를 발생 또는 변화시키는 작용을 할 것이다. 따라서 좋은 상호의존적 사회가 되기 위해서는 좋은 업을 지어야 함은 물론이다(조보각, 2001: 10~11).

44

제4절 생명존중사상

불교에서 모든 생명이 있는 류類를 가엾이 여긴다는 자비의 마음은
당연히 죽이지 말라는 계율이 되어 나타났다. 이것은 다만 불교에
한정된 것은 아니고, 모든 종교·모든 도덕이 정하고 있는 바이긴 하지만
불교에서 특이한 점은, 계율이 인간에서 더 확대되어 일체중생, 즉
모든 생명 있는 것에까지 미치고 있다는 점이다. 생물을 죽이지 않는다
는 일은, 살인은 물론 새나 짐승에서부터 작은 벌레에 이르기까지
모든 생명을 똑같이 존중한다는 일이다. 다만 금수뿐만 아니라 풀이나
나무에 이르기까지 '산천초목山川草木 실개성불悉皆成佛'의 사상이 불
교의 자비정신이다. 초목도 함부로 꺾거나 자르거나 하지 않는 것이
불교의 불살생계不殺生戒인 것이다.

대승계大乘戒를 설한 『범망경梵網經』에 "불자가 만약 자신이 죽이거
나, 또는 사람을 시켜 죽이게 하거나, 방편을 써서 죽이거나, 죽임을
찬탄하거나, 죽임을 보고 기뻐하거나, 내지 주呪하여 죽인다면, 살殺의
인因·살의 법法·살의 업業이 있으리라. 내지 일체의 생명 있는 것을
함부로 죽여서는 안 된다. 보살은 상주常主의 자비심을 일으켜 방편方便
하여 일체 중생을 구호할지니라"고 되어 있다.

불교의 만물일여사상萬物一如思想은 왜 죽여서는 안 되느냐? 하는
물음에 대한 답이 되는 것으로서 만물은 모두 일여에서 생겼다고 생각하
고 여如에서 왔으므로 여래如來라고 설명된다. 나도 불타도 평등이고
똑같은 것이다. 일체중생은 모두 불성佛性을 가지고 있다. 장래에
부처가 될 수 있다고 하는 『열반경涅槃經』의 가르침도 똑같이 인간평등
의 사상을 설하고 있으므로, 이것을 죽인다는 것은 불佛을 죽인다는

것과 똑같은 일이 되어 대역죄大逆罪가 된다.

불살생계는 다만 죽이지 않을 뿐 아니라 죽이는 도구를 가져서도 안 된다는 생각으로 전개한다. 『범망경梵網經』에 "일체의 도장刀杖·궁전弓箭·투전鬪戰의 구具를 두어서는 안 된다. 또 악망라惡網羅, 살생의 기器를 일체 저장해서는 안 된다. 하물며 일체 중생을 죽이는 일은 결코 해서는 안 된다. 중생을 죽이는 도구를 저장해서는 안 된다"고 되어 있다. 전쟁은 많은 사람들을 죽이는 일이다. 즉 대량살인이다. 그 살인의 도구를 굳게 금지하는 이유는 바로 불교의 자비심에서 나오는 것이다. 불교도로서는 원칙적으로 전쟁반대의 평화론자가 됨은 당연하다.

그런데 이 불살생계가 전개된 것이 방생사상放生思想이다. 금지의 계율로부터 생물을 구하라, 생명을 존중하라. 고뇌하는 일체 생물을 구호하고 고통으로부터 해방하라는 권장의 계율로 진전한 것이다. 방생이란 생물을 해방한다는 의미이다.

자비심이 한편으로는 불살생이 되고, 한편으로는 방생이 되는 것이다. 여기에 항상 교화敎化하고 보살계를 강하여 중생을 가르치고, 즉 교화하여 정신적인 고뇌에서 해방시키는 일, 그것이 방생의 행이라는 점이 있어 주의할 만하다.

당唐의 『법원주림法苑珠林』 권65에는 방생편·구액편이 있어 많은 경율론經律論을 인용하여 방생사상을 전개하고 있는데, 이 방생사상이야말로 불교의 독자적인 것이라고 할 수 있을 것이다. 동물애호운동이나 면수운동免囚運動, 또는 출감자, 비행자 교화 사회복지사업 등은 모두 자비에서 나오는 방생사상이 바탕이 된 것이다(조보각, 2001: 12~17).

제3장 불교사회복지의 원리

불교사회복지사상들로부터 필연적으로 복지활동이 전개되는데 그러한 구체적인 실천과 관련된 복지사상과 방법으로서 보살사상과 보살도로서의 보시행布施行과 복전福田사상, 윤회사상과 사회봉사, 보은사상과 복지활동 등을 들 수 있다. 그리고 그 밖의 불교사회복지의 방법으로는 사섭사四攝事와 사무량심四無量心, 육화경, 대기설법對機說法 등이 있다.

제1절 보살사상과 보시행

보살(Bodhisattva)은 보리살타菩提薩埵의 약어로 보살도란 불과佛果를 구하는 보살이 닦는 길이며, 이 길은 자리自利와 이타利他의 수행이다. 대승불교에서는 이타주의로 철저하게 사는 사람을 보살이라고 부르는데, 보살은 이상적인 인간이면서 완성을 향한 내적 충실과 노력을 계속하는 이상적이면서도 현실적인 인간상이다. 그러므로 보살행은 인간적 실천의 총체인 것이다. 보살은 상구보리上求菩提하고 하화중생下化衆生하는 불자이다. 하화중생은 이타의 자비이므로 보살은 한편으로는 지혜를 구하고 또 한편으로는 자비를 실천하는 불자이다. 즉 이타정신으로 위타활동을 하는 보살이기에 인류의 이상과 사회복지를 구현할 자립의지가 있다. 이와 같은 보살사상은 불교의 복지 이상인 것이다.

초기 대승의 반야경전 이래 대승불교의 실천체계로는 육바라밀행, 즉 보시·지계·인욕忍辱·정진精進·선정禪定·지혜智慧가 있다. 이 중에서 보시布施는 중요한 사회복지활동에 해당된다.

같은 경전 권5에서는 보시를 행할 때에 보시자가 지켜야 할 윤리적 강령으로서 다음과 같은 주의사항을 열거하고 있다.

①보시를 받는 자의 인격을 가벼이 하지 말 것

②대상자의 선악이나 신분, 덕의 유무 등을 분별하지 말 것

③억지로 보시하면서 악담을 하지 말 것

④나쁜 것만 골라주거나, 또 주고 나서 후회하지 말 것

⑤보시 후에 스스로 자화자찬하지 말 것

⑥받는 사람에게 대가를 기대하지 말 것

⑦마음에 의심을 버리고 평화로운 마음으로 보시할 것 등.

이와 같이 조건 없이 보시하는 것이 무주상보시無住相布施이며, 마음을 비우고 바라지 않는 복지실천만이 참된 복지활동이라고 볼 수 있을 것이다. 이러한 점은 오늘날의 사회복지 실천활동에서도 당연히 지켜져야 할 윤리성을 강조하고 있는 것이라 하겠다.

보시행의 윤리적인 규범과 함께 보시행을 하고자 할 때의 구체적인 범위와 영역도 제시하고 있는데, 그 내용은 다음과 같다.

① 병사를 지어 환자를 수용하고 음식과 치료약을 제공할 것

② 나쁜 도로와 길을 잘 정돈하여 원활한 통행을 이룰 것

③ 우물을 파고 과수나무를 심으며, 하천에는 치수를 잘하여 여행자의 편의를 제공할 것

④ 다리를 놓고 선박을 만들어 둘 것 등.

이러한 내용들이 제시되어 있는 것으로 보아 그 당시 생활을 기초로 한 복지시설과 참여에 대한 언급을 통하여 복지행의 실천을 강조하고 있다.

이와 같은 보시행은 '축생畜生에게 보시(施)하면 백 배의 보답을 받으며, 파계자破戒者에게 보시하면 천 배의 보답을 받고, 지계자持戒者에게 보시하면 십만 배의 보답이 있으며, 외도난욕자外道難浴者에게 보시하면 백만 배의 보답을 받는다. 정도正道로 향하는 자에게 보시하면 천억 배의 보답을 받고, 수다원(須陀洹, Srotāpanna), 사다함(斯陀含, Sakridāgāmi) 등의 수도위에 있는 자들에게 보시하면 무량한 복을 받는다'라고 하여 보시행의 가치가 얼마나 큰 것인가를 제시하고 있다. 즉 보시를 행하면 그 결과로 일어나는 복덕이 무량하며 이 공덕은 바로 자리이타의 평등의 이익을 얻는 데 있다는 것을 강조함으로써 일체의 자선과 사회복지사업이 이와 같은 보시행으로 나타난다는 것을 깨우쳐 주고 있는 것이다(조보각, 2001: 18~22).

제2절 복전사상

복전福田의 발달은 생천사상生天思想을 배경으로 한 보살정신인 이타적 자비정신에 의해 발달하였다. 복전(puṇya-kṣetra)이란 복행을 하는

대상이며, 그 대상을 공양함으로써 장래에 복을 받게 하는 원천이
되는 것이다. 따라서 복행이 행해지는 대상 그 자체가 사람들에게
복덕을 주는 밭이라는 의미에서 사람들이 공양하는 대상을 복전이라
불렀다.

　복전이라는 명칭은 불교 이전부터 인도에서 사용되었고 수행자,
빈민, 여행자 등에게 보시를 하면 그로써 공덕이 생기므로 복전이라
하였다고 전한다. 불교에서는 재가신도가 부처님을 복전이라 생각하
고(佛福田) 거기에 공양하면 시주자가 복을 받는다고 한 것이 최초였다.
다음에는 부처님, 보살에서부터 대상을 확대하여 승가에 속하는 불제
자나 승가 조직에 기여하는 행위도 복전이라고 하였다(僧福田). 그리고
마침내 보시되는 대상이 확대되고, 그것에 관계있는 보시 그 자체가
중요시되어 보시물 자체를 복전이라 하였다. 부처님을 복전이라 하는
불복전이나 불제자를 복전이라 하는 승복전을 출세간적 복리福利인
신앙의 기쁨 그 자체로 돌려서 정사를 짓고 좌구, 침구, 의복, 음식물
등을 바쳤다. 결국 부처님과 승려에 대한 공양이 널리 일반 민중에게
미치고 특히 사회적 약자의 빈곤자, 노인, 병자 등에까지 확산되어
그들의 복지증진을 위해서 필요한 시설이 제공되었으며 그 밖에 다양한
세간적 복지에 이르는 복전이 성립되었다.

　복전사상이 점차 확대·발전하여 널리 일반사회의 빈곤자에 대한
보시행으로 되었다. 또 그 주체는 불교신도로부터 국왕에 의한 정책적
차원으로 옮겨간 흔적이 보인다. 즉 복전사업의 밑바탕에는 연기緣起와
최고 덕목이라 할 자비정신의 원리가 있으며, 그것이 발전하는 과정에
서 처음에는 불교신도 개인의 활동이던 것이 국가적 사업으로까지
진전되고 있다. 그리하여 복전사업은 국가사업의 형태로 발전하는

가운데 불교의 독자적인 사회 연대적 체제를 나타내고 있다(조보각, 2001 : 22~30).

제3절 윤회사상과 사회봉사

불교의 윤회설에서 사회봉사관을 도출할 수 있다. 불교에서는 해탈하지 못한 중생은 업業에 따라서 육도(지옥도·아귀도·축생도·아수라도·인간도·천상도)로 윤회한다고 한다. 이는 생명의 무한성을 천명한 것으로 볼 수 있다. 이것은 인간이 해탈하여 윤회의 굴레에서 벗어나기까지는 과거세에서부터 지금까지 업에 따라 육도를 윤회하면서 수없이 몸을 바꾸기 때문에 어떤 때에는 축생의 몸을 또 어떤 때에는 인간의 몸으로 탄생하기도 한다는 것이다. 즉 색色으로 구성된 육체는 초목과 같고 정신은 초목에 의해서 발發하는 화력과 같다고 할 수 있다. 만약 초목이 소진하면 그 화火도 또한 없어지는 것이다. 그와 같이 육체가 멸하면 정신도 멸하는 것이다.

그러나 일단 소멸된 화력은 그냥 사라지는 것이 아니라 다시 새로운 초목을 구해서 신화新火를 발하는 것이다. 즉 전인후과前因後果, 인과연속因果連續하여 무궁한 상속을 계승하는 것이다. 따라서 윤회하는 모든 존재는 공업共業의 결과이기 때문에 어느 하나도 자기와 관련되어 있지 않은 것이 없다.

이와 같이 전개하면 일체가 친자형제라는 사해동포의 논리가 성립되고, 여기에서 부모를 봉양하듯 모든 사람에게 봉사하지 않을 수 없다고 하는 불교의 사회봉사관이 성립하는 것이다(조보각, 2001: 30~31).

제4절 보은사상과 복지활동

보은報恩이란 '은恩에 보수報酬한다'는 뜻으로, 불교에서 말하는 은恩의 개념은 상하관계에서의 종교윤리가 아니라 평등한 인간관계에 있어서의 윤리이다. 즉 보은정신은 타인에 대한 감정에서 우러나오는 것으로 개인의 감정 속에 존재하는 사회적인 정신이다. 그러므로 불교의 보은사상은 상의상관相依相關의 관계성을 중시하는 불교적 사회복지주의에 바탕을 두는 것이다. 『본생심지관경本生心地觀經』에는 "은恩을 알고 은恩을 보報하는 것은 성도聖道가 된다"고 하여 보은이 곧 보살행임을 강조하는 것을 볼 수 있다.

보은의 종류는 크게 네 가지로 분류할 수 있는데 하나는 부모의 은恩이며, 둘째는 중생의 은이고, 셋째는 국왕의 은이고, 넷째는 삼보의 은으로서, 이 네 가지 은恩은 일체 중생이 평등하게 지니고 있다고 하여 부모은·중생은·국왕은·삼보은의 네 가지를 말하고 있다. 이것은 곧 육도에 윤회하여 다 같이 생사에 임하고 다 같이 생육하는바, 서로 간에 부모형제와 같이 생각하여 모든 중생이 곧 나에게 은혜롭다고 보는 입장을 나타내고 있는 것이라고 볼 수 있다. 결국 이러한 입장은 동양적인 사회연대의 관계성을 불교적인 윤리성에 기초하여 보은행을 기준으로 보다 적극적이고 실천적인 사회복지활동으로 계승·발전시켜야 함을 강조하고 있는 것이라 하겠다(조보각, 2001: 31~33).

제5절 기타 불교사회복지의 원리

1. 사섭사四攝事

사섭사란 사바세계의 중생을 구제하려는 보살이 중생을 불도에 끌어들이기 위한 네 가지 방법, 즉 보시布施·애어愛語·이행利行·동사同事를 말한다. 석존도 이를 통하여 나와 남을 우정으로 묶어 선업善業을 닦도록 하였으며 공동체의 화합과 번영을 도모하려 했다.

첫째, 보시布施는 다른 사람에게 베풂으로써 그들을 자비와 진리의 길로 이끄는 것이다. 보시의 의미는, '보布'는 자기의 재물을 남에게 주는 것을 말하고, '시施'는 욕심을 버리고 남에게 베풀라는 말의 합성어다. 보시의 종류는 여러 가지가 있지만 크게 나누어 재시財施·법시法施·무외시無畏施가 있다. 재시는 물질로써 상대방의 어려움을 돕는 행위로 사회자원을 제공하고 환경조정과 개선을 하는 것을 말하고, 법시는 상대방에게 올바른 법을 설하여 바른 생활태도와 인격적으로 personality를 개선·치료하는 것을 말하고, 무외시는 좌절과 실의에 빠진 사람에게 희망과 용기를 심어 주는 것으로 생활의 불안·정서불안·불안정에 대해 그 불안을 해소 내지 정화하고 위기를 중재하는 것을 말한다.

둘째, 애어愛語는 따뜻하고 부드러운 말로 상대방의 가슴속에 내재해 있는 마음의 장벽을 녹여주는 행위로서 『십송율十誦律』에는 "중생의 근기根機에 따라서 선의善意로 부드럽게 말한다. 그리하여 친애親愛의 마음을 일으키고 나에게 의지하여 도를 받아들이게 하는 것이다"라고 정의하고 있다.

셋째, 이행利行은 『십송율』에서는 "신身·구口·의意 선행으로 중생을 이익하게 하며 친애의 마음을 일으켜 도道를 받아들이게 하는 것이다"라고 정의하고 있다.

넷째, 동사同事는 다른 사람과 이익, 고락 그리고 화복禍福을 함께하는 협동의 마음씨는 자비심에 의한 것이며 동시에 이타정신의 구체적인 하나의 표현이라 하겠다. 상대방의 수준에 따라 변신하거나 친하며 행동을 같이 하는 등 대중화합大衆和合을 위한 봉사의 윤리로서 '동사同事'가 특히 주목된다. 예를 들어 범죄자를 교정·선도하는 것이나 수행자에게 수행의 진전을 도와준다는 것이다.

요컨대 이와 같은 사섭사는 갖가지 가능한 수단을 다하여 모든 사람들의 마음을 기쁘게 하고 또 물질의 실질적 이익을 주는 동시에 정신적으로는 불법의 이상에 들어오도록 하라는 것이다. 석존은 이러한 사섭四攝활동을 통하여 공동체의 화합과 번영을 도모하였는바, 이는 곧 복지사회 건설을 의미하기도 한다(조보각, 2001: 33~34).

2. 사무량심四無量心

자비정신이 철저하여 생기는 이타의 마음을 무량심이라 하고, 사무량심은 자慈·비悲·희喜·사捨 또는 자慈무량심·비悲무량심·희喜무량심·사捨무량심으로 불리기도 하는 4가지 무량심이다. 이는 다른 사람에 대한 용심用心에 관한 가르침으로서 지고하고 청정하며 신성한 마음을 뜻한다. 즉 타인이라는 존재에 대한 새로운 인식으로 남을 생존경쟁적 적대자가 아니라 나의 안락을 위해 반드시 필요한 동반자라고 생각하는 마음이다. 따라서 사무량심에 의해 차별심을 제거하고 모든 생명,

인종, 계급을 총망라하는 한결같은 덕을 베풀 수 있게 되는 것이다.

자慈무량심은 한 치의 악의나 적의가 없이 광대무변한 모든 생명을 포용하는 마음이고, 비悲무량심은 고통받고 있는 모든 중생을 포용하는 마음이며, 희喜무량심은 즐거움을 누리고 있는 모든 중생을 포용하는 마음이며, 사捨무량심은 모든 중생을 원친遠親 없이 평등하게 보는 마음이다.

부처님에 의해 사무량심의 성장 경험을 이루는 내담자는 "나", "나의 것"이라는 작은 틀 속의 이기적인 자리로부터 벗어나 자기 자신을 개방적으로 관찰할 수 있게 된다. 거짓된 신념으로부터 벗어나 나와 너의 구별 없이 하나로 뭉쳐진 "개방된 나"에게 애타愛他의 마음을 갖추게 되는 것이다. 이 애타의 마음은 자비희사의 무량심으로서 내담자의 생활을 풍요롭게, 균형과 조화 있게, 고상하고 신성하게 이끌어 주게 된다.

자심(慈心, Maitrī)은 탐욕과 울분과 미움을 모두 제거하고 자신을 가로막는 장애와 속박을 걷어내어 남을 이해하고 적극적이고 우주적인 사랑을 베풀 수 있게 한다. 따라서 마음과 마음을 잇는 교량으로서 자심을 활용하고 분열을 방지하고 통일을 재촉하는 촉매제로 활용하여 경직된 마음을 부드럽게 바꾸어 줄 수 있다.

비심(悲心, karuṇā)은 자신의 노여움과 난폭성을 제거하고 타인의 고통과 재난을 헌신적으로 제거해 주는 선행을 베풀 수 있게 한다. 자신의 괴로움과 맞서게 될 때에는 굳건한 용기와 인내를 발휘하게 하며, 그 굳건한 용기와 인내는 다시 다른 사람에게 베푸는 선행의 씨앗이 되어 인간과 인간 사이의 불신을 치유하고 진실과 정의의 편에 서서 건전한 가치를 창조할 수 있게 한다.

희심(喜心, Muditā)은 자신의 마음속에 잠재되어 있던 질시와 혐오감, 들뜬 마음을 걸러내고 다른 사람의 성공과 기쁨을 나의 성공과 기쁨처럼 공감해 주고 감사할 수 있게 한다. 또한 다른 사람의 번영, 발전과 행복을 함께 나누도록 사람의 마음을 순수하고 고결하게 만든다.

사심(捨心, upekṣā, upekkhā)은 모든 집착과 편견, 양극적인 감정을 걸러내고 자심과 비심, 희심을 균형 있게 조화시키면서 평온을 유지하게 된다. 그 동안 마음속에 지니고 있던 이해득실에 대한 분별, 좋고 나쁜 것에 대한 분별, 찬사와 비난에 의해 좌우되던 마음, 행과 불행으로 흔들리던 마음에서 벗어나 한결같이 견고하고 초연한 마음을 유지하게 된다. 그리고 중도의 길을 따라 생활하게 되므로 흥분과 불안, 짜증이나 억압에서 해방될 수 있게 한다(조보각, 2001: 34~37).

3. 육화경六和經

보살이 중생과 화경하여 중생과 같이 하는 데는 6종이 있다. 첫째가 동계화경同戒和敬인데 이것은 같은 계품戒品을 가지고 화동애경和同愛敬하는 것이다. 둘째는 동견화경同見和敬으로 같은 종류의 견해에 주住하여 화동애경하는 것이고, 셋째는 동행화경同行和敬인데 종종種種의 행을 닦아 화동애경하는 것이며, 넷째의 신자화경身慈和敬 및 다섯째의 구자화경口慈和敬, 여섯째의 의자화경意慈和敬 등은 신身·구口·의意의 삼업으로 대자의 행을 하여 화동애경하는 것을 말한다. 이것은 원시불교시대 이래 불교복지의 윤리가 되고 있다(조보각, 2001: 37).

4. 대기설법對機說法

부처님의 교화방법으로 응병여약應病與藥은 병에 따라 약을 주는 것과 같이 그 사람의 능력에 응해서 법을 설하는 것을 의미하며, 팔만사천八萬四千 법문이 완성된 이유도 여기에 있다. 따라서 대상자가 잘 적응할 수 있도록 세심한 배려와 가장 적합한 원조활동을 하는 것이 복지활동의 기본이 되지 않으면 안 된다.

즉 부처님은 상대를 자기 수준에 강제로 맞추려 하는 추상론이 아니라 상대의 수준에 자기를 맞추어 구체적인 방책을 강구하는 것이 사회적 실천의 요체임을 전도교화를 통하여 실천하고 있는 것이다. 이와 같은 교화방법은 오늘날 사회사업의 치료방법에 적용되기도 한다(조보각, 2001: 37~38).

제4장 불교사회복지의 발달과정

제1절 한국

1. 고려시대 이전

우리 민족은 전통적으로 상호협동 관행을 지켜 왔는데 그 대표적인 것으로는 계와 두레, 품앗이 등이 있다.

계契는 대표적인 협동관행이며 오늘에 이르기까지 우리 사회에 잔존해 있고 가장 역사적으로 오랜 자생집단이라 하겠다. 즉 계는 우리 사회 특유의 조합적 성격을 지닌 협동조직으로 상호 간에 공통된 이해관계를 가진 2인 이상이 상호부조의 정신에 입각하여 사회, 경제, 산업, 교육 및 일반 생활의 이익을 도모하기 위하여 구성한 일종의 민간협동조직을 의미한다. 우리나라 역사상 계 조직이 어느 시기에 어떻게 조직되었는지는 그 유래와 연대가 정확하지 않으나 문헌상에 나타난 최초의 것은 삼한시대에 그 기원을 두고 신라 초기 유리왕 때 시작된 가배계嘉俳

契라고 한다.

전통사회에 있어서 계의 목적은 공익을 목적으로 하는 계, 공제를 목적으로 하는 계, 생산 또는 생산의 보조를 목적으로 하는 계, 영리를 목적으로 하는 계, 사교를 목적으로 하는 계 등이 있었다.

두레는 옛날부터 우리 농촌에서 전래되어 온 소규모의 부락 단위 공동체로서 주로 농경작업을 공동으로 추진하기 위한 민속적이며 자율적인 지역사회의 공동체였다. 두레는 촌락 공동체의 내부 질서, 즉 공동방어, 공동노동, 공동예배, 공동유흥, 상호관찰, 상호부조를 중심으로 토지소유 변천 후에도 오랫동안 공동소유의 기반 위에 협동조직체로서 우리 민족의 촌락자치질서를 이끌어 온 모체가 되었다.

품앗이란 말 중에 '품'이란 노동을 가리키는 말이며, '앗이'란 공동노동력을 의미하는 것으로 부락 내 농민들이 노동력을 서로 차용 또는 교환하는 조직을 말한다. 우리나라 농촌의 가장 대표적인 노동협력의 형태이다.

원시적인 농경시대에는 천재지변이나 자연재해, 그리고 만성적인 식량부족으로 인하여 항시 생명의 위협을 받아왔다. 그로 인한 빈곤, 전염병 등으로 집단적인 위험에 빠지는 일도 허다하였다. 그러한 재해가 발생하였을 때에 역대 왕조는 필요한 재난구제 사업을 행하여 왔다. 왕조의 행정은 재난구제행정이라는 견해까지 제시하고 있다.

이미 삼국시대에 한반도에 전래된 불교는 통일신라시대, 고려시대, 조선시대, 그리고 근현대를 거치면서 한국인의 삶과 불가분의 관계를 맺으면서 한국불교로 발전해 왔다. 이러한 역사적 전개과정 속에서 한국불교는 각 시대마다 한국인의 종교적 의지처依支處로 기능해 왔을 뿐만 아니라 다양한 사회복지의 기능도 함께 수행하였다. 그 중에서도 특히 일찍부터 경로효친敬老親親이나 경로존현敬老尊賢의 문화가 특히 발달했던 한반도에서 한국불교는 매우 중요한 노인복지 기능을 수행해 왔다(金貞鏞, 2007).

물론 한국불교만이 홀로 이러한 기능을 수행한 것은 아니다. 삼국시대에 이미 중국으로부터 한반도에 전래된 유교 혹은 유교문화도 각 시대마다 효 사상을 기반으로 한 사회교화社會敎化 및 진휼賑恤 활동에 크게 기여하였다. 특히 종교적 지향성보다는 현실적인 정치 지향성이 강했던 유교의 경우, 불교와는 달리 국가의 기로정책耆老政策을 통해 노인복지 기능을 수행하였다.

한편 삼국시대에 불교가 전래된 이후 불교의 자비사상에 입각한 자선의 행위들이 장려되었다. 자선과 선행이 복을 가져다준다는 복전福田 사상, 공덕功德 사상을 바탕으로 불교도들은 빈곤한 이웃이나 행려자에게 식량(혹은 음식)을 제공한다든가 구료행위를 행하였다.

2. 고려시대[1]

고려시대의 사원은 적극적으로 빈민의 구제사업이나 여행자를 보호하는 사업, 그리고 빈곤예방적인 사업 등 다양한 분야의 복지사업을 수행하였다. 그 내용을 분류하면 다음과 같다.

1) 사찰에 의한 구제활동

사원은 농지 경영이나 식리 활동·상업활동을 통해 재정 수입을 꾀하는

---

1 이 내용은 이병희의 연구(2007; 2008, 『고려후기 사원경제 연구』)에 기초하고 있다.

한편 사회에 대해서 상당한 책임감을 가지고 각종 구제활동을 적극적으로 전개하였다. 불교계의 세속사회를 위한 베풂은 일차적으로 빈민에 대한 구제활동으로 나타났다. 승려들이 직접 나서서 빈민을 구제하는가 하면 사원이 빈민에게 식사를 제공하는 장소로 기능하기도 하였다. 그리고 사원에서 설행되는 불교행사가 빈민에 대한 구제활동을 겸하는 수도 적지 않았다. 사원에서 빈민구제활동을 활발하게 전개하고 있었기에 국가에서는 유사시에 빈민구제의 소임을 사원에 일임하기도 하였다.

사원에서는 또한 불교행사를 계기로 빈민구제가 이루어지기도 하였다. 공민왕 때 연복사에서 노국공주의 기일을 맞아 법회를 베풀었는데, 이때 수원 지방에 기근이 들어 그곳의 유민들이 이 법회의 소식을 듣고 연복사에 몰려들었으며, 신돈辛旽이 여분의 포를 유민에게 나누어 주었다. 불교행사가 이처럼 빈민구제의 의미를 지니기도 했던 것이다.

현화사 각관覺觀 승통은 널리 중생을 구제하는 것을 자신의 임무로 삼았으며, 이러한 베풂으로 인해 많은 사람들이 존숭하였다. 원응圓應 국사 학일學一은 보시에 힘써 일체의 물건을 아끼지 않고 베풀었다. 혜소惠炤국사는 광제사 문 앞에 솥을 걸어두고 먹을거리를 만들어 굶주린 사람에게 제공하였다. 백련결사를 조직한 원묘圓妙국사 요세了世도 빈민을 위한 보시활동을 활발하게 전개하였다.

2) 여행자 편의의 제공

사원에서는 여행자에게 편의를 제공하였다. 그 시기 여행자의 이동에는 많은 어려움이 따랐다. 하천과 늪, 산을 경유해야 했으며, 민가가 없는 곳을 한참 동안 가야 하는 경우도 흔하였다. 이러한 곳을 경유할 때 여행자는 호랑이 등의 맹수와 맞닥뜨리는 수도 있었고, 재물을 노리는 강도를 만나는 수도 있었다. 행려는 재물만을 약탈당하는 것이 아니라 귀중한 목숨을 잃는 수도 많았다. 이에 따라 교통로에 설치되어 여행자에게 편의를 제공하는 사원이 매우 많았다.

개국사, 천수사, 혜음사, 도산사 등은 그러한 기능을 수행한 대표적인 사원이었다. 개경 인근에 세워진 개국사와 천수사는 개경에 오가는 여행자에게 편의를 제공하였다. 혜음사는 남경과 개경 사이의 혜음령에 세워진 사원이었다. 호랑이와 도적으로 인해 해마다 수백 명씩 사망하는 자리에 조성된 혜음사에서는 죽을 마련해 행인에게 베풀었으며 여행의 안전성을 높여 주었다.

금강산의 도산사 역시 금강산을 찾는 이들에게 편의를 제공하기 위해 창건한 것이다. 금강산은 고려 후기 원의 사신과 사방의 신도가 천리를 멀다 하지 않고 소·말에 싣고 등과 머리에 이고서 불승佛僧을 공양하러 오는 이가 끝없이 이어지는 곳이었다. 그런데 산의 서북에 있는 고개는 험준하며 후미지고 거처하는 민이 없었기 때문에 풍우를 만나도 노숙할 수밖에 없었다. 그 때문에 세워진 도산사에서는 휴식처를 마련하고 먹을거리를 제공하였다.

일반 사원도 이러한 숙박시설 기능을 담당했지만 '원院'이라 불리는 사원은 이러한 기능을 거의 전적으로 수행하였다. 봉선홍경사의 서쪽에 부설된 광연통화원은 80칸이었는데, 이 원에서는 곡식을 쌓아 놓고 가축의 꼴을 마련해 행인에게 제공하였다. 오산원에서는 겨울철 3개월 동안 왕래하는 행려와 승속의 남녀·노소·유약자 모두에게 먹을거리를 베풀었으며, 사람들이 타고 다니는 가축에게도 그 혜택이 미치게 하였다. 원에서는 음식이나 잠자리를 제공하였으며, 소와 말에게는 꼴을 제공하였다. 사원은 이처럼 이동의 편리성과 안전성을 확보하는 데에

64

아주 중요한 몫을 담당하였다. 사원에서는 행인뿐만 아니라 유리된 백성들을 위해 먹을거리를 제공하기도 하였다.

3) 생명사랑과 보시의 실천

살생을 금지하거나 방생하는 등 자연에 대한 베풂의 실천은 다른 종교에서 찾아보기 어려운 일이다. 칠장사의 혜소국사는 죽음의 위기에 놓인 비둘기 332마리를 재물로 얻어서 방생하였다. 혜소국사는 또한 속리산 아래 하천에서 물고기를 잡는 5인에게 다가가 재물을 주고 물고기를 구해서 방생하였다.

지칭智稱이라는 승려는 거처하는 사원의 남쪽 바다에서 어부들이 그물을 가지고 밤낮으로 고기를 잡고 있었던 것을 금지토록 하였다. 장생표가 세워지는 경우 그 경내에서는 살생을 금지하였고, 짐승의 사냥이 금지되었다. 이러한 방생이라든지 살생 금지는 자연에 대한 보시 활동이라고 할 수 있겠다.

그리고 승려는 환자의 치료에도 앞장섰다. 승려 가운데는 의술에서 탁월한 능력을 발휘하는 승려가 허다하였다. 질병 치료에 탁월한 능력을 소지한 승려로 원응국사 학일이 있었는데, 그는 사람의 질병이 있으면 귀천을 가리지 않고 모두 치료해 주었다. 그리고 의승醫僧 복산은 임질을 앓고 있는 여성을 치료하였다. 조간이 악성 종기로 인해 어깨와 목을 거의 구별할 수 없었는데, 이를 치료한 것은 승려였다. 묘원妙圓이라는 의승이 날카로운 칼로 째고서 썩은 뼈를 깎아 내고 약을 발라 줌으로써 조간의 병을 낫게 하였다.

4) 불교 보시활동의 사회적 영향

사찰이나 불교인이 아닌 속인들도 불교계의 보시 활동에 영향을 받아 속인 보시행을 적극 실천하는 이들이 많았다. 불교를 깊이 공부하거나 불교적인 가치를 추구하며 거사적인 삶을 살았던 사람 가운데 이러한 보시의 실천에 앞장선 이들이 보인다. 불교계만이 아니라 속인 가운데도 이러한 보시 활동을 적극 전개한 이들이 많았기에 고려 사회 전체 분위기가 보시를 강조하는 성격을 띠었다고 생각한다. 이 점은 조선의 사회 분위기와 큰 차이를 보이는 것이라고 하겠다.

예를 들어 윤언민이라는 인물은 『금강반야경』을 즐겨 읽고 견성見性과 관공觀空을 즐거움으로 삼았다. 그는 또 의술을 공부하여 질병에 걸린 사람들을 구제하는 것을 일로 삼았다. 문장 기예에 정통하고 선승을 봉양한 채홍철은 집의 북쪽에 활인당活人堂을 창건하여 약을 베풀었다. 삼경거사三敬居士 배덕표는 병으로 벼슬하지 않고 김해의 주촌酒村에 퇴거해 살면서 홍인원弘仁院을 지어 이곳에서 향약을 채굴하여 조제한 후 질병이 있는 향리 사람을 치료하였으며, 또한 재물을 쌓아 놓고 흉년이 들면 즉시 진휼賑恤하였다. 조운홀은 승려와 방외우方外友가 될 정도로 불교에 깊이 빠져든 인물로서 광주廣州 고원강촌에 퇴거하여 판교원과 사평원을 조영하고서 자칭 원주院主라 하였다. 조운홀이 조영한 원에서는 다른 원과 마찬가지로 여행자에게 편의를 제공하였을 것으로 보인다.

또한 불교의 영향으로 제시할 수 있는 중요한 것은 불교가 사회 운영의 이념이라는 측면에서도 사회에 깊은 영향을 주었다는 점이다. 고려 시기 국가의 경영에도 불교가 깊은 영향을 주었다. 예컨대 국가 차원에서 운영된 동서대비원東西大悲院이 대표적인 사례였다. 빈민과 환자를 위해 국가가 운영하는 기관의 이름이 대비원인 것이다. '대비'라는 용어는 주지하듯이 불교에서 온 것인데, 이러한 불교 용어를 차용해 국가기관의 이름을 지은 것이다. 고려 시기 국가의 형벌이 관대했던 것은 불교의 영향 때문이라는 조선 시기 역사서의 지적은 시사하는 바가 크다.

3. 조선시대: 불교노인복지를 중심으로

고려시대에 있어서는 불교의 영향을 받아 구제사업이 자선과 희사를 기본정신으로 성행하였으나 그 말엽에 이르러서는 불교 자체가 가진 병폐로 인해 구제사업도 쇠퇴하게 되었다. 이에 조선시대는 건국 초부터 불교를 배척하고 유교를 도입하여 유교의 정치이념인 왕도정치를 기간基幹으로 국가 행정의 새로운 기반을 확립하였다. 즉 종전의 특권계층이 소유한 세습적 장원과 사전寺田 등의 토지를 몰수하여 신흥양반과 일반 백성들에게 재분배하여 이윤 균등을 꾀하면서 농업 위주의 중앙집권적 봉건국가를 확립하였다.

역성혁명을 통해 권좌에 오른 조선조 태조 이성계는 고려의 국교였던 불교 대신에 유교를 국교로 채택하였다. 유교적 이념을 바탕으로 한 기로정책의 철저한 시행은 유교적 질서를 구축하고자 했던 태조의 통치 이데올로기적 기획을 실천적 차원에서 뒷받침할 수 있는 좋은 정책적 방안이었다. 그리고 이러한 태조의 정책방향은 조선조 500년 동안 지속적으로 이어졌을 뿐만 아니라 더욱 확대되고 심화되었다.

조선시대의 숭유억불정책으로 인하여 불교는 매우 탄압받아 왔던 것은 사실이다. 그러나 그것이 불교의 빈곤구제 사업이 중단되었다는

것을 의미하지는 않는다. 예를 들어 불교의 노인복지 활동은 조선조
유교사회의 기로정책방향과 전혀 마찰을 일으키지 않고 전개되어 올
수 있었다. 국가와 사회가 분리되고 정치와 종교가 분리된 근대 이후에
는 이미 국가가 특별히 불교노인복지 활동을 억압할 이유는 더 이상
없었다. 오히려 국가는 노인부양의 문제를 가족이나 종교에 의존하여
해결하려는 입장을 고수해 왔다. 이렇게 볼 때, 한국불교의 노인복지
활동은 각 시대마다 국가정책과 긴장 및 갈등관계를 유발하기보다는
상호보완 관계 속에서 전개되어 왔다고 할 수 있다(金貞鏞, 2007: 제1장).

예를 들어 조선시대에는 기로소耆老所가 설치되었다. 기로소는 관직
에 재직하면서 나이가 70세 이상인 사람들이 모이는 곳이자 단체로서
공노公老를 우대하는 정책이었다. 또한 치임제도를 완비하였다. 치임
제도란 현대의 정년퇴직제도이다. 70세가 되어 관례에 따라 마땅히
치임해야 할 사람은 허락하고, 그들 중에서 명망이 높아 직사職事를
맡길 사람은 특명으로 취직하도록 하며, 치임제도에 의해 퇴직하는
날을 맞이해서는 3품 이하에게는 그 본직에 1계급을 더 주고 2품
이상에게는 왕의 윤허를 얻어 시행한다는 것이었다. 노인직老人職을
새로이 두기도 하였다. 세종은 노인직을 만들어 100세 이상이면 남자는
7품으로 제수하고 여자도 작위를 봉하도록 했다(박상환, 2000).

이러한 기로정책은 실제로 매우 강력한 정책 효과로 나타났다. 1617
년에 편찬된『동국신속삼강행실도東國新續三綱行實圖』에는 총 1,662개
사례가 수록되어 있다. 그 구체적인 내용을 보면, 간병 관련 효도
261사례, 불의의 재난과 관련된 효도 13사례, 적賊과 관련된 효도
85사례, 호랑이와 관련된 효도 23사례, 그리고 기타 67사례 등 부모
생존 시의 효도 사례가 총 449개로 나타났으며, 부모가 돌아가신 이후의

효도 사례는, 부모가 상례에 얽힌 효도 232사례, 부모의 모습을 그리거
나 조각하여 모신 효도 14사례, 부모를 따라 함께 죽은 사례 20사례,
그리고 지극한 효행으로 영험을 경험한 사례 30명 등 총 246사례로
나타났다(차문섭, 1977).

이렇듯 조선시대에는 노인에 대한 기로정책을 매우 강화함으로써
사회질서와 풍속의 기강을 유지하려고 하였다. 그리고 그 실천적 효과
도 상당히 높았다. 이는 불교노인복지정책과 관련해서 두 가지 양면적
결과를 낳았다. 즉 그것은 한편으로는 숭유억불정책의 일환이기도
하였지만 다른 한편으로는 불교노인복지의 실천을 강화하는 효과로
나타나기도 했다. 바로 그러한 이유 때문에 비록 조선시대 불교는
불교탄압정책에 의해 불교세력이 크게 위축되기도 하였지만, 불교노
인복지의 실천은 꾸준히 이어질 수 있었다.

불교경전에 나타난 효 사상과 내용은 유교의 그것과 상당한 차이가
있다. 때문에, 비록 한국불교가 주로 유교 중심의 기로정책과의 상호보
완관계 속에서 불교노인복지를 실천하여 왔지만, 다른 한편으로는
바로 이상과 같은 사상적 특성에 기초하고 있었다는 점에서 불교노인복
지 실천의 독자성을 확보하면서 발전해 왔을 것으로 추측된다. 또한
그러한 역사적 흐름은 오늘날까지도 면면히 계승되고 있다. 특히 부모
생전生前에 예수재豫修齋와 사후死後의 천도재薦度齋, 사십구재四十九
齋, 기제忌祭, 절사節祀 등은 현재까지 한국불교에서 실천하는 매우
중요한 불교의식으로 남아 있다. 이러한 점에서 볼 때 한국불교의
사찰은 아직까지도 불교노인복지를 실천하는 장場임에 틀림없다(金貞
鏞, 2007: 제1장).

불교사상에 입각한 효의 실천에 있어서는 출가자뿐만 아니라 국왕에

의해서도 이루어졌다. 전자의 경우 서산대사, 진묵대사, 보조국사 의천, 백파스님 등의 예를 들 수 있으며 후자의 예로서는 정조대왕이 있다.

한편 조선시대에는 빈곤구제를 위한 제도적인 정비가 있었다. 조선 시대 초기 빈민구제의 원칙原則은 ① 빈민구제는 왕의 책임으로 하고, ② 구제의 신속을 중시하며, ③ 일차적인 구빈행정 실시 책임은 지방관 이 지게 하고, ④ 중앙정부는 구호관계 교서 및 법 제정을 하며 또 지방 구호행정에 대해 지도·감독을 하는 것으로 되어 있다. 봉건적 중앙집권제가 완성되고, 또 유교문화가 도입되어 생활됨에 따라 이와 같은 원칙 및 시책이 우리 생활 실정에 더욱 적합하게 수정되고 확대되 어 조직화됨으로써 백성들의 일상생활은 크게 안정되었다. 구호내용 으로는 곡물과 의류 등의 급여를 위시하여 반죽의 급식, 대용 식물의 장려, 의료보호, 조세와 부역의 면제, 환곡의 감면, 영농종자 및 식량의 진대, 곡물가격의 조정 및 요구호자의 시설 수용보호 등을 들 수 있다. 그 외에도 일반 풍속 개선, 교화사업 또는 계, 향약 및 인보상조 제도 등을 들 수 있다.

4. 구한말에서 1970년대까지

구한말에서 1970년대까지의 긴 시기의 불교사회복지 활동을 하나의 시대로 묶어서 논하는 것은 어려울지 모른다. 그러나 크게 본다면 1970년대까지 한국의 불교사회복지는 종교적 자선의 범위에서 벗어나 지 못하고 있었다고 생각된다.

김응철(1999)이 지적하고 있듯이, 조선시대의 억불정책의 영향이 강하게 남아 있는 상황에서 구한말과 일제시대, 해방과 군정기, 정부수립 등의 숱한 역사의 질곡 속에서 불교사회복지가 제대로 기능하기란 어려웠다. 불교사회복지가 현대적인 민간사회복지의 모습을 띠기 시작한 것은 1980년대부터라고 생각된다. 그러므로 여기에서는 1970년대까지의 활동을 개관하기로 한다.

1) 일제시대의 불교사회복지

조선시대에도 사찰이나 출가수행자에 의한 구제사업이 이어지기는 하였지만 억불정책이라는 틀 내에서 불교의 복지활동은 크게 위축되었다. 조정에서 사찰의 규모와 대중의 수에 맞게 시지柴地와 전지田地를 내리면 그 범위 내에서 사찰을 유지할 수밖에 없었다. 국가에서는 소금과 콩을 배급하고 사찰에서 필요 이상의 사람들이 거주하는 것을 강력히 통제하였다. 또한 사찰의 토지가 몰수되고 양민의 출가가 엄격하게 금지되어 있었기 때문에 최소한의 종교적 기능마저도 수행하기 어려운 상황에 있었다.

그러나 그러한 상황에서도 사찰이나 승려에 의한 구호적 복지사업은 명맥이 유지되고 있었다. 특징적인 것은 특별한 니드(need)를 가진 사람들을 사찰에 거주하게 하면서 보호하는 방식을 취했다는 점이다. 각 사찰에는 노인들이 다수 거주하고 있었고 평균 2, 3명의 아동을 보호하고 있었다.

별도의 불교복지시설의 설립시도도 이루어졌는데, 특히 아동에 대한 복지사업이 두드러진다. 유치원과 야학 일요학교의 설립이 이어졌다. 1925년 능인포교당에서 능인유치원(원아 62명)을 설립하였으며 월정사 영월포교당에서는 금성유치원(원아 70명), 1926년 고성 유점사에서는 금강유치원을 설립하였다.

또한 교육받지 못하는 청소년을 위한 강습소나 야학도 설립되었다. 예를 들어 능인포교당에서는 1925년 능인여자야학회를 설립, 학생 58명을 교육시켰다. 1927년 심원사 강습소에서는 극빈층의 자녀들을 대상으로 보통학교 교육을 실시하였으며, 1928년 대각사에서는 약 80명의 아동에게 한글교육을 실시하였다. 해방 이전에 설립된 불교아동복지시설로는 화광보육원, 대전고아원, 자정원, 목포고아원, 자광원, 청곡사고아원, 무량사고아원 등이 있었다(동국대학교 석림회 편, 1997).

의료서비스를 제공하기 위하여 1923년 불교중앙포교소에서 의료기관으로서 불교제중원을 준공하고 내과, 외과, 조산과 등을 두고 의료활동도 행하였지만, 1925년 재정난으로 폐쇄되었다.

2) 해방 이후의 불교복지[2]

해방과 정부수립, 그리고 한국전쟁은 고아와 미망인 등의 요보호자와 빈민을 급증시켰고, 그러한 문제에 대해서는 시설보호 중심의 민간 구호활동이 담당하였다. 그로 인해 해방을 전후한 시기부터 세워지기 시작한 사회복지 시설은 전쟁을 거치면서 급증하였고, 그 가운데 아동복지시설이 80% 이상을 차지하였다.

외국의 종교적 원조기관이 한국에 처음 진출한 시기는 조선 말기이지만, 일제시대까지 진출한 외원기관 수는 소수였고 대부분이 해방 이후

---

2 이 부분의 내용은 주로 김응철(1999)의 연구에 기초한다. 김응철은 이 연구가 『한국불교근세백년사』의 기록을 중심으로 정리한 것이라고 밝히고 있다.

에 진출하였다. 그래서 1950년대와 60년대 내한한 기관이 모두 96개로 전체의 65%를 넘었다. 외국의 원조기관들은 사회복지활동의 이론적인 배경을 갖추고 사회복지시설의 운영이나 교육제도의 운영에 있어서 과학적인 측면이 있었지만, 그러한 상황에서 불교계의 복지활동은 위축되었다. 사회복지가 제도화되기까지 불교계의 복지활동은 불교인의 개별적 관심 수준 이상으로 발전하지 못하였다. 전문인력의 부재와 어려운 재정이 그 주요 원인으로 생각된다.

그러나 그러한 어려운 상황 속에서도 불교계의 복지활동은 명맥이 유지되었다. 불교복지활동의 내용을 아동복지를 중심으로 개관한다. 해방 이후 최초로 설립된 불교아동복지시설은 1946년에 설립된 혜명보육원이다.[3] 이어 1947년 자선원(천안 금주사), 1949년 자혜원(수원 용주사) 1954년의 장흥 광명보육원이 설립되었다. 이들 시설들은 대부분 전쟁고아를 수용하는 시설이었다.

1960년대 설립된 보육원으로는 서애원(1960년. 1967년에 천마재활원으로 법인 변경), 경주대사원(1963년), 의정부 쌍암사보육원(1963년), 대한불교 보현회 파평자애원(1968년), 대각사보육원(1969년) 등이었다.

1970년대가 되면 전국적으로 공공립 및 민간아동시설이 증가하면서 불교계의 복지시설 설립은 줄어들었다. 이 시기에 신설된 아동시설은 광주 향림사에서 무의탁아동을 수용하기 위한 시설이 유일하였다.

---

3 이 보육원은 재가불자가 설립하여 운영하다가 1971년 도선사로 이관하였고 1978년 혜명복지원으로 개칭하였으며 현재까지 도선사에서 사회복지법인의 형태로 운영하고 있다.

5. 1980년대 이후 불교사회복지의 새로운 발전

1) 불교계 사회복지시설의 비약적 발전

한국 사회복지 발전을 보면 1980년대를 기점으로 하여 사회복지서비스 부문이 크게 발전하였다. 사회복지시설의 경우도 수용시설 위주에서 탈피하여 다양한 이용시설이 증가하였다. 사회복지관이나 재가복지시설 등이 그것이다.

그와 더불어 불교계의 사회복지사업활동이 크게 신장되었다. 불교계의 사회복지법인이 설립되었고 많은 공공 사회복지시설을 위탁운영하게 되었다. 2009년 기준 전국의 불교복지시설은 958개로 2006년(477곳)에 비해 481개소가 증가한 것으로 나타났다. 이는 15년 전인 1995년(95곳)과 비교하면 10배 이상 증가한 수치여서, 불교복지가 양적으로 크게 성장했음을 보여준다. 4년간 2배 이상 증가하였다.

〈그림 2〉는 2009년 현재 전국의 958개 사회복지시설의 설립시기별 비율을 나타낸 것이다. 그림에서 극적으로 나타난 바와 같이 1970년대까지 설립된 사회복지시설의 비율은 전체의 2.2%에 불과하다. 1980년대 이후 그 설립이 급속히 증가하여 그 경향은 지금까지 이어지고 있다. 2000년 이후 설립된 시설이 전체의 60%를 넘고 있다.[4]

---

[4] 반면 여성, 부랑인, 장애인, 청소년 분야는 답보상태인 것으로 드러났다. 불교복지의 취약분야로 꾸준히 지적되었던 여성가족 관련 복지시설의 경우 지난 5년간 7곳이 개설됐지만, 여전히 전체 불교복지시설의 1.1%(11곳) 수준에 머물렀고, 12개소에 불과한 부랑인 및 노숙인 시설은 단 한 곳도 확충되지 않는 등 제자리걸음 수준이었다. 따라서 여성과 노숙인 등 취약 계층에 대한 교계 차원의 관심이 필요하다는 지적이다 (법보신문 2010.12.8).

74

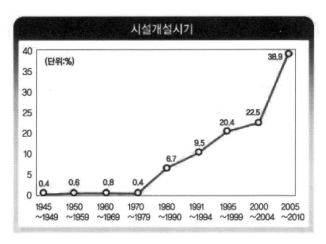

자료: 법보신문 2010년 12월 8일자
그림 2 불교사회복지시설의 개설시기별 비율

이러한 외형적인 증가와 더불어 불교적인 가르침에 입각한 불교적인 복지실천이 무엇인가? 하는 논의도 활성화되고, 불교적인 복지실천의 시도도 이루어지고 있다. 소위 불교사회복지의 정체성 확보를 위한 노력이다.

1990년대 이후 불교사회복지에 관한 연구가 비교적 활성화되기 시작한 데에는 국가에서 복지사업위탁의 형식으로 행해지는 불교사회복지사업의 양적인 팽창과 더불어 불교사회복지활동의 과학적 실천을 지향하는 연구기관이나 조직들의 노력이 있다.

조계종사회복지재단은 1993년부터 불교사회복지정보지원센터를 운영하고 있고 불교사회복지연구소를 부설하여 『불교사회복지』라는 학술잡지를 발간하고 있다. 중앙승가대학교 부설 불교사회복지연구소에서도 학술지 『불교사회복지』를 발간하고 있다. 종교사회복지포럼

(회장 권경임) 역시 비교종교적 관점에서 불교사회복지사업의 연구와
제언을 행해 오고 있다.

2) 불교사회복지의 학문적 논의

한국에서 불교사회복지의 학문적 논의가 본격적으로 이루어진 것은
임송산林松山의 연구에 의해서이다. 임송산은 1983년『불교복지Ⅰ :
사상과 사례』, 그리고 1985년에『불교복지Ⅱ : 재난구제사』라는 저서
를 발간하였다. 전자는 불교사회복지란 무엇이며 그 사상적 기반은
무엇인가를 검토한 저서이며, 후자는 우리민족이 고대에서 지금에
이르기까지 겪어온 각종 재난과 그 구제사업의 사례를 모은 것으로
1,770쪽에 이르는 방대한 자료집의 성격을 가진 것이다.

　임송산의 연구가 불교사회복지의 개념논의에 있어서 중요하게 시사
하고 있는 것은 '사회과학적 지식의 중요성'을 충분히 인식하면서 불교
사회복지를 논의하고 있다는 점이다. 그는 불교승려로서, 당시의 한국
불교계에 '불교는 자비의 종교이며 실천의 종교이다. 자비는 인간의
고통을 해결하고자 하는 것이므로, 불교 자체가 사회복지사업이다'라
고 하는 안이한 인식이 있다는 것을 인정하면서(임송산, 1983: 서문),
불교사회복지의 학문적 논의나 사회적 실천을 위해서는 사회과학적인
기초가 불가결하다는 점을 분명히 제시하고 있다. 나아가 그는 사회복
지학이라는 사회과학에 자율적 인간관이라는 불교의 인간관을 접목시
킴으로서 비로소 불교사회복지가 성립할 수 있다는 점을 지적하여,
불교와 사회복지의 융합을 학문적 수준에서 논의하고 있다.

　임송산의 연구가 불교사회복지의 논의에 주는 두 번째의 중요한
시사는, '사례연구를 통한 불교사회복지의 성격규정'의 시도를 하였다

는 점이다. 불교사회복지를 학문적 수준에서 논의하고 발전시켜 나가기 위해서 무엇보다 필요한 것은, 사찰이나 불교인이 주체가 되어 어려움에 처한 사람들을 대상으로 행하여 온 역사적 전통적 원조관행을 학문적으로 고찰하고 그 성격을 규명하는 것, 그리고 그러한 사례연구를 축적해 가는 것이다. 임송산은 '보寶'의 연구를 통하여 보의 사회경제적 배경과 그 운영주체를 고찰하고 역사적 의미를 제시하고 있는데, 고려시대에는 비불교적인 구제활동으로도 행해진 보가 처음으로 시작된 삼국시대에서는 불교사찰에서 시작된 민중구제활동이었다는 점을 학문적으로 규명하였다(박광준, 2010).

그 후 이혜숙(1993), 권경임 등에 의하여 불교사회복지가 다른 사회복지와 구별되는 특징이 무엇인가를 규명하고자 하는 노력이 이루어졌다. 이들은 불교사상이 사회복지의 원리가 될 수 있다는 입장을 강하게 견지하고 있다.

또한 불교계의 다양한 사회복지활동을 정리하는 노력도 다양한 주체에 의해 수행되었다. 대한불교조계종 사회복지재단의 연구(『불교사회복지 실천과제와 전략』, 2006)는 주목할 만한 연구이다. 또한 불교사회복지의 역사를 정리하는 연구들로서 김응철(1999) 등의 연구가 있다.

현재 한국의 사회복지, 특히 고령자복지의 영역에 있어서 불교적 원리와 복지실천의 융합을 시도하는 연구의 예로서는 우선 김정용(혜도)의 연구(2007)가 있다. 이 연구는 불교가 가진 고령자복지자원을 이념적 자원과 시설자원으로 나누어 고찰하고, 그러한 자원들을 활용한 불교고령자복지의 실천모델을 다음의 4가지로 제시하고 있다: ① 법인주도형 불교고령자복지시설, ② 고령자의 장기요양, 임종케어에 있어서의 불교호스피스 실천, ③ 사찰주도의 불교공동체 모델, ④ 종단주도의 승가노인복지실천.

그리고 박광준(2010)의 연구도 불교사회복지의 학문적 연구모델이 될 수 있는 연구이다. 이 연구는 사회복지의 기본적인 원리를 인간 붓다의 가르침에서 찾으려 하는 시도이며 인문학으로서의 불교와 사회과학으로서의 사회복지학의 학문적 융합을 시도하고 있다. 박광준은 불교사회복지를 다음과 같이 정의하였다.

불교사회복지란 학문적 영역 혹은 사회복지실천의 영역에서 다음의 세 가지를 포함하는 활동이다.

①사회과학으로서의 사회복지의 학문적 원리나 실천적 원리를 불교의 가르침과 사상에 근거하여 조명하고 연구하는 것

②불교적 사회복지이념을 실현하기 위한 과학적이고 조직적인 활동

③불교사상과 불교적 실천방법에 근거하여 행해지는 사회복지실천 활동

제2절 일본

1. 전쟁 이전의 불교사회복지

일본의 불교사찰은 지역주민의 복지에 대하여 커뮤니티센터와 같은 중요한 역할을 하여 왔다. 주민은 사원에 보시를 하고 그 대신 사찰은 그 소속신자들의 장례 등의 책임을 지는 단가제도檀家制度는 지금도 남아 있다. 이는 일본불교가 지리적으로 심리적으로 지역과 밀착되어 있었음을 시사하고 있다.

전통적인 일본불교의 모습에 큰 변화를 가져온 것은 메이지유신(明

治維新, 1868년)과 같은 해 발령된 신불분리령神佛分離令이었다. 이것은
메이지국가(明治國家)의 신도神道국교화정책으로 신도를 옹호하고 신
도와 불교의 혼합의 폐지를 목적으로 한 법률이었다. 이는 천황의
신성화를 목적으로 하고 있다. 신불습합神佛習合은 일본 고유의 신神
신앙과 불교가 혼합되어 독특한 교의나 의례를 만들어 낸 종교현상이
다. 타문화와 교류가 있는 세계에서는 일반적인 현상이다. 예를 들면
중국에는 불교와 도교가 혼합되어 사원에 신이 모셔져 있거나 도교사원
에 부처가 모셔져 있는 경우가 있고, 한국에도 사찰 내에 산신각이
있는 경우가 있다. 일본에서는 천 년 이상 복잡한 혼합이 이루어진
결과 신불神佛 양 종교와 일본의 역사적 풍토에 가장 적합한 형태로
변형되어 독자적인 혼합문화를 만들어냈다. 메이지정부는 에도시대
(江戶時代)의 불교국교화정책을 부정하고 신도국교화정책을 추진하
였는데, 그 과정에서 신사에서 불교적인 색채를 배제하려고 했던 것이
신불분리정책이다. 그것이 폐불훼석운동(廢佛毀釋: 불교사원이나 승려
를 배척하는 운동이나 사상)으로 전개되어 전국 각지에서 폐불이 행하지
기도 하였다. 이 시기 전국에서 파손, 폐기된 사찰 수는 당시 수의
절반 정도라고 알려져 있다.

　그것이 신불분리에 그치는 것이 아니라 폐불훼석운동으로 전개되어
불교의 모습을 크게 바꾸었다. 그러나 다른 한편 그것을 계기로 불교계
의 각성이 이루어지면서 불교개혁이 단행되어 포교제도 쇄신, 사회복
지사업의 중시, 해외포교의 진출, 대학이나 학교 등 새로운 승려양성교
육의 확립 등을 내용으로 하는 근대화가 이루어지게 되었다.

　일본 불교사회복지의 역사에서 볼 때, 현대적 의미의 사회복지사업
의 기원을 이룩한 것에는 서양문물을 경험한 많은 승려들의 기여가

있었다. 예를 들어, 와타나베 가이쿄쿠(渡辺海旭, 1872~1933)는 독일에 10년간 체재하면서, 자본주의를 유지하기 위하여 노동자보호를 적극적으로 행하고 있던 독일사회개량정책을 배운 뒤 귀국하여, 불교사회사업연구회를 결성하여 불교사회복지계의 지도자가 되었다. 그는 자선구제사업에서 근대적인 사회사업에로의 분기점이 되는 사상적인 역할을 행했을 뿐만 아니라 현실적으로도 정토종淨土宗노동공제회를 조직하여 빈곤예방적인 사회사업을 선도하였다. 그의 주도로 1910년 정토종 창립자 호오넨 쇼오닌(法然上人)의 700주기 기념사업으로서, 부랑인을 대상으로 한 무료직업소개소(숙박소 부설)가 설립되었는데, 거기에는 정토종 사찰의 재정적인 지원이 있었다. 1911년 정토종노동보호협회에 이어 노동공제회가 설립되었고 그것은 메이지시대(明治時代, 1868~1912)의 대표적인 시설이 되었다. 정토종노동공제회규칙 제2장은 '본회는 노동자의 생활상황을 개선하고 향상시키는 목적으로써, 노동기숙사, 음식물 실비제공, 유아의 주간탁아, 직업소개, 질병구호, 주택개량, 기타 필요한 사업'을 그 사업으로 정하고 있다(吉田久一, 2003: 98~104).

아동복지부문은 사회복지영역 중에서도 특히 불교계의 참여가 적극적인 부분이다.[5] 메이지 시기의 아동보호는 육아사업이 주류를 이루고 있었고, 낙태의 방지와 아동유기의 방지에 중점이 주어진 사업이 행해졌다. 메이지 초기에 일본정부는 유산과 아동유기방지에 관한 교육을 불교계에 의뢰하였는데, 많은 승려들이 아동유기방지 등의 계몽적 활동에 참여하여 큰 기여를 하였다.

---

5 이하의 내용은 박광준(2007)의 연구를 주로 참고하였다.

메이지 중기가 되면, 육아사업이 본격화되기 시작한다. 그리고 이 육아사업에 있어서는 특히 불교계가 주도적으로 활동하였다. 지진 등의 재해나 흉작에 의한 빈곤아동문제, 여자재소자의 아동동거문제 등에 대한 대응도 이루어지는데, 이 시기의 대표적인 활동이라면 역시 근대불교사회사업의 선구라고 일컬어지는 복전회육아원福田會育兒院 의 설립(1879년, 東京)이었다. 그 이념은 종교적 휴머니즘의 구체화, 생명의 보호 및 생존의 보전, 전인적 구제와 물심일여의 원칙이었다.

복전회육아원福田會育兒院의 명명이유를 보면 다음과 같이 설명되어 있는데, 이 사업의 근저에 깊은 불교사상이 자리 잡고 있음을 엿볼 수 있다.

복전福田이란 불경에 나오는 삼복전三福田, 팔복전八福田의 뜻에서 따온 것이다. 팔복전八福田의 내용은 다음과 같다. ① 우물을 파서 목마름을 구제하는 것, ② 다리를 만들어서 사람들의 왕래를 구제하는 것, ③ 험한 길을 평탄한 길로 하여 통행을 하게 하는 것, ④ 부모를 효도로 봉양하여 은혜를 갚는 것, ⑤ 불법승 삼보에 귀의하여 깨달음을 얻는 것, ⑥ 병질환자에게 약을 제공하여 안위를 얻게 하는 것, ⑦ 빈곤 하고 의지할 곳 없는 사람에게 구제를 행하는 것, ⑧ 일체의 혼을 괴로움에서 벗어나게 선도에 인도하는 것.

메이지 후기가 되면, 러일전쟁이 격화되면서 출정出征가족이나 유가 족의 원호가 중요한 과제가 되었는데, 그것은 당연히 아동육아사업에 도 큰 영향을 미쳤다. 출정에 의한 유아 및 고아의 수용사업이 시작되어 그로 인하여 불교의 유아보육 참여는 강화되었다. 예를 들면 1900년 도요하시(豊橋)육아원이 설립되어 출정군인 자녀에 대한 유아교육을 행하였고, 1903년 후꾸지야마(福知山)불교육아원, 1904년 나고야(名

古屋)의 출정군인유아보육소가 설립되었으며, 1905년에는 진종혼간
지파眞宗本願寺派 자선회재단이 군인유고아양육원을, 1910년에 정토
종淨土宗이 군인유고양육원을 설립하였다.

불교보육사업시설의 개설은 다양한 경위를 가지고 있는데, 그것을
분류하면 다음의 세 가지 유형이 된다. 첫째는 자연재해에 대한 가족원
조의 형태로서의 보육사업이다. 둘째는 농번기에 농가에 대한 가족원
조, 도시지역에서는 인보사업의 일환으로서 지역문제에 대응하는 방
식으로서의 보육사업이다. 그리고 셋째는 기념사업으로서의 보육사업
이다.

보육사업의 이론화는 선진국의 보육사업의 소개에 그치지 않고 보육
사업의 사회적 역할의 모색과 검토도 이루어졌다. 이 시기는 일본자본주
의의 급속한 발전기였고 도시빈민이 확대되는 등 사회문제가 심화되었
는데, 이러한 문제에 대한 사회정책적인 대응이 바로 보육시설의 창설이
었던 것이다. 이러한 이론적인 바탕 위에서 보육사업의 양적인 확대가
이루어졌다. 이 보육사업에 불교의 역할은 매우 컸다. 보육시설의 수를
보더라도, 불교보육시설이 132개소로 1/3을 차지하였는데, 특히 이러
한 보육사업에 있어서는 정토종의 활약이 두드러진다.

2. 전후 복구 및 부흥기

제2차 대전의 패전 후, 전후 복구기에 있어서 불교사회복지활동은
장애인시설의 개설이나 단체의 결성, 불교경전의 점자사본이나 점자
번역사업 등의 활동이 산발적으로 이루어졌다. 우선 시설의 개설이나
단체의 결성에 있어서는, 1952년 미에현(三重縣)에 있는 정토종사찰

(德永寺)이 신광회라는 이름의 난청자연맹을 결성하였다. 같은 해 시즈오카현(靜岡縣)의 정토종사찰 오이타지(大分寺) 주지가 신체장애 아시설을 설립하였고, 1956년에는 일련종日蓮宗 사찰 구온지(久遠寺) 가 정신박약아교육시설을 설립하였다. 한편 불교경전 등의 점자사본 이나 점자번역 사업이 이루어져서, 1953년에 정토종 사찰 지온인(知恩 院)에서는 한 신자의 기부금으로 의역한『유교경遺敎經』의 점자판을 650부 작성하여 전국맹아학교 등 맹인시설에 무료로 배부하였다. 또한 1954년에 오사카(大阪)에서는 맹인후생시설의 점자사본 사업에 협력 하는 '중앙점자도서관봉사회'가 결성되었고, 히가시혼간지(東本願寺) 등이 이 운동에 참가하였다.

고도경제성장기에 들어서면, 장애인복지활동은 ① 불교경전을 중 심으로 한 점자사본, 점자번역사업, ② 불교계복지시설의 개설 등 두 가지의 사업이 주류를 이루게 된다(長谷川匡俊編, 2003).

불교경전을 중심으로 한 점자사본, 점자번역사업에 대해서는, 점자 번역사업에 대한 각 방면에서의 표창기록을 통하여 간접적으로 알 수 있다. 1959년 가나자와시(金澤市) 정토종 사찰주지는 맹농아학교에 점자책을 보낼 것을 제안하여, 가나자와(金澤) 교도소 재소자를 대상으 로 점자강습회를 실시하였다. 동년에 임제종臨濟宗의 사찰이 중심이 되어 맹인용 불교경전출판을 위한 '자안협회慈眼協會'가 설립되어, 점 자로 번역된 불교입문서를 각 학교에 발송하였다. 정토진종淨土眞宗 혼간지파(本願寺派)는 전국 맹인학교 71개교와 맹인시설 19개소, 점자 도서관 등에 점자번역서를 배부하였다. 여기에는 교도소 재소자와의 협력이 있었다.

이 시기에는 장애자관계의 시설이 많이 설립되었다. 우선 1959년에 정토종 나가노교구(長野敎區) 사회복지법인이 정신박약아 통원시설 및 보육소를 준공하였고, 1960년 이시가와현(石川縣)의 일련종日蓮宗 사찰에서 정신박약아시설을 설립하였다. 같은 해 오사카부(大阪府)의 진언종眞言宗 사찰에서는 '맹인의 집'이 개설되었고, 이어 맹인을 위한 노인홈도 설립되었다. 1963년에는 나라(奈良)의 도다이지(東大寺) 법인이 병사病舍를 새로 지어 신체장애아의 수용보호를 행하였고, 그 후 한 번에 50명을 치료할 수 있는 중도장애 전문병동이 완성되었다. 1964년 나가사키현(長崎縣)의 일련종日蓮宗의 한 사회복지법인이 정신박약자시설을 창설하였다. 뒤이어 각지에서 정신박약아시설과 지적장애시설이 완공되었는데, 여기에는 직업훈련실이 부설되어 있었다. 1972년 오사카부(大阪府)는 지체부자유아 시설을 개설하여 그 운영을 시텐노지(四天王寺) 복지사업단에 위탁하고 있다(박광준, 2005).

일본 패전 직후 아동의 보호는 전쟁 복구에 있어서 사장 시급하고 중요한 과제의 하나였다. 전쟁 중에도 전쟁고아 등이 도시에 집중되어 있었으나, 이 문제는 전후에 일거에 표면화되었다. 당시의 아동문제는 '피난아동문제, 영유아의 보건위생상황 악화, 비행소년의 증가, 전쟁고아 및 귀국고아의 길거리 부랑문제, 정신이상아동의 문제' 등이었다. 이 중 가장 긴급한 과제는 고아의 길거리 부랑문제였다.

전쟁고아의 상당수는 공습의 결과로 발생하였다. 친척이 있는 경우 친척이 맡게 되거나 혹은 양자의 형태로 보호되는 경우도 있었고, 공적인 시설에서 보호되는 경우도 있었지만, 거처 없이 배회하는 아동도 많았다. 전쟁으로 인한 고아의 수는 1946년 5,667명으로 보고되어 있는데, 도쿄(東京)가 가장 많았다.

1945년 9월, 「전쟁고아 등 보호대책 요강」이 발표되어, 아동에 대한 육아원이나 보호시설 수용이 시작되었고, 이것은 지방도시로 확대되었다. 불교계에서도 빈곤아동의 구제에 적극 참여하였다. 예를 들어, 니시혼간지(西本願寺)는 전쟁고아보호육성을 위하여 '전쟁고아구제소운동'을 같은 계파의 사찰에 제창하여 1946년에는 그 최초의 시설인 센신료(洗心寮)가 개원되었다(長谷川匡俊編, 2003).

하지만 전후 불교아동복지를 대표하는 사업은 역시 보육분야이다. 교토(京都)지역에서는 불교보육에 관계하는 각 종파로 구성된 불교보육연맹佛敎保育連盟이 결성되었고, 1948년에는 보육사업협회의 연구기관인 교토보육연구소(京都保育硏究所)가 개원되었다. 교토에서는 1948년 1년 동안 아동복지법에 근거한 보육시설의 인가수가 56개소나 되고 있다. 그 배경에는 교토시가 보육소의 설립에 특별교부금을 지원하는 제도가 있었다.

이 시기 보육소 설치의 중심이 된 것은 불교관계자를 중심으로 한 종교관계자였다. 1945년에서 1955년 사이에 신설된 보육소의 58.5%(58개소)가 종교관계자에 의한 것이었는데, 불교관계자의 시설이 48개소로서 종교관계자 시설의 82.8%를 차지하고 있다(池田英俊他編, 1988). 이것은 교토의 특징적인 현상이기는 하지만, 전후 보육사업의 확대에 불교계가 행한 기여를 나타내고 있다.

그런데 이러한 경향에 큰 변화를 가져온 것이 1967년의 아동복지법 개정이다. 이 개정은 아동복지시설의 설치를 촉진하기 위하여 종전과 같이 시설설치에 대한 국가의 보조금지급을 명시하고 있었는데, 문제는 보조금지급대상을 '사회복지법인이 설립한 시설'에만 한정하고 있다는 것이었다. 다시 말하면, 종교법인 등에 의한 아동복지시설의 설립에는 보조금을 제공하지 않는다는 것이었다. 그로 인하여 불교관계자의 시설 신설은 크게 감소하였으나 이전의 시설이 계속 유지됨으로 인하여 민간보육시설에서 차지하는 불교보육시설의 비율은 상당히 높다.

이 시기 불교계의 아동복지활동에서 주목해야 할 것은, 불교보육실천의 이론적 뒷받침을 제공하기 위한 연구의 추진, 불교보육종사자의 연수교육, 보육교재의 개발 등에 있어서 불교보육협회가 보여주는 조직력과 추진력이다. 이 단체의 간단한 연혁은 다음의 〈표 2〉와 같다.

표 2 **일본 불교보육협회의 연혁**

1929년   사단법인 일본불교보육협회 설립
1935년   불교보육협회 보모양성소(현재의 寶善短期大學) 개설
1950년   제1회 전국불교보육대회, 300명 참가
1960년   제6회 전국불교보육대회, 〔불교보육강령〕의 채택
1969년   사단법인으로서 인가

불교의 각 종파는 독자적인 복지사업조직을 가지고 있다. 예를 들어 정토종淨土宗의 불교보육연맹이 1951년 8월에 결성되었고(1964년 정토종보육협회로 개칭), 이듬해에는 조동종曹洞宗 보육사업연합회와 천태종天台宗 보육연맹이 결성되었다. 이러한 협회나 연합회는 강습회와 연수회를 통하여 보육의 질을 확보하는 한편 불교보육의 커리큘럼 개발과 교재개발 등에 기여하였다.

그 후 지금까지 보육사업, 보모양성사업, 아동양호, 장애아동보호, 아동의 교통사고방지를 위한 활동, 개발도상국의 아동 지원, 지역사회에서의 아동의 건전육성 등의 사업을 행해오고 있다.

3. 경제성장기 이후

1981년의 국제장애인의 해를 계기로 각 종파는 장애인문제에 적극
대응하였다. 그 중심이 된 것은 ①장애인시설의 설립과 확충, ②사찰
의 장애인을 위한 설비의 충실화, ③장애인 차별문제 해결을 위한
계몽활동으로 집약된다. 먼저 다양한 지역의 불교계시설 개설은 다음
과 같다(長谷川匡俊編, 2003).

- 1976년 정토종淨土宗 사회복지법인 정신박약아시설·유아원 개설
- 1977년 일련종日蓮宗 사회복지법인 정신박약아 갱생시설
- 1978년 천태종天台宗 법인 장애아의 통원시설(100명 규모)
- 1980년 천태종 법인 정신박약자 통소재활시설 개설
- 1981년 진언종眞言宗 와상상태 시각장애노인을 위한 특별양호노인
  홈(요양원)
- 1981년 정토종 신체장애자요호시설 개설
- 1983년 일련종 정신박약자 갱생시설(30명)

1980년대에 적극적으로 활동한 단체로서 시텐노지(四天王寺) 복지
사업단이 있다. 1985년 재가 발달장애아동의 집단적 원조나 자립생활
을 위한 지도훈련을 목적으로 한 시텐노지요육센터가 개설되었고,
1988년 신체장애자요호시설, 1992년 지적장애자갱생시설, 동년 10월
에 중도장애자 주간보호서비스센터를 개설하고 있다.

사찰의 장애인을 배려한 설비도 발전하였다. 사찰이나 불교관계시
설이 그러한 설비를 본격적으로 준비하게 된 것은 국제장애인의 해를
앞둔 1978년경이다. 사찰에서는 장애를 가진 참배자와 고령자에게
대응한 바리어프리 설계, 시공을 시작하였고, 그것은 종교계의 학교에

서도 마찬가지였다. 예를 들어 1982년 창립106주년의 교토헤이안학원
(京都平安學園)은 불당을 완공했는데, 불당에는 점자표시판, 점자블
록, 휠체어용 스로프 등이 완비되어 있었다. 또한 일반사찰에서도
설법에 대비하여 청각장애인을 위한 보청기를 배치하거나, 사찰의
종합안내소에 점자소식지를 배치하는 등의 활동이 있었다.

이 시기에서 주목할 만한 변화는 1965년 일본불교사회복지학회의
창립이다. 이 학회의 창립을 계기로 많은 학자들이 불교사회복지란
무엇인가에 관하여 의견을 개진하였다. 가장 중요한 논점은 역시 불교
사회복지를 어느 학문적인 범주에서 논의해야 하는가 하는 문제였다.
단적으로 말하면 불교의 학문적 영역에 속하는가 아니면 사회복지의
학문적 영역에 속하는가 하는 문제였다. 인문과학과 사회과학에 속하
는 두 개의 학문영역으로 이루어진 이 용어를 아무런 모순 없이 논의할
수 있는가 하는 근본적인 물음이 이루어진 것이다.

이에 대해서는 불교계 중심의 견해와 사회복지중심의 견해로 대별되
었다. 불교계에서는 불교인이나 불교조직, 사찰 혹은 사찰조직이 노인
이나 아동에 대한 보호활동을 행하여 온 경위가 있었기 때문에, 그러한
활동이 곧 불교사회복지라고 하는 상식적인 견해가 있었다. 시대의
변화에 따라 이러한 활동이 과학화, 조직화되어 현대적인 복지활동으
로도 평가받을 수 있는 사업으로 발전하게 된 1960년대에 이르러서는
이러한 불교계의 입장을 이론적으로 규명하려는 노력이 있었다.

그러나 불교의 복지실천활동이 곧 불교사회복지라는 견해에 대해서
는 사회복지학계로부터 비판받았다. 불교사회복지는 어디까지나 사회
복지의 한 영역이며, 당연히 구조적인 사회문제를 만들어내고 있는
사회 그 자체에 대한 이해, 그리고 그 사회문제에 대한 대책으로써의

사회복지제도에 대한 이해 속에서 인식되어야 한다는 것이 사회복지 쪽에서 불교사회복지에 접근하는 사람들의 입장이었다.[6]

그러나 이러한 논의가 그 후 수십 년에 걸쳐서 행해졌음에도 불구하고 불교사회복지는 다른 종교의 사회복지, 혹은 일반적인 사회복지와 어떻게 다른가에 대한 명확한 대답을 제시하지 못하고 있는 실정이다.

4. 일본 불교사회복지 발전의 시사

일본에서 사회복지사업의 발전에 대한 불교계의 공헌이라면 무엇보다도 사회사업의 인력양성과 사회사업의 조직화라는 분야로 보인다. 불교사회복지사업의 초기단계에서 압도적으로 중요한 역할을 행했던 종파가 정토종淨土宗인데, 정토종은 19세기말에 이미 국내 및 해외의 유학생제도를 두어 인력을 양성하고 있었다. 앞 장에서 언급한 정토종 승려 와타나베 가이쿄쿠(渡辺海旭)는 인도학의 세계적 거장이면서 불교사회복지의 선구자였는데, 그는 1900년 정토종 제1회 해외유학생으로 선발되어 독일에서 10년간 유학한 경험이 있고, 귀국 후에 과학적 불교사회복지실천을 주도하였다. 종파 내에서 이루어지는 많은 자선사업을 통괄하는 정토종자선회가 결성된 것도 1900년의 일이다. 또한 1912년에는 불교도사회사업연구회가 결성되어 월례연구회 등의 활동이 이어졌다. 이 연구회의 주최로 제1회 전국불교도사회사업대회가 개최된 것은 1914년의 일이고 330명의 불교사회사업가들이 3일간의 일정으로 참여하고 있다. 이것은 불교사회사업의 조직화에 중요한

---

6 이에 관한 자세한 논의는 박광준, 2010을 참고할 것.

공헌을 하였고, 불교를 초월하여 일본 사회사업의 조직화를 선도한 것으로 평가되기도 한다.

전후에도 불교사회사업의 과학화와 조직화는 불교사회복지에 관련된 각종 협회에 의하여 추진되었는데, 그 중요한 목적이 불교사회사업의 인력양성에 있었다는 점은 교훈적이다. 1950년대에는 거의 모든 불교종파가 연수회나 인력양성강좌를 가지고 있었다. 이 협회는 협회지 발간, 불교사회복지실천사례집 발간, 아동보육 커리큘럼 및 교재개발, 불교사회복지사업 실태조사 등을 통하여 불교사회복지의 질을 제고하기 위하여 부단히 노력하였다(박광준, 2007).

특히 불교의 가르침을 사회복지실천을 통하여 실현하고자 하는 노력이 있었다. 불교아동복지영역의 예를 들자면, 일본불교보육협회는 1960년 제6회 전국불교보육대회에서 1,200명이 참가한 가운데 「불교보육강령佛教保育綱領」을 채택하였다. 현재에도 이 협회는 불교보육의 조사연구와 불교보육자의 자질향상을 위하여 연수와 커리큘럼 개발 등에 힘쓰고 있는데, '생명을 존중하는 보육의 확립과 마음 교육의 추진'이라는 목표 하에 다음과 같은 세부목표를 가지고 있다: ①생명존중의 보육 추진, ②활력 있는 협회를 목표로 하여 회원을 위한 운영기반의 확립을 도모하기, ③매력 있는 협회를 확립하여 회원의 기대에 부응하기, ④국제교류와 사회공헌을 행하는 협회를 지향하기.

이 보육강령에 의하면 불교의 삼보, 즉 불법승은 보육실천에 있어서 각각 '밝은 생활', '바른 생활', 그리고 '사이좋은 생활'로 표현된다. 불佛이란 부처님의 가르침을 뜻하는 것이고, 그것은 바른 수행을 쌓아간다면 반드시 깨달음이 있다고 하는 밝은 미래를 표현하는 것이 된다. 법法은 부처님의 가르침을 뜻하니, 그것은 바른 생활을 거듭해가는 것을 의미하게 된다. 그리고 승僧은 부처님의 가르침을 따르는 불교교단 전체 즉 승가를 가리키는 것이니, 그 내에서의 화합이 강조된다(표 3 참조).

표 3 일본 불교보육강령

佛-자심불살慈心不殺: 생명존중의 보육을 행하기(밝고)
法-불도성취仏道成就: 바른 것을 보고 행하는 보육을 행하기(바르고)
僧-정업정진正業精進: 좋은 사회인을 만드는 보육을 행하기(사이좋게)

이러한 작업은 평범한 것 같지만 '불교적인' 복지사업을 수행해 나가기 위해서는 매우 중요하다. 이러한 활동이 축적되고, 이러한 지침에 의한 실천활동이 축적됨으로써 불교사회복지의 정체성이 확립될 수 있기 때문이다.

제5장 불교사회복지의 실천체계

제1절 불교사회복지와 법 규정

불교종단의 경우 중앙종회에서 법을 제정하는데, 총무원에서 발의하면 중앙종회의 사회분과위원회에서 심의의결을 거쳐 중앙종회 본회의에 송달되어, 의결을 거쳐 법 제정이 이루어진다(권경임, 2009: 412). 불교사회복지와 관련된 법체계의 기초에 있어 최상위 법률은 헌법이다. 이 헌법에 근거하여 사회복지사업법이 존재하고, 이에 근거하여 불교사회복지사업을 구체화하는 불교종단의 불교사회복지사업의 근거가 되는 종헌, 종령, 총무원법 등이 존재한다.

여기서는 불교사회복지서비스를 전달하는 근거가 되는 '헌법', '사회복지사업법'과 불교종단 중 사회복지사업의 법적 근거를 가진 대표적인 종단인 조계종의 '총무원법', '종헌', '종령' 등에 나타난 사회복지관련 법 규정을 살펴보고자 한다.

1. '헌법'과 '사회복지사업법'

우리나라에서 제정되고 효력을 갖는 모든 법령은 헌법을 기초로 하고
헌법의 이념과 테두리 안에서만 성립될 수 있다. 따라서 사회복지에
관한 모든 법령 역시 헌법에 기초하고 있다.

우리나라 헌법은 전문에서 국민생활의 균등한 향상을 선언하고,
기본권 조항에서 모든 국민의 인간다운 생활을 보장하며, 제34조에서
는 사회보장·사회복지에 관한 국가의 책임과 의무를 명시하고 있다.
헌법에 명시된 복지국가 지향의 이념과 원칙은 사회복지에 관한 여러
법령을 통해 보다 구체화된다.

헌법에서 사회복지와 직접적으로 관련되는 조항은 국민기본권 전체
의 기조가 되는 헌법 제10조(인간의 존엄과 가치·행복추구권)와 사회복
지에 대한 국민의 권리와 국가의 의무를 규정한 제34조(인간다운 생활을
할 권리)등이라 할 수 있다(조성은, 2007: 9).

사회복지사업법은 1970년 1월 1일 법률 제2191호로 공포되었다.
이 법의 제정목적은 사회복지사업에 관한 기본적인 사항을 규정하여
사회복지를 필요로 하는 사람의 인간다운 생활을 할 권리를 보장하고
사회복지의 전문성을 높이며, 사회복지사업의 공정·투명·적정을 기
하고, 지역사회복지의 체계를 구축함으로써 사회복지의 증진에 이바
지함을 목적으로 한다(제1조).

사회복지사업법 중 불교사회복지서비스의 제공에 기반이 되는 사회
복지법인과 사회복지시설과 관련 법규를 살펴보면 사회복지법인은
사회복지사업법 제2장 제16~33조에 정하고 있다. 사회복지법인이란
사회복지사업을 수행할 목적으로 설립된 법인이다. 사회복지법인은

사회복지사업법에서 규정한 사회복지사업을 수행하기 위하여 설립된
비영리 공익·특수법인을 말한다.

　사회복지법인제도는 민간사회복지사업의 공공성과 안정성을 높이
기 위한 것이며, 사회복지법인과 지원법인으로 구분된다. 시설법인이
란 시설의 설치 및 운용을 목적으로 하는 법인을 말하며, 지원법인이란
시설의 설치 및 운영을 목적으로 하지 아니하고 사회복지사업을 지원하
는 것을 목적으로 하는 법인을 말한다. 사회복지사업법의 제2장 제16조
의 사회복지법인 설립허가에 대한 규정을 보면 다음과 같다.

> 제16조(법인의 설립허가) ①사회복지법인(이하 이 장에서 "법인"이라 한다)을
> 설립하고자 하는 자는 대통령령이 정하는 바에 의하여 보건복지부장관의
> 허가를 받아야 한다.
> ②제1항의 규정에 의하여 설립된 법인은 주된 사무소의 소재지에서 설립등기
> 를 하여야 한다.

　사회복지시설은 사회복지사업을 행할 목적으로 설치된 시설을 말하
며, 사회복지사업법 제3장 제34~41조에서 정하고 있다. 사회복지시
설은 수용시설과 이용시설로 구분되는데 수용시설은 가정에서 양육,
보호할 수 없는 사람, 재활을 필요로 하는 사람들을 보호·수용하며,
수용자에 대한 건강관리, 영양관리, 생활지도, 학습지도, 재활치료,
상담, 숙식관리 등 생활의 장으로서 일상생활의 향상과 자활을 위한
서비스를 제공한다. 이용시설은 일반가정에서 생활하고 있는 주민들
이 어떤 문제가 있거나 필요에 따라 시설을 이용하여 전문적인 상담을
받거나 직업훈련, 재활치료, 아동위탁, 청소년활동, 각종 학습활동,
여가선용 등 다양한 서비스 기능을 담당한다. 사회복지사업법의 제3장

94

제34조의 사회복지시설의 설치에 대한 규정을 보면 다음과 같다.

제34조(시설의 설치) ① 국가 또는 지방자치단체는 사회복지시설(이하 "시설"
이라 한다)을 설치·운영할 수 있다.
② 국가 또는 지방자치단체 외의 자가 시설을 설치·운영하고자 하는 때에는
보건복지부령이 정하는 바에 의하여 시장·군수·구청장에게 신고하여야 한다.
다만, 제40조의 규정에 의하여 폐쇄명령을 받고 1년이 경과되지 아니한 자는
시설의 설치·운영 신고를 할 수 없다.
③ 삭제〔1999.4.30〕
④ 제2항의 규정에 의한 시설 중 사회복지관, 부랑인 및 노숙인보호를 위한
시설의 설치·운영에 관한 사항과 부랑인 및 노숙인보호를 위한 시설의 입·퇴소
의 기준·절차 및 직업보도 등에 관하여 필요한 사항은 보건복지부령으로
정한다.
⑤ 제1항의 규정에 의하여 국가 또는 지방자치단체가 설치한 시설은 필요한
경우 사회복지법인 또는 비영리법인에게 위탁하여 운영하게 할 수 있다.〔개정
2003.7.30〕
⑥ 제5항의 규정에 의한 위탁운영의 기준·기간 및 방법 등에 관하여 필요한
사항은 보건복지부령으로 정한다.

2. '총무원법', '종헌', '종령'의 사회복지관련 법 규정(조계종)

'총무원법'〔불기 2552(2008)년 11월 10일 개정공포〕과 관련된 사회복지관
련 법 규정을 보면 제17조로 사회부 업무가 규정되어 있다.

제17조(사회부 업무) ① 사회부는 다음의 업무를 관장한다.
1. 사회활동과 그 부대사업에 관한 사항(인권, 환경, 여성, 통일, 노동, 재해구
조 등)
2. 불교사회단체 관리·감독에 관한 사항
3. 사찰 환경 보존에 관한 사항

> 4. 승려복지에 관한 사항
> 5. 사회복지에 관한 사항(아동, 장애인, 부녀, 노인복지 등)
> 6. 종단 산하 각종 사회복지시설 및 단체의 설립, 운영 및 관리감독에 관한 사항
> 7. 종단 위탁시설 유치 및 관리, 감독에 관한 사항
> 8. 사회복지재단의 관리, 감독에 관한 사항
> 9. 국제불교 교류에 관한 사항
> ②제1항의 사무를 장리하기 위하여 사회국을 둔다.

대한불교조계종 법령인 '종헌'〔불기 2553(2009)년 05월 16일 공포〕의 사회복지관련 규정으로는 제21장 문화, 복지 및 사회활동의 제115조, 제116조, 제117조, 제118조를 들 수 있다.

> 제21장(문화, 복지 및 사회활동)
> 〈제115조〉 ①사회적으로 불우한 위치에 있는 아동, 노인, 부녀, 심신장애인 등 요보호 계층을 대상으로 의료사업, 양로원, 요양원, 기타 각종 사회봉사와 사회복지사업을 전개하고 이를 위한 사회복지기관과 단체를 구성한다.
> ②사회적으로 열악한 위치에 있는 요보호 대상자들을 수용할 수 있는 사회복지시설을 유지 경영한다.
> 〈제116조〉 승려의 노후생활 보장과 건강유지를 위해 승려노후복지원을 설치한다.
> 〈제117조〉 ①사회복지사업을 수행하기 위하여 불교사회복지원을 둔다.
> ②불교사회복지원은 법인으로 설립하며, 총무원장은 당연직 이사장이 된다.
> 〈제118조〉 이 장에서 정한 각종 기관과 단체의 조직, 운영 기타 필요한 사항은 종법으로 정한다.

이어 '종령'에 규정되어 있는 '사회복지업무위임에 관한 규정'〔불기 2551(2007)년 08월 14일 제정공포〕은 다음과 같다.

제1조(목적) 이 규정은 종헌 제115조 내지 제118조의 정신 및 총무원법 제17조에 규정된 업무를 보다 전문적이고 효율적으로 수행하기 위하여 총무원 업무의 일부를 대한불교조계종 사회복지재단(이하, 복지재단)으로 위임하기 위해 그 범위와 절차 등을 정함을 목적으로 한다.

제2조(위임의 범위) 총무원에서 복지재단으로 위임하는 업무의 범위는 다음 각 호와 같다.

1. 승려복지 및 사회복지에 관한 사항(아동, 장애인, 부녀, 노인복지 등)
2. 종단 산하 각종 사회복지시설 및 단체의 설립, 운영 및 관리감독에 관한 사항
3. 대한불교조계종 유지재단 산하시설에 대한 지원 및 관리
4. 종단 위탁시설 유치 및 관리·감독에 관한 사항
5. 불교 사회복지 종책 계발 및 연구
6. 사찰에서 설립한 복지시설 및 복지법인 관리
7. 재해구조와 관련한 현장조사 및 구호활동

제3조(업무의 권한과 책임) ①위임한 업무의 처리에 관한 권한과 책임은 복지재단에 있으며, 총무원은 그에 대한 감독책임을 진다.

②위임한 업무에 대한 사항은 총무원 사회부의 사전승인 또는 협의 없이 복지재단에서 독립적으로 처리한다. 단, 다음 각 호의 사항에 대해서는 그러하지 아니한다.

1. 사찰관리와 관련되어 총무원의 고유권한에 속하는 사항
2. 관련 종헌·종법령 제·개정에 관련된 사항
3. 대한불교조계종 유지재단 및 사찰의 인사권과 관련된 사항
4. 종무회의 의결이 필요한 사항
5. 총무원장의 지시사항
6. 사회부장과 사회복지재단 상임이사 간의 사전 협의사항

③제2항 각호의 사항은 총무원 사회부장의 사전 동의를 거쳐 처리한다.

제4조(협의사항) ①복지재단의 정관 변경 시 복지재단 상임이사는 사전 사회부장과 협의하여야 한다.

②복지재단의 기본재산 확보 등 주요한 변동사항에 대해서 총무원 사회부장이

종무회의에 상정하여 의결·처리한다.

제5조(관리 감독) 총무원장은 위임한 사회복지업무의 관리·감독을 위하여 사회부와 감사국을 통하여 년 2회 정기 감사를 시행한다.

제6조(예산 및 사업계획) ①복지재단 운영에 필요한 종단의 예산 지원은 총무원 사회부 예산에 계상하되, 별도의 보조금 신청 및 검토과정을 거쳐야 한다. ②예산은 총무원 사회부를 통하여 집행하며, 이를 위해 복지재단 상임이사는 매월 예산집행 계획서와 전월 집행내역을 첨부하여 총무원 사회부장에게 요청하여야 한다.

제7조(산하시설 관리·감독) ①복지재단 이사장은 산하시설의 시설장 임면권, 시설직원 임면권, 산하시설 사업계획 및 예결산 감독권과 감사권을 가지며 이는 별도의 규정에 의한다. ②대한불교조계종 유지재단으로부터 위임받은 산하시설의 경우 별도의 규정 또는 지침에 의하여 관리·감독한다.

제8조(산하시설·단체 지원) ①복지재단 이사장은 산하시설 등에 대하여 재정 및 각종 행정지원 등의 지원을 시행할 수 있다. ②복지재단 상임이사는 산하시설·단체 임직원에 대해 불교 소양 및 사회복지 업무에 대한 교육·훈련을 시행하여야 한다.

제9조(사찰 등의 업무협조) 종단 산하 사찰은 총무원장으로부터 위임받은 사회복지업무를 수행하기 위한 사회복지재단의 협조요청에 성실히 응해야 한다.

3. 기타 사회복지관련 법 규정(조계종)

불교사회활동진흥법[불기 2554(2010)년 09월 06일 제정공포]에서는 제6조에서 사찰사회활동과 제7조에서 사찰의 활동에 대한 총무원의 지원에 대하여 다음과 같이 규정하고 있다.

제6조(사찰의 사회 활동) ① 사찰은 복지·환경·평화·인권 등 지역 사회의 현안 문제를 해결하기 위하여 적극적으로 활동하여야 한다.

② 사찰은 불교시민사회단체 등의 행정 및 재정 지원 요청이 있는 경우 여건이 허락하는 범위 내에서 지원할 수 있다.

③ 사찰은 불교시민사회단체의 건물 및 토지 사용 등의 요청에 대해 무상 또는 실비로 지원할 수 있다. 단, 종법령이 정한 절차에 따라 총무원의 토지사용 승인 등을 득하여야 하며, 이 경우 재무부장은 사회부장의 의견서를 첨부하여 종무회의에 상정하여야 한다.

④ 사찰은 필요한 경우 단체 등을 설립하여 사회활동을 진행할 수 있으며, 단체를 설립한 사찰은 단체의 목적·규모·재정 사항 등을 총무원에 보고하여야 한다.

제7조(지원) ① 총무원은 소정의 절차를 거쳐 사찰과 사찰 설립단체·법인 및 중앙종무기관 설립단체·법인, 불교시민사회단체·법인 등의 활동에 필요한 지원을 재정, 프로그램, 행정 협조 등을 지원할 수 있다.

종령에 규정되어 있는 승려노후복지원설치령〔불기 2542(1998)년 07월 24일 개정공포〕에서는 승려의 노후복지에 관련하여 다음과 같이 규정하고 있다.

제1조(근거) 이 종령은 종헌 제116조에 의하여 승려 노후의 건강유지와 생활안정을 위한 복지시설로써 승려노후복지원의 설치와 운영에 관하여 규정한다.

제2조(설치) 총무원장은 종무회의 의결로서 해당 사찰주지의 동의을 얻어 승려 노후복지원을 설치한다.

제3조(운영) ① 승려노후복지원장은 당해 사찰 주지를 당연직으로 한다.
② 승려노후복지원은 해당 사찰에서 운영한다.

제4조(비용) 승려노후복지원 운영에 필요한 비용은 당해 사찰수입과 승려 노후 복지 기금, 총무원 지원금으로 충당한다.

제5조 승려노후복지원에 모시는 대상스님은 연령 70세 이상의 원로대덕스님으로 교구본사 주지의 추천을 받아 종무회의에서 결정한다.

제6조 이 종령의 시행에 관한 세부사항은 승려노후복지원 규정으로 정한다.

제7조 이 종령은 공포한 날로부터 시행한다.

제2절 불교사회복지 전달체계

1. 사회복지 전달체계의 원칙

불교사회복지시설은 지역사회 내에서 중요한 사회복지자원이며 불교 사회복지서비스의 제공을 통하여 불교의 역할을 수행하는 중요한 장이다. 따라서 불교사회복지의 활성화를 위하여 불교가 가지고 있는 자원으로 효율적인 서비스를 전달하기 위한 조직적이고 체계적인 전달체계의 구축이 필요하다.

사회복지의 전달체계의 구축에 고려해야 할 원칙으로 성규탁(1998) 과 김형식 외(2007) 등이 제시하고 있는 8가지 원칙을 보면 다음과 같다.

1) 전문성의 원칙

사회복지서비스의 핵심적인 업무는 반드시 전문가가 담당해야 한다는 원칙이다. 여기서 전문가는 자격요건이 객관적으로 인정된 사람(국가, 또는 전문직업단체의 시험, 또는 기타 자격 심사에 의하여 자격증을 부여받은 사람)이며 자신의 업무에 대한 권위와 자율적 책임성을 지닌 사람을 말한다.

업무 성격상 전문성을 필요로 하는 것은 준전문가(para-professional)가 담당하고 비숙련업무 및 일반행정업무는 비전문가(non-professional) 또는 경우에 따라 자원봉사자가 담당하도록 되어 있다. 사회복지서비스의 효과성과 효율성을 위해서 이러한 원칙을 반드시 지켜야 할 것이다.

2) 포괄성의 원칙

인간의 욕구와 문제는 다양하고 복잡하기 때문에 이러한 문제들을 동시에 접근하고 순서적으로 해결하기 위해서는 포괄적인 서비스가 필요하다. 서비스의 포괄성을 달성하기 위해서는 한 사람의 전문가가 여러 문제를 다루거나 아니면 각각 다른 전문가가 한 사람의 문제를 다룰 수 있고, 여러 전문가들이 한 팀이 되어 문제를 해결할 수도 있다.

3) 적절성의 원칙

사회복지서비스는 그 양과 질에 있어서 클라이언트의 욕구 충족을 위해 충분해야 한다. 따라서 적절성의 원칙은 재정적 형편을 고려해 보면 제대로 수행하기가 어려운 경우가 많고 그 적절성이 수준을 유지시켜 나아가는 데에도 현실적인 어려움이 있다.

4) 통합성의 원칙

문제를 가진 사람들이 전달체계를 통하여 사회복지서비스를 받게 될 때 복합적이고 다양한 문제해결에 필요한 각종의 서비스가 통합적으로 질서정연하고 체계적으로 제공되어 문제를 해결하고 욕구 충족을 달성할 수 있는 것을 말한다. 서비스가 통합적으로 제공되기 위해서는 1인의 행정책임자에 의해 서비스들이 제공되고 서비스 제공장소들이 지리적으로 상호 접근되고 서비스 프로그램 간 또는 조직 간에 상호유기적인 연계와 협조체제가 갖추어 있어야 한다.

5) 지속성의 원칙

사회복지 대상자에게 필요한 서비스를 문제가 해결되는 동안 일정기간 계속적으로 제공하는 것을 말한다. 사회복지 문제의 속성상 단기간에 해결되는 문제도 있지만 어느 정도 시간을 두고 해결하는 문제가 많기 때문에 전달체계의 지속성이 중요하게 거론되고 있다. 지속성의 원칙이 잘 적용되기 위해서는 같은 조직 내의 서비스 프로그램 간의 상호협력이 잘 이루어져야 하고, 지역사회 내의 사회복지서비스 조직 간에도 유기적인 연계가 잘 이루어져야 한다.

6) 책임성의 원칙

사회복지조직은 복지국가가 시민의 권리로 인정한 사회복지서비스를 전달하도록 위임받은 조직이므로 사회복지서비스의 전달에 대하여 책임을 져야 한다. 책임성의 영역에서는 전달체계의 임무수행과정이 투명하게 드러나고 의사결정이 민주적으로 이루어지는 풍토가 매우 중요하다. 책임성의 문제는 조직의 구조적 특성과 기능은 물론, 조직에서 일하는 인력에 대한 신뢰성이 중요한 요소가 된다.

7) 평등성의 원칙

사회복지서비스는 기본적으로 개인의 성별, 연령, 소득, 지역, 종교,

지위 등에 관계없이 평등하게 제공되어야 한다. 현대사회는 급속한 사회변화로 인하여 각자의 의도와는 달리 개인과 가족에게 많은 문제가 발생하고 있다. 이에 따라 국가는 모든 사람들에게 사회복지서비스를 평등하게 제공해야 한다.

8) 접근성의 원칙

사회복지서비스는 그것을 필요로 하는 사람들이면 누구나 쉽게 받을 수 있어야 하기 때문에 클라이언트가 접근하기 용이하여야 한다. 전달 체계의 접근성을 높이기 위해서는 3가지 방법이 활용되는데, ① 유사한 경험을 가진 사회복지사의 채용, ② 의뢰서비스를 전문으로 하는 사회 복지기관의 설립, ③ 특수한 집단을 취급하는 사회복지기관의 설립 등이다(김형식 외, 2007: 73~75).

2. 불교사회복지 전달체계의 개념

사회복지 전달체계란 서비스 제공자들을 서로 연결시키고 사회복지서 비스 제공자와 이용자를 연결시키기 위해 조직된 배열과 배치과정 (Gilbert et al., 1993: 126)이다. 이 사회복지 전달체계에는 사회복지의 조직적 환경인 사회복지시설 및 기관과 중앙에서 지방 일선에 이르는 모든 공·사조직 등 일체의 공·사적 복지기관과 이들 기관의 서비스전 달망이 포함된다(W.A.Friedlander & R.Z.Apte, 1980: 4).

이러한 정의에 따른 불교사회복지 전달체계의 개념은 중앙종단의 사회복지기관과 교구본사와 단위사찰의 불교사회복지시설 및 기관과 관련된 조직의 구조적 배열을 의미한다. 또한 불교사회복지시설의 이용자의 다양한 문제와 요구와 서비스 제공자의 기술과 지식 및 자원 등이 상호작용을 이루며 전개되는 일정한 조직적 과정이라 할 수 있다. 즉 불교사회복지의 전달체계는 구조기능상 행정체계, 집행체계로 분류될 수 있으며, 불교사회복지행정체계란 총무원 사회부 산하 사회복지재단을 정점으로 하여 교구본사에서 단위사찰로 이어지는 수직적인 행정체계를 말한다. 그리고 불교사회복지 집행체계란 사회복지서비스를 이용자에게 제공하는 불교사회복지시설 및 기관을 말한다.

현재 조계종 불교사회복지의 전달체계는 중앙의 총무원 사회부 산하 "조계종 사회복지재단"에서 불교사회복지 업무를 담당하고 있으며, 조계종 사회복지재단을 중심으로 교구본사, 단위사찰로 이어지는 전달체계를 구성하고 있다.

사회복지서비스 전달체계는 일반적으로 운영주체와 구조·기능적 특징에 따라 구분된다(서상목·최일섭·김상균, 1988: 20~21; 최성재·남기민, 1993: 74; 김형식·이영철·신준섭, 2007: 70 등). 운영주체적 측면에서는 공적전달체계와 민간전달체계로 구분되며, 공적전달체계는 정부(중앙 및 지방)나 공공기관이 직접 관리·운영하는 것을 말하고, 민간전달체계는 민간단체가 관리·운영하는 것을 말한다(김형식 외, 2007: 71 참조). 따라서 운영주체적 측면에서 불교사회복지시설의 대부분은 중앙 및 지방자치단체와 위탁계약 혹은 직영시설로 민간전달체계에 해당된다.

구조·기능적 측면에서는 행정체계와 집행체계로 구분할 수 있는데 행정체계는 서비스를 기획, 지시, 지원, 관리하는 것이며, 집행체계는 서비스 이용자들과 직접적인 대면관계를 통해 서비스를 전달하는 과정을 말한다(성규탁, 1998: 75). 따라서 구조·기능적 차원에 불교사회복

지 전달체계의 행정체계는 총무원 사회부 산하 조계종 사회복지재단→
교구본사→단위 사찰의 조직체계로 구성된다. 불교사회복지 전달체계
의 집행체계는 실제로 사회복지서비스 이용자와 상호 접촉하면서 서비
스를 직접 전달하는 불교사회복지시설 및 기관으로 구성된다.

　이하에서는 운영주체적 측면에서 민간전달체계에 해당에는 불교사
회복지전달체계를 구조·기능적 측면에서 행정체계와 집행체계로 나
누어 살펴보고자 한다.

3. 불교사회복지 전달체계의 행정체계

시설 운영주체에서 가장 많은 비중을 차지하고 있는 조계종[7]을 중심으
로 불교사회복지 전달체계의 행정체계를 보면, 조계종의 사회복지전
달체계의 행정체계는 총무원 사회부를 중앙종무기관으로 하여 산하단
체인 사회복지재단에서 교구본사를 거쳐 단위사찰로 연결되는 구조이
다. 그러나 실제로는 사회복지재단과 각 교구 및 단위사찰을 연계하는
하위체계가 구성되어 있지 않아 조계종의 사회복지 전달체계는 사회복
지재단 차원에서 종료된다(조기룡, 2006: 522).

　조계종 사회복지재단은 "부처님의 자비와 구제중생의 원력으로 불
교계 인적·물적 자원을 개발·활용함으로써 국민복지 지원·진흥에
이바지하며 복지 분야에 관한 제반 조사·연구·교육·홍보를 통하여

---

7 임해영(2006, p.19)의 불교사회복지기관 실태조사 분석에 따르면, 시설운영주체와
　관련된 종단별 시설 수의 비율은 대한불교조계종 89.7%(349개소), 대한불교진각종
　3.9%(15개소), 한국불교태고종 2.6%(10개소), 대한불교천태종 1.3%(5개소)의 순
　이다.

문화복지사회 건설을 목적"으로 불교사회복지사업을 실시하고 있다.

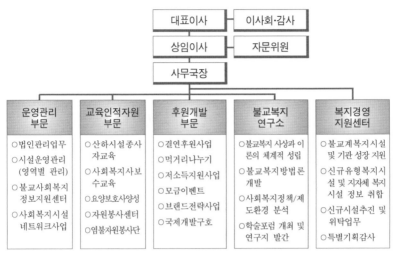

출처: 조계종 사회복지재단(http://www.mahayana.or.kr/참조)

그림 3 조계종 사회복지재단의 조직도

현재 조계종 사회복지재단은 〈그림3〉처럼 운영관리부문, 교육인적
자원부문, 후원개발부문, 불교복지연구소, 복지경영지원센터의 기구
로 운영되고 있다.

주요사업으로는 사회복지시설·단체 설치 및 유지지도사업, 복지시
설 관리운영지원사업, 사회복지시설종사자 교육훈련사업, 대한불교
조계종 자원봉사센터 운영(조계종자원봉사단), 불교사회복지정보지
원센터 운영, 대외협력 및 교류사업, 불교사회복지연구소, 불우이웃지
원사업, 사회복지자원개발사업, 사회복지홍보사업, 특별기획사업,
건강가정지원센터 등이 있다(http://www.mahayana.or.kr 참조). 주요
사업의 내용을 정리하면 〈표 4〉와 같다.

표 4 조계종 사회복지재단의 사업내용

구분	사업내용
사회복지시설· 단체 설치 및 유지지도사업	• 지역별·분야별 사회복지시설 설치 및 공공영역시설 유치 • 사회복지시설 설치에 대한 정보수집 및 정책수립 • 사회복지 시설 및 단체(법인)설립 지원 및 유지지도 • 사회복지 종합상담
복지시설 관리운영 지원사업	• 복지시설운영 Process management 및 Supervision 제공 • 보육시설(37개소) 운영관리사업 • 청소년육성시설(14개소) 운영관리사업 • 장애인복지시설(11개소) 운영관리사업 • 노인복지시설(11개소) 운영관리사업 • 종합사회복지관(15개소) 운영관리사업 • 사회체육 및 청소년수련시설(14개소) 운영관리사업 • 자활후견기관(5개소) 운영관리사업 • 건강가정지원센터 운영
사회복지시설 종사자 교육훈련사업	• 복지시설 신규직원 통합교육 • 보육시설(어린이집)교사 및 시설장 교육 • 청소년시설 종사자 및 시설장 교육 • 복지시설 실무책임자 교육 • 복지시설(노인, 장애인, 사회체육, 노숙자쉼터 등) 종사자 교육 • 시설장 및 중간관리자 통합 Workshop • 사회복지시설 시설장 교육
대한불교 조계종 자원봉사센터 운영 (조계종자원봉 사단)	• 자원봉사 교육(기초교육, 간병, 발반사, 경락마사지 전문교육) • 전국사찰 순회 자원봉사교육 • 자원봉사 파견 및 인증관리 • 긴급재난구호봉사대 운영(의료 및 구호) • 자원봉사운동 확산을 위한 "나눔으로 하나 되는 세상"캠페인 전개 • 자원봉사 대축제, 자원봉사 사례공모전
불교사회복지 정보지원센터 운영	• 홈페이지 운영(http://www.mahayana.or.kr) • 불교사회복지 정보 및 자료조사 및 D/B 구축 • 인터넷 홍보활동 • 불교사회복지기관 정보교류 네트워크 구성
대외협력 및 교류사업	• 한국자원봉사단체 협의회 • 전국실직노숙자 종교·시민단체 협의회 • 먹거리나누기운동 협의회 • 한국종교계 사회복지대표자 협의회 • 건강가정시민연대

구분	사업내용
불교사회복지 연구소	• 불교사회복지 연구지 발간 • 연구보고서 및 단행본 발간 • 불교사회복지 현황조사 및 통계자료 • 불교사회복지시상연구 및 실천전략계획 • 불교사회복지포럼 개최 • 불교사회복지대회 개최 • 불교사회복지아카데미 운영
불우이웃 지원사업	• 후원결연사업 • 결식아동 지원사업 • 실직노숙인 지원사업 • 먹거리나누기(Food bank) • 난치병 어린이 치료비 지원
사회복지자원 개발사업	• 초하루 순회 바자회 개최 • 후원저금통 및 모금함 배포 • 난치병어린이 돕기 1배 100원 모금 3,000배 정진기도 • 자비의 쌀 나누기 • 자비의 선물 보내기
사회복지 홍보사업	• 소식지 발간 • 뉴스레터 발송 • 기자 간담회 • 각종언론매체를 통한 홍보활동 전개
특별기획 사업	• 불교사회복지 활동가 워크샵 • 청소년 어울마당(전통문화체험) 개최 • 장애인의 날 기념행사(장애인 세상나들이) • 사회복지현장 방문 및 지원 • 부처님 오신 날 연등축제 참여
건강가정 지원센터	• 가족구성원 간 갈등과 관련한 다양한 가족문제 상담 및 치료 • 결혼준비교육, 부부교육, 부모교육, 자녀교육, 노인교육, 가족생활 교육실시 • 가족 캠프, 문화공연 지원, 가족걷기 대회, 한 가족 가족봉사단 운영 • 한부모 가족, 국제 결혼가족, 장애인 가족, 미혼모 가정 지원

출처: 조계종 사회복지재단(http://www.mahayana.or.kr/참조)

108

4. 불교사회복지 전달체계의 집행체계

고경환(2010)의 연구조사에 의하면 2009년 현재 불교사회복지시설의
수는 총 958개소이며, 이 중 조계종이 80%로 가장 많아 766개소이며,
다음으로 재가자가 8.8%이며 나머지 종단은 5%이하로 적다.

표 5 불교사회복지시시설 종단별 현황(2009)

(단위: 개소, %)

조계종	태고종	천태종	진각종	관음종	기타종단	재가자	합계
766	14	12	42	4	36	84	958
80.0	1.5	1.3	4.4	0.4	3.8	8.8	100.0

출처: 고경환(2010: 5)을 재구성함

조계종 사회복지시설 776개소의 운영주체별 현황을 보면 사회복지
법인이 78.2%로 가장 많으며, 다음으로 사찰이 10.6%, 재단법인
6.3%이며 나머지는 1% 이하이다.

표 6 조계종 사회복지시설 운영주체별 현황(2009)

(단위: %)

사회복지 법인	사단 법인	재단 법인	학교 법인	단체	사찰	재가자	합계
78.2	3.9	6.3	0.4	0.5	10.6	1.1	100.0

출처: 고경환(2010: 5)을 재구성함

조계종 사회복지시설 중 이용시설이 가장 많아 624개소이며, 생활시
설은 141개이며, 직영시설(36.8%)보다는 위탁시설이 63.2%로 많다.

표 7 조계종 사회복지시설 이용유형과 운영형태별 현황

이용유형(개소)			운영형태(%)		합계
생활시설	이용시설	이용+생활	직영	위탁	
141	624	1	36.8	63.2	766(100.0)

출처: 고경환(2010: 7)을 재구성함

2008년 조계종 종단통계자료집(대한불교조계종 총무원 기획실, 2009. 5)에 의하면 조계종 직영 사회복지시설 수는 총 115개소이고, 전체 종사자 수는 1,813명이다. 이 중 가장 시설 수가 많은 곳은 아동복지시설 (34개소)이며, 다음으로 노인복지시설로 시설 수는 27개소, 장애인시설 14개소, 청소년시설 7개소의 순이다. 여성복지시설은 현재 운영되고 있는 시설이 없다. 종사자의 수는 노인복지시설이 498명으로 가장 많으며, 다음으로 장애인복지시설이 419명, 아동복지시설 373명, 청소년 45명의 순이다.

지역적으로는 서울이 52개소로 시설수가 가장 많으며 다음으로 경상북도가 19개소, 경기도가 14개소, 전라남도 8개소의 순이며, 나머지 지역은 5개소 미만으로 적어 지역적인 편재가 심하다. 특히 청소년시설은 서울에서만 운영되고 있으며, 아동복지시설의 경우도 서울, 경기도, 충청북도, 전라남도, 경상북도, 경상남도에서만 운영되고 있다.

표 8 분야별 조계종 사회복지시설 및 종사자 현황(2008)

(단위: 개소, 명)

지역	합계		아동		청소년		노인		장애인		여성		지역		기타	
	시설	종사자	시설	종사자	시설	종사자	시설	종사자	시설	종사자	시설	종사자	시설	종사자	시설	종사자
서울	52	723	24	256	7	45	5	134	2	72	0	0	6	154	8	62
부산	1	5													1	5
인천	0	0														
대구	1	2					1	2								
대전	2	22					1	17							1	5
광주	4	75							1	36			2	23	1	6
울산	0	0														
경기	14	302	4	45			5	120	1	45			2	82	2	10
강원	4	101					1	30	3	71						
충남	3	34	1	8			2	26								
충북	1	28							1	28						
전남	8	146	1	26			4	74	1	26			1	14	1	6
전북	2	29					1	19					1	10		
경남	4	54	2	21			1	7	1	26						
경북	19	292	2	17			6	69	4	115			4	68	3	23
제주	0	0														
합계	115	1,813	34	373	7	45	27	498	14	419	0	0	16	361	17	117

출처: 2008년 종단통계자료집, 대한불교조계종, p.47

사회복지시설 및 종사자 증감 추이를 보면 시설 수는 2004년 94개소,
종사자 수는 1,196명에서 조금씩 증가하고 있으며, 2007년에 비해서는
시설 수는 9.5%, 종사자 수는 25.4% 증가하였다.

표 9 조계종 사회복지시설 및 종사자 증감 추이

구 분	2004년	2005년	2006년	2007년	2008년
시설(개소)	94	96	96	105	115
종사자(명)	1,196	1,350	1,350	1,446	1,813

출처: 2008년 종단통계자료집, 대한불교조계종, p.48

제6장 불교사회복지 분야론

제1절 불교아동복지

1. 불교아동복지의 개념

1) 아동의 개념

아동에 대한 정의는 시대, 학자, 관련법규, 국가에 따라 다양하게 규정되고 있으나 국제적으로는 「아동권리협약」 제1조의 "아동이란 18세 미만의 모든 자를 말한다"라는 규정을 기초로 하여 18세 미만의 자를 지칭하는 용어로 사용되고 있다.

우리나라의 경우에는 관련법규에 따라 규정되어 있는 연령이 상이하다. 헌법, 아동복지법, 모자복지법, 국민기초생활보장법에서는 아동을 '18세 미만의 자'로 규정하고 있으며, 기타 관련법규에서는 호칭과 연령기준이 다양하다. 아동에 대한 관련법규의 호칭과 연령기준은 〈표 10〉과 같다.

표 10 아동에 대한 관련법규의 호칭과 연령기준

아동 관련 법규	호칭	연령기준
헌법	아동	18세 미만의 자
아동복지법	아동	18세 미만의 자
모자복지법	아동	18세 미만의 자
국민기초생활보장법	아동	18세 미만의 자
영유아보육법	영유아	6세 미만의 취학전 아동
모자보건법	영유아	출생 후 6세 미만의 자
청소년보호법	청소년	19세 미만의 자
청소년기본법	청소년	9세 이상 24세 이하의 자
형법	형사미성년	14세 미만의 자
민법	미성년	20세 미만의 자
근로기준법	연소자	18세 미만의 자
소년법	소년	20세 미만의 자
소년원법	소년	20세 미만의 자
미성년자보호법	미성년	20세 미만의 자

　　교육법에서는 만6세~12세까지를 초등학교 의무교육을 받아야 할 학령아동으로 규정하고 있다. 또한 아동기는 신체적, 사회적, 지적 발달 속도가 매우 현저하므로 이를 다시 아동전기와 아동후기로 나누기도 한다. 즉 6~8세까지를 아동전기, 9~12세를 아동후기로 발달단계를 구분한다.

　　『유아교육사전』에서는 아동을 "넓은 뜻으로는 신생아부터 초등학교를 마칠 때까지 연령층의 어린이를 뜻한다. 그러나 발달단계를 구분할 때는 6세경부터 12세경까지의 초등학교 시기 어린이를 말한다"라고 규정하고 있다(한국유아교육학회편, 1996: 350).

사회통념적 또는 심리적으로는 만 6세～12세의 시기, 즉 초등학교 재학 중인 자 및 그 전후의 연령에 해당하는 자를 아동이라고 지칭한다는 견해(표갑수, 2000: 25; 이대근, 2001: 13; 전남련, 2003: 17 등)도 있고, 광범위하게는 출생에서 만 12세인 초등학교까지를 지칭한다는 견해도 있다(이은화·이경우·문미옥·유희정, 1999: 13 등). "아동이라는 말은 일반적으로 성인이라는 말에 대응해서 사용되며, 인간으로서는 심신心身의 성장·발달기에 있는 자, 다시 말하자면, 한 사람이 성인이 될 때까지의 미성숙·미완전한 상태에 있는 자"라고 정의하기도 한다(이대근, 2001: 12).

한편 한자의 어원상으로 보면, '아兒'는 아직 정수리가 붙지 않은 사람, 곧 어린아이를 뜻하며, '동童'은 노예, 하인, 머리에 아무 것도 쓰지 않은 자 등 제구실을 하지 못하는 사람을 뜻한다. 따라서 '아兒'는 생물학적 존재로서의 어린이를, '동童'은 사회적 존재로서의 어린이를 뜻한다고 할 수 있다(山縣文治·柏女靈峰, 2000: 126). 즉 한자의 어원에 의한 아동은 생물학적, 사회적 존재로서 미성숙한 인간을 의미한다고 할 수 있다(장영인·최영신·백선희·임유경, 2006: 13～15).

불교에서는 아동을 의미하는 용어로 영아嬰兒·영동嬰童·동자童子·동녀童女, 사미沙彌·사미니沙彌尼[8] 등이 있으며, 대개 7세 이상에서

---

8 영아嬰兒·영동嬰童은 보통 영하행嬰兒行·영동심嬰童心이라는 합성어로 많이 쓰인다. 연령적으로는 1～6세로 신생아와 유아기를 포함한 동자·동녀에 이르기 이전의 아동을 의미한다. 동자童子·동녀童女는 범어로 쿠마라Kumara·쿠마리카Kumarika라 하여 8～15세의 미혼남녀로서 출가하여 수행승이 될 것을 발원했으나, 아직 수계를 하지 못하고 준비과정에 있는 견습기의 경우를 지칭한 말이다. 사미沙彌·사미니沙彌

114

20세 미만의 미성숙자에 해당한다(박선영, 1980: 149~152). 한편 불교에서는 아동을 성불成佛할 수 있는 근기根機를 가지고 있다고 보고, 아동의 특징인 미성숙을 발달적 차원이 아닌 깨달음에 입각하여 아동을 깨달음을 성취하지 못한 인간, 즉 아직 완성의 경지에 이르지 못한 인간으로, 연령에 관계없이 무명으로 인해 고통을 받고 있는 중생이라고 지칭하기도 한다(황옥자, 1994: 19: 최광식, 2001: 21 참조).

2) 불교의 아동관

불교에서는 아동을 성인과 마찬가지로 불성을 갖고 있는 독립적인 인격체로 규정하고 있다. 『화엄경』「입법계품」의 선재동자와 같이 대승불교에서는 흔히 보살菩薩이 동자로 표현되고 있는데, 아동은 성의 구별 없이 보살로 표상되고 있으며 현실 속에서 이상을 향해 나아가는 존재로 파악하고 있다. 즉 불교에서 아동의 존엄성은, 인간은 모두 불성을 갖고 있다는 평등사상에서 기인하는 것으로, 아동은 성인의 단계를 거치지 않고도 깨달음을 얻을 수 있는 존재로 보았다. 즉 아동은 독립적인 존재로 주체적인 심리적 사고를 지니며, 자신의 의지와 창의성으로 보다 나은 발달단계로 나아가고자 하는 의지를 가지고 있다고 존중하는 것이다. 이것은 아동의 인격적 독립을 인정하고 주체성을 확립하는 사상적 근거라고 할 수 있다. 예를 들어 선재동자이야기는 아동을 무한한 가능성의 존재로 부각하고 어려운 일을 능히 행하는 보살로 표현함으로써 이상을 향해 전진하는 아동의 때 묻지 않은 순수한

尼는 범어로는 쉬라마네라(Sramanera)·쉬라마네리카(Sramanerika)이다. 구족계를 받은 비구, 비구니가 되기 전의 출가한 도제승으로 출가하여 십계를 받은 7세 이상 20세 미만의 남녀를 말한다(최광식, 2001: 3).

마음에서 참다운 지혜가 일어날 수 있음을 제시하고 있다(권경임, 1998: 160~162; 권은주, 1998: 46~48 참조).

즉 대승불교의 아동관은, 아동은 축소된 성인이 아니라 현실 속에서 이상을 추구하고 가꾸어가면서 끊임없이 미래를 추구하는 발전적인 존재로 보고 있다. 따라서 아동의 장난이나 놀이는 쓸데없는 일이 아니라 이상적인 인간형성 과정 가운데 중요한 단계이며, 아동의 순수성은 성인도 본받아야 할 스승과 같은 존재라고 생각하고 있다. 뿐만 아니라 완성된 자가 아니라 자리이타自利利他의 실천을 통해 스스로 연마하고 이상사회를 건설해가는 구도 과정에 있는 보살이 아동을 바르게 지도하기 위해서는 아동의 수준이 되어 아동을 이해할 수 있어야 한다는 관점을 보이고 있다.

이러한 아동관은 아동의 순수한 심성이나 형상이야말로 중생이 추구해야 할 가장 이상적인 선한 인간의 모습임을 말하는 것으로, 『장아함경長阿含經』과 『세기경世紀經』에는 중생의 선업이 많이 쌓여지고 수행이 경지에 도달하면, 다음 생에 아동의 순수한 심성과 모습을 가지고 살아간다고 하였다.

연기설에 의하면 아동이 전생에 부모일 수도 있고, 내세에 교사가 될 수도 있다. 따라서 아동에게 군림하는 태도여서는 안 되며, 아동의 작은 행동도 가르침이 될 수 있다는 평등한 입장에서 아동과 성인을 보고 있다(최광식, 2001: 22~24 참조).

한편 아동은 본질적으로 깨달음을 성취할 수 있는 존재이지만 아직 미숙하고 업인業因에 의해 미혹하기 때문에 보호하고 교도해야 할 대상으로 보고 있다. 『육방예경六方禮經』에는 부모가 미성숙한 자식에 대해서 도덕, 학문, 종교 등에 대한 교육적 책임이 있으며, 아울러 결혼을 시키고 경제적으로 뒷받침을 해주어 분가시켜 줄 책임이 있다고 기록되어 있다. 즉 아동은 방치되어야 할 존재가 아니며, 그 아동에 대한 교도의 책임은 일차적으로 부모에게 있다는 것이다. 이것은 아동이 부모의 보호와 교도의 책임을 받을 권리와 의무를 가진 존재라는 것이다(황옥자, 1994: 24).

3) 불교아동복지의 개념

불교아동복지에 대한 이해는 아동복지에 대한 이해에서 출발해야 한다는 전제하에, 아동복지에 대한 개념을 먼저 살펴보고, 불교아동복지의 개념을 정의하고자 한다.

아동복지의 개념은 그 대상의 범위, 접근방법, 이론적 관점과 가치 등에 따라 다양하게 정의되며, 사회변화에 따라서도 그 의미가 변화되기 때문에 그 정의를 내리기가 어렵다.

그간 아동복지는 꾸준히 발전되어 왔다. 시대적 한계에 의해 초기 아동복지의 개념은 매우 협소할 수밖에 없었으며, 사회가 변화·발전함에 따라 점차로 포괄적으로 발전해 왔다. 과거의 아동복지는 어려운 상황에 처한 아동을 보호하고 구제하는 방어적이고 사후적인 소극적 의미의 복지였다면, 현대로 올수록 아동의 행복을 추구하고 그 방안을 모색하는 보다 적극적 의미의 복지로 변화되어 왔다. 또한 아동뿐만 아니라 아동을 둘러싼 중요한 환경인 가족과 지역사회를 포함하는 방향으로 확대·발전되어 왔다.

주요 학자들의 아동복지의 개념을 살펴보면, 카두신(Kadushin, 1984)은 협의와 광의의 아동복지의 개념을 포함하여 정의하고 있는데, 아동복지는 '특수한 문제가 있는 아동과 그 가족을 대상으로 하는 전문기관의 서비스를 말하며, 모든 아동의 행복과 사회적 적응을 위해 그들의 생물적, 심리적, 사회적 능력 및 타고난 잠재력을 개발시켜 주기 위한 여러 방법'이라고 정의한다.

프리드랜더(Friedlander, 1980)는 아동복지를 빈곤, 방임, 유기, 질병, 결함을 지닌 아동이나 환경 부적응의 비행아동뿐만 아니라, 모든 아동이 신체적·지적·정서적으로 안전하게 발달하고 행복할 수 있도록 각종 위험으로부터 보호하기 위해 공공 및 민간기관에서 행하는 사회적·경제적·보건적인 제반 활동이라고 정의한다. 코스틴(Costin, 1972)은 아동복지를 아동과 그 가족의 복지증진은 물론 모든 아동과 청소년의 복리증진을 위한 것으로서, 이를 위해서는 가정생활을 강화할 필요가 있다고 하고 있다. 장인협·오정수(2001)는 "사회제도로서의 아동복지는 아동의 기본적인 욕구를 충족시키고 건전한 성장과 발달을 도모하기 위해 여러 가지 활동을 가능케 하는 공적인 방법과 절차이다"라고 정의하고 있다.

이가끼 쇼우지(井垣章二, 2002)는 "다방면에서 가정을 원조함으로써 아동을 가진 가정이 적절히 양육할 수 있는 조건을 정비하고, 가정 자체의 양육능력을 고양시킴은 물론, 가정의 양육능력 중 부족한 부분을 보완하고, 필요하다면 가정을 대신하여 적절한 양육환경을 제공하는 등 사회적 제 시설 및 설비 그리고 가정 안팎의 힘을 정비함으로써 아동의 기본욕구를 충족시키고, 그 건전한 성장·발달을 목표로 하는 사회적·조직적 시책이다"라고 정의하고 있다.

이들의 개념 정의는 공통적으로 모든 아동을 대상으로 그들의 행복을 최대한 보장하기 위한 사회와 국가의 적극적 관여의 필요성을 강조하고 있으며, 아동문제에 대한 대책에서 한 걸음 더 나아가 아동의 욕구실현이라는 적극적이고 미래지향적인 의미를 포함하고 있다. 이러한 적극적인 의미로의 변화는 사회복지를 보다 적극적이고 예방적인 차원에서 이해하고자 하는 변화과정과 밀접하게 관련되어 있다. 사회복지가 보호와 원조를 필요로 하는 사람들만이 아니라 모든 인간이 누려야할 기본적인 권리를 적극적으로 보장하는 실천과정을 포함하는 것이라면, 그 한 분야인 아동복지도 이러한 기본관점을 반영하게 되기 때문이다. 즉 아동복지는 모든 아동의 욕구충족과 행복한 삶의 보장에 대하여 개인뿐만 아니라 사회가 책임져야 한다는 인식 하에 취해지는 모든 사회적 제반시책을 의미한다(장영인·최영신·백선희·임유경, 2006: 41~43).

불교아동복지는 이러한 아동복지개념을 중심으로 불교를 주체로 하는 아동복지활동으로, 강성희(2006)는 불교아동복지를 "불교의 사상과 교의를 바탕으로 아동의 발달단계에 요구되는 바를 제공하는 것"이라고 규정하고 있다. 최광식(2001)은 불교에서 행하는 모든 아동과 관련된 활동으로 불교의 교리와 사상으로부터 나오는 사회적 실천이라고 하고 있다.

권경임(1998)은 불교아동복지의 궁극적 목적은 아동과 그의 가족을 심리적이고 사회문화적 측면에서 과학적이고 전문적인 방법을 활용하여 원조하는 데 있다고 하고 있다.

2. 불교아동복지의 이념

불교아동복지의 기본 이념은 불교의 근본 가치관인 '일체중생 실유불성 一切衆生 悉有佛性'으로 대표된다. 이것은 인간성 신뢰의 가치관이자

아동을 주체적 인격체로서 성인과 동일한 존엄한 존재로 인정한다는 것을 의미한다. 따라서 불교아동복지는 아동이 자신의 불성, 즉 잠재능력을 충분히 발휘할 수 있도록 조력하는 것을 목표로 하며 이 과정에서 중요한 것은 아동이 보호받고 원조를 받을 권리가 있다는 것이다(강성희, 2006: 115 참조).

아동이 보호와 원조를 받을 권리에 대해 현재 그 정점을 이루는 것이 아동권리사상이며, 이를 아동복지의 기본 이념으로 설정할 수 있다. 물론 아동복지의 기본 이념은 불교아동복지의 이념적 근간이 된다.

이하에서 아동권리 사상에 내재된 아동복지의 핵심적인 기본이념은 다음의 3가지 원칙으로 집약하여 살펴보고자 한다(新・社會福祉學習雙書, 1998: 15~6).

1) 인간 존엄성의 원칙

인간 존엄성의 원칙은 이들 3가지 원칙 중 가장 상위의 원칙이다. 아동은 누구나 누군가의 자녀로 태어나지만 한 사람의 자녀로서 사랑받기 이전에 독립된 한 사람의 인격체로서 존중되어야 한다. 성인 특히 부모의 입장에서 보면 아동은 성인과 동일한 인격체이기에 앞서 자신의 자녀로 인식되어, 성인에 의한 보호와 통제의 대상으로만 인식되는 경우가 많다. 아동복지는 아동을 그 자신 고유한 생명을 가진 독립된 존재로 파악하며, 그들의 자유와 행복추구의 권리를 최대한 존중하는 것을 기본 원칙으로 삼아야 한다. 인간존엄의 사상에 기초하여 헌법은 아동의 생존권과 발달권을 보장하고 있으며, '아동 최선의 이익보장'이라는 아동사상의 원칙도 인간존엄사상에 기초하고 있다.

그러나 아동은 어릴수록 자신의 욕구나 문제를 명확하게 표명하거나 주장하지 못하기 때문에, 성인(주로 부모)이 아동의 문제나 욕구를 대신 이해하고 표명하게 되는데, 그것이 진정 아동의 욕구에 기초한 것인지 판단하는 것은 쉽지 않으며, 종종 아동의 이익에 반하는 결과를 초래하기도 한다.

특히 우리 사회처럼 가부장적 전통이 존속되는 경우에는 그 연장선에서 친권의 남용과 학대가 이루어지기 쉬우며, 타인에게 양도될 수 없는 생명권조차 부모에 의해 박탈당하는 경우도 있다. 친권을 지나치게 확대해석하는 경우에는 부모가 자녀에 대한 생사여탈권을 지니는 것으로까지 오인하여, 부모가 자녀의 의지를 무시하고 어린 자녀의 목숨을 끊거나 동반 자살하는 사건이 발생하기도 한다. 이는 자녀를 독립된 인격체가 아닌 자신의 분신이나 소유물로 보는 대표적인 예이다.

2) 무차별 평등의 원칙

모든 사람은 하나의 생명을 부여받았고, 각각은 소중한 생명을 지닌 인간이라는 것 자체만으로도 평등하다고 할 수 있다. 대다수의 사회는 법 앞에서의 평등을 선언하고 있으며, 아동권리조약 2조(무차별의 원칙)도 인종, 피부색, 성별, 언어, 종교, 국적, 재산, 장애, 출생 등에 의한 차별을 금지하고 있다.

그러나 아동은 미성숙한 존재라는 이유로 성인과의 관계에서 그 욕구나 의견 등이 상대적으로 무시되기도 하며, 그 성별, 장애, 외모, 능력 등의 선천적 요인이나 개인적 특성, 빈곤이나 부모의 사회적 지위 등의 환경적 요인으로 인해 불공정한 사회적 대우를 받거나 학대의 대상이 되기도 한다.

따라서 아동복지의 평등의 원칙은 아동과 성인의 관계에서뿐만 아니라 다양한 조건을 지닌 아동들 사이에서도 중요하게 적용되어야 할 원칙이다.

3) 자아실현의 원칙

모든 인간은 자기성장의 욕구를 가지고 있으며, 전 생애에 걸쳐 자신의 가능성을 최대한 발휘하고자 한다. 자아실현의 존중은 개개인의 존엄성과 가치에 대한 인식에 기초해 있다. 사회복지의 오랜 과제였던 '최저한의 삶'의 보장도 그 자체가 궁극적 목표라기보다 그것을 기초로 자아실현을 추구할 수 있는 가능성이 더 커지며, 이를 통해 진정한 인간다움을 실현할 수 있기 때문에 중요한 것이다.

아동기는 생애발달의 초기로서 그 발달이 가장 빠르고 풍부하게 이루어지는 중요한 시기이다. 즉 성인과 달리 신체적·정신적으로 성장·발달의 과정에 있는 존재라는 점이 아동의 가장 본질적인 측면이며, 아동은 건강하고 적절한 성장·발달과정을 거쳐 한 사람의 인간으로서 자기를 실현할 수 있다. 이러한 의미에서 볼 때 아동권리란 성장발달의 권리로 집약되며, 성장발달을 방해받거나 멈추게 되는 것은 인간다운 존재가 되는 것을 방해받는 것으로서 인간의 본질적 권리를 박탈당하는 것(井垣章二, 2002: 5)으로 간주될 수 있다.

따라서 아동복지는 모든 아동들로 하여금 발달에 적합한 자기성장을 최대한 달성할 수 있도록 교육적 문화적으로 지원하고 배려함으로써 아동의 발달권을 최대한 보장하지 않으면 안 된다(장영인·최영신·백선희·임유경, 2006: 50~53).

3. 불교아동복지의 현황

1) 불교아동복지의 발전

불교사회복지사업 중 가장 오래된 것은 아동복지사업으로 해방 전에는
화광사보육원, 무량사보육원, 대전보육원, 자정원, 목포고아원, 자광
원, 청곡사고아원 등이 있다(동국대학교 석림동문회, 1997: 461~462).

해방 이후부터 1960년대 이전까지의 아동복지는 대부분 전쟁으로
발생한 고아와 기아를 수용하는 보호시설로서 사회구호적 성격이었
다. 이 시기에는 많은 사찰들이 보육원이나 고아원을 운영하면서 아동
복지사업을 전개하였다(서병진, 2010: 358).

대표적인 불교아동복지시설은 1946년 설립된 혜명보육원(현재 도선
사 사회복지법인 운영), 1947년에 천안 금수사 대전보육원, 1949년에
수원 용주사 자혜원, 1954년에 장흥 광명보육원(현재 사회복지법인
광명재단 운영) 등이 있다.

1960년대에도 수용시설 위주의 생활보호가 중심이었으며, 1960년
에 서애원(1967년 천마재활원으로 법인 변경), 1963년에 경주대자원
(1977년 현재 사회복지법인 대자원), 의정부 쌍암사보육원, 1968년에
대한불교 보현회 파평자애원(1985년 관음대비원으로 시설 변경), 1969년
에 대각사보육원(1974년 사회복지법인 송암동산으로 법인 변경) 등이
설립되었다. 1970년대에 신설된 아동생활시설은 광주 향림사에서 운
영하는 무의탁아동시설 1개소가 있다(권경임, 2004: 174~175; 정문영,
2004: 29~30 참조).

한편 1970년대 후반, 급속한 산업화, 도시화, 핵가족화, 가치관의
변화로 소년가장, 가출아동, 부랑아동, 비행아동, 정서장애아동, 신체

장애아동 문제뿐만 아니라 저소득층 및 도시, 농촌 일반가정의 방치된 아동 문제 등 광범위하고 다양한 아동문제들이 부모의 소득증대와 상관없이 증가하고 있었다. 특히 여성의 사회참여가 증대되고, 전 국민 의료보장과 소득보장이 실제로 중요한 국가정책영역으로 편입되면서, 사회복지서비스, 특히 아동복지서비스에 있어서도 그 대상이 요보호아동뿐만 아니라 일반가정 아동에게까지 보편화되어야 한다는 새로운 아동복지관이 대두되었다. 부모의 사망 혹은 부모에 의해 버려진, 이른바 요보호아동뿐만 아니라 이농가정, 핵가족, 맞벌이가정 등 일반가정 아동을 위한 발전적이고 예방적인 복지프로그램의 필요성이 주장되었다(이혜경, 1992: 55~56).

이러한 사회환경의 변화 속에서 1980년대는 이전의 생활시설 중심에서 이용시설 유형의 불교아동복지시설이 서서히 운영되기 시작하였으며, 대표적인 시설이 강릉 자비복지원(1984), 자비포교탁아원(1985), 능인선원 내 능인어린이집(1988, 현재 강남어린이집) 등이다. 이 외에 장애아동 생활시설로 주몽재활원이 1985년에 설립되었다.

1990년대에는 여성의 사회참여 증가에 따른 맞벌이 부부의 자녀보호와 교육에 대한 욕구의 증대로 1991년에 「영유아보육법」이 제정·시행되었다. 이에 따라 보육시설이 많이 설립되게 되었고 불교계에서 운영하는 어린이집도 증가하였다. 석왕사 룸비니유치원, 원종사회복지관 룸비니원종어린이집, 사회복지법인 룸비니부설어린이집, 석왕사 부설 관음정사 룸비니오정어린이집, 상수어린이집 등이 그 예이다.

또한 특수아동에 대한 관심으로 석왕사 룸비니 특수아동교실(1990), 인천 부루나포교원의 특수아동 조기교육원(1994), 공주 원효특수아동 조기교육센터(1996) 등 특수아동들을 위한 복지시설이 설립되었다(권경임, 2004: 176, 정문영, 2004: 30 참조).

2) 불교아동복지시설의 현황

고경환(2010)의 2009년 조사 결과에 따르면 불교계 사회복지시설 총
958개소 중 아동복지시설은 71개소로 전체의 7.4%를 차지하여 노인복
지시설과 영유아복지시설에 비하여 그 수가 적다고 할 수 있다. 이는
시설보호보다는 가정보호를 더 중심적으로 지향하는 최근 아동복지의
경향이 불교아동복지시설에도 나타난 결과라고 설명할 수 있다. 한편
영유아복지시설은 229개소로 전체의 23.9%를 차지하는데, 이는 아동
복지시설의 약 3배에 이른다.

표 11 불교계 사회복지시설의 현황

(단위: 개소, %)

지역사회복지	노인복지	아동복지	장애인복지	청소년복지	영유아
67	385	71	87	47	229
7.0	40.2	7.4	9.1	4.9	23.9
여성가족복지	부랑인 및 노숙인 복지	결혼이민자 외국인노동자	정신보건시설	기타	합계
11	12	27	8	14	958
1.1	1.3	1.3	0.8	1.5	100.0

출처: 고경환(2010: 6)을 재구성함

아동복지시설의 이용유형에 있어서는 생활시설이 53.5%로 이용시
설 46.5%에 비하여 약간 많다. 운영형태로 보았을 때 직영시설은
71.8%로 위탁시설 28.2보다 비중이 크다.

영유아복지시설은 그 이용형태상 이용시설이 100%를 차지하고

있으며, 이 중 직영시설은 32.3%, 위탁시설은 67.7%로 아동복지시설
과는 반대로 위탁시설의 비중이 크다.

표 12 아동복지시설과 영유아복지시설 이용유형과 운영형태별 현황

(단위: 개소, %)

시설	이용유형			운영형태		합계
	생활시설	이용시설	이용+생활	직영	위탁	
아동복지	53.5	46.5	-	71.8	28.2	71(100.0)
영유아복지	-	100.0	-	32.3	67.7	229(100.0)

출처: 고경환(2010: 6)을 재구성함

　지역적으로 시설 수가 가장 많은 곳은 서울과 경기도로 21.1%이며,
다음으로 경상북도 15.5%, 강원도 14.1%, 부산 7.0%의 순이며,
나머지는 5%이하이고, 인천, 충남, 전남, 제주도는 1곳도 없다.

표 13 지역별 불교아동복지시설 현황(2009)

(단위: 개소, %)

서울특별시	부산광역시	인천광역시	대구광역시	대전광역시	광주광역시	울산광역시	경기도	강원도
21.1	7.0	-	4.2	1.4	1.4	1.4	21.1	14.1
충청남도	충청북도	전라남도	전라북도	경상남도	경상북도	제주도	합계	
-	4.2	2.8	5.6	15.5	-	71(100.0)		

출처: 고경환(2010: 6)을 재구성함

　2008년 조계종 종단통계자료집(대한불교조계종 총무원 기획실, 2009.
5)에 의하면 아동복지사업 유형으로는 어린이집·놀이방이 77.0%로
가장 높으며, 다음으로 방과후교실이 9.1%, 보육원이 6.4%로 크게

수가 적어지고, 나머지 사업유형은 2%이하로 비중이 적다. 따라서 불교아동복지시설의 주요 사업유형은 아동의 보육과 관련된 사업임을 알 수 있다.

표 14 불교계 아동복지사업 유형

(단위: 개소, %)

영아원	보육원	쉼터	방과후교실	입양원	어린이집·놀이방	일시보호소	기타	합계
2	12	3	17	1	144	4	4	187
1.1	6.4	1.6	9.1	0.5	77.0	2.1	2.1	100.0

출처: 임해영(2006: 31)을 재구성함

2008년 조계종 종단통계자료집(대한불교조계종 총무원 기획실, 2009. 5)에 의하면 조계종산하 아동복지시설 수는 34개소이고, 전체 종사자 수는 373명이다. 시설 수가 가장 많은 곳은 서울로 시설 24개소, 종사자 256명이다. 다음으로 경기도가 서울에 비해 크게 차이가 나지만 시설 수 4개소, 종사자 45명으로 많으며, 경남은 2개소, 21명, 경북은 2개소, 17명이며, 전남은 1개소, 26명, 충남은 1개소, 8명이다. 그 밖의 지역은 1개소도 없다.

표 15 **지역별 불교아동복지시설 및 종사자(조계종)**

(단위: 개소, 명)

구분	서울 특별시	부산 광역시	인천 광역시	대구 광역시	대전 광역시	광주 광역시	울산 광역시	경기도	강원도
시설	24	–	–	–	–	–	–	4	–
종사자	256	–	–	–	–	–	–	45	–

구분	충청 남도	충청 북도	전라 남도	전라 북도	경상 남도	경상 북도	제주도	합계	
시설	1	–	1	–	2	2	–	34	
종사자	8	–	26	–	21	17	–	373	

출처: 2008년 종단통계자료집, 대한불교조계종, p.47. 재구성

이러한 불교계 아동복지시설 현황을 보면 그 수가 상당히 적음을 알 수 있으며, 지역적 편재도 크게 나타남을 알 수 있다.

5. 불교아동복지의 과제

아동을 둘러싼 환경의 변화 속에서 불교아동복지시설은 과거의 수용보호중심서비스의 제공에서 현재는 이용시설중심의 서비스 제공이 크게 증가하고 있다. 그러나 아직 전체적으로 불교아동복지시설의 수가 많이 부족하며 오늘날의 다양한 욕구에 부합하는 아동복지사업을 실시하는 곳이 부족하다 할 수 있다. 최근 사회와 가족의 변화에 따른 아동복지사업의 질적 충실과 전환이 필요하며, 그에 따른 불교아동복지시설의 과제는 다음과 같다.

1) 불교아동복지시설의 양적 확충과 전문성의 향상

앞에서 살펴본 것처럼 불교계 아동복지시설과 종사자 수가 크게 부족하

여 아동들의 특수한 욕구에 대응하기에 미흡하다고 할 수 있다. 훌륭한 인적 자원의 확보는 전문성의 향상에 크게 기여한다고 할 수 있다.

불교아동복지시설의 전문성의 향상을 위해서는 복지재원의 확보를 통하여 다양한 서비스를 제공할 수 있는 시설의 수를 확대하고, 변화하는 사회의 욕구에 맞는 전문적 지식을 가진 종사자의 채용과 지원을 위해 노력하는 것이 필요하다.

2) 다양한 서비스의 제공 및 프로그램의 개발

아동복지에 있어서 가장 큰 변화 중의 하나는 부모가 있지만 부양능력의 상실로 인해 보호를 필요로 하는 아동들의 증가라 할 수 있다. 또한 모든 아동들이 건전하게 성장 발달할 수 있는 양육환경 제공에 대한 욕구도 증가하고 있다. 따라서 불교아동복지시설은 보호를 필요로 하는 아동에 대한 가정위탁보호, 입양, 가정상담, 가정조성사업, 생활 보호서비스 제공, 자립지원, 치료의 제공 등과 더불어 모든 아동의 건전육성을 위한 보육서비스의 제공, 아동문화서비스의 제공 등 다양한 프로그램들이 개발되고 시행되어야 한다. 특히 최근 아동들에게 나타나고 있는 여러 심리적·정서적 불안과 관련된 전문적 상담 및 지원 등의 프로그램 개발도 필요하다.

3) 자녀양육가정의 지원과 부모교육

가족에 대한 가치관과 사회 환경의 변화 속에서 부모들이 자녀들에 대해 지도·양육할 수 있는 능력이 점차 상실되어 가고 있다. 이로 인해 자녀양육에 대한 불안감의 증가와 부적절한 양육태도의 증가로 아동성장의 기반인 가정 및 부모관계가 불안정해지고 있다. 따라서 부모와 자녀의 일상생활에 있어서 정신적·육체적 스트레스를 경감시키고 자녀와 더불어 보다 행복하게 생활할 수 있도록 가정에 대한 지원 및 부모교육이 필요하다.

불교아동복지시설에서는 시설의 서비스를 이용하는 아동의 부모 및 지역사회의 가정에 대한 자녀양육에 대한 고민과 문제의 해결, 자녀양육에 대한 강좌 및 특강의 제공을 통하여 자녀양육을 지원하는 것이 필요하다. 불교의 참선수행, 명상, 요가 등 불교의 독특한 자녀양육지원 프로그램의 개발을 통하여 아동과 부모가 행복한 가정을 가꾸어 나갈 수 있도록 지원하는 것이 필요하다.

4) 아동의 인성 함양과 잠재능력 개발

불교에서는 아동을 무한한 가능성의 존재로 부각하고 어려운 일을 능히 행하는 보살로 표현함으로써 이상을 향해 전진하는 아동의 때 묻지 않은 순수한 마음에서 참다운 지혜가 일어날 수 있음을 강조하고 있다.

따라서 불교아동복지시설은 아동들이 밝고 세상에 대한 긍정적인 가치관을 가지고 자신의 꿈을 실현하여 나갈 수 있는 인성의 함양과 아동들에게 내재되어 있는 잠재능력, 즉 긍정적이고 발전적인 능력의 개발을 위하여 노력하여야 한다.

일반적으로 불교아동복지시설의 상당수가 국가와 지방자치단체로부터 위탁받은 시설로서 "종교교육의 금지"가 되어 있지만, 주입식 불교교육이 아니라 시설에서 생활과 교육을 통하여 아동 각자가 자신에 맞는 불성을 아동 스스로 발현할 수 있도록 지원하는 것이 필요하다.

5) 자립생활의 지원

불교아동복지시설에서 생활보호를 받고 있는 연장아동에 대해 퇴소 후 자립할 수 있는 현실성 있는 지원이 필요하다. 시설보호의 최종 목표는 아동들이 적극적으로 사회에 참여하여, 한 사람의 사회인으로 서 자립하기 위한 생활력을 적극적으로 키우기 위한 지원이다.

따라서 불교아동복지시설은 아동들이 장래 풍부한 생활력을 가진 사회인으로서 자립생활이 가능하도록 시설에서 생활하고 있는 시기부 터 그에 필요한 생활체험, 학습, 기타 다양한 원조를 계획적으로 실시하 는 것이 필요하다. 특히 한 명 한 명 각 아동들의 특성과 사회생활능력에 맞추어 퇴소 이후의 자립생활을 준비하는 충실한 지원이 필요하다.

제2절 불교노인복지

1. 한국의 노인문제

1) 급속한 인구고령화

한국을 비롯한 동아시아지역은 고령화의 속도가 세계적으로 가장 빠른 수준이다. 인구고령화란 전체인구에서 차지하는 고령자비율이 증가해 가는 현상이다. 국제연합의 기준에 의하면 고령인구비율이 7%가 되면 고령화사회(aging society)라고 하고, 14%가 되면 고령사회(aged society)라고 한다. 또한 고령인구비율이 20%를 넘어서면 초고령사회 (super-aged society)라고 칭한다. 〈표 16〉에서 보는 바와 같이 한국은 고령화사회에서 고령사회까지의 시간이 17년, 고령사회에서 초고령사 회로의 진입에 9년이 걸리는 것으로 나타나고 있다.

표 16 **동아시아 국가의 고령화 수준 비교**

국가명	고령화비율의 연도			소요연수	
	7%	14%	20%	7%→14%	14%→20%
한국	2000	2017	2026	17년	9년
일본	1970	1994	2006	24년	12년
중국	2001	2026	2036	25년	10년
독일	1932	1972	2010	40년	38년
미국	1942	2014	2030	72년	16년
프랑스	1864	1979	2019	115년	40년
스웨덴	1887	1972	2014	85년	42년

출처: 통계청 장래인구추계, 2006

〈2010년 고령자통계〉에 의하면 한국의 65세 이상 고령인구 비율은 1980년에 3.8%에 불과했지만 2050년은 38.2%로 높아질 전망이다. 이에 따라 2050년 노년부양비는 72.0%로 생산가능인구(15~64세) 1.4명이 노인 1명을 부양해야 하는 것으로 나타났다.

전체 인구에서 차지하는 고령인구의 비율이 높아지는 데에는 크게 두 가지 원인이 있다. 하나는 평균수명의 연장이며, 다른 하나의 요인은 저출산의 진행이다. 고령자의 수가 일정하더라도 출생하는 아동의 수가 줄어들면 고령인구비율이 높아지는 것이다. 그러므로 고령화와 저출산문제를 분리해서는 생각하기 어렵다. 그래서 한국의 노인복지 종합대책은 〈저출산고령사회기본법〉이라는 명칭으로 저출산과 고령사회문제를 하나의 문제로 보고 있다.

2) 노인문제의 종류

산업화 이후 현대 노인들은 구체적으로 무엇을 결여하고 있는가? 첫째, 노인의 사회적 권위나 지위의 추락이 노인의 삶의 질을 위협하고 있다. 박재홍(1983)은 "전통사회에서는 재산의 소유 혹은 점유권이 노인에게 있었고 오랜 지식과 지혜가 농경생활에 필수적이었으므로 그들이 막강한 권위를 갖고 존경받을 수 있었으나, 오늘날에는 근대적 교육과 직업분화의 결과 젊은 세대들이 경제적 독립을 누릴 수 있게 되었고, 또한 과학 기술의 비약적 발전에 의해 노인들의 경험과 지식이 평가 절하됨에 따라 그들에 대한 통제력이 크게 약화되었다"라고 주장하고 있다.

역사적으로 보면 실제로 전前 산업사회에서는 노인들이 자식들의 생계를 전적으로 규정하는 재산권을 보유하고 있었다. 또한 노인의 지식이나 기술이 경제생활(농업경제)에 있어서도 실용적이었을 뿐만 아니라 사회문화적으로도 권위와 그 정당성의 원천으로 작용하였다. 그러나 오늘날 노인들에게는 그러한 자원이 고갈되어 있다. 그 결과 현대의 노인들은 자칫 사회적 경시나 무시의 대상으로 전락할 수 있으며, 심지어는 폭력의 대상으로 전락할 수 있다. 이러한 권위의 결여를 완화하거나 혹은 극복하기 위해서는 특히 불교의 효 문화 자원을 불교노인복지에 동원하는 것이 매우 바람직할 것으로 생각된다.

둘째, 오늘날 한국의 노인은 경제적 빈곤에 시달리고 있다. 한국에서는 노후소득보장제도의 발전이 늦은 상태에서 급속한 고령화가 진행되기 때문에 고령자빈곤문제의 규모가 커지고 있다. 현재 고령자의 약 30%만이 공적인 사회보장제도의 수급자이다. 대부분의 고령자는 자신의 저축이나 가족의 지원으로 생활하고 있는 셈이다. 생활비를 자녀

나 친척의 경제적 지원에 의존하고 있는 고령자는 42%에 이르고
있다.

2010년 사회조사결과에 따르면 부모의 생활비를 부모 스스로 해결하
는 경우는 48.0%였으며 51.6%가 자녀로부터 생활비를 원조 받아
생활하는 것으로 나타났다(그림 4 참조). 자녀 중에서는 아들딸 구별
없이 모든 자녀가 생활비를 보조하는 경우가 가장 많았으며(26.1%),
그 비중은 점점 늘어나는 경향이다.

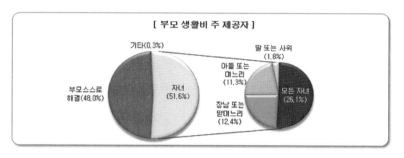

자료: 통계청, 〈2010년 사회조사 결과〉

그림 4 부모생활비 주 제공자

한국의 가구주 연령별 평균자산의 추이를 보면, 소득이나 자산 둘
다 60세까지는 증가하고 그 이후 낮아지고 있다. 평균자산을 보면
30대에 1억 4,200만 원, 40대에 2억 5,300만 원, 50대에 3억 2,600만
원으로 피크를 이루고 60세 이상은 2억 9천만 원으로 약간 줄고 있다(재
정경제부, 2007). 이러한 경향은 다른 나라의 경우와도 유사하며, 평균
적으로 볼 때 노인의 자산보유수준이 낮다고 볼 수 없을지 모른다.
그러나 고령자의 자산상황은 평균적 수치에서는 발견되지 않는 심각한
격차가 있음에 주의해야 한다. 또한 한국은 자산 중 부동산 비율이

76.8%(2006년)로 상대적으로 매우 높다. 예를 들면 미국은 36%(2004
년), 캐나다는 50%(2005년), 일본은 61.7%(2004년)이다. 이것은 재산
의 대부분을 주택에 투자하는 관행과 관련이 있다. 이러한 사정으로
인하여 자산이 있어도 그것을 노후생활자금으로 활용하기가 어려운
것이다(박광준, 2010).

특히 한국사회의 노인들은 일종의 '역사적 샌드위치'이다. 현재의
노인은 강력한 유교문화의 영향으로 부모를 극진히 섬기면서 모셨다.
그리고 그 과정에서 스스로 삶의 많은 자원과 기회의 손실을 감내하기도
하였다. 그리고 그들은 자신의 자식들에게도 오로지 자식들이 성공하
기를 바라면서 자신의 모든 것을 다 희생하였다. 그러나 그들의 자식들
은 자신들이 부모 세대를 섬겼던 정도로 자신을 섬기지도 않을 뿐만
아니라 자신의 양육에 대한 반대급부만큼도 되돌려주지 않고 있는
것이 사실이다. 그런데도 한국사회의 사회보장제도는 최근에야 제도
화되었기 때문에 이들은 사회보장 혜택을 충분히 받을 수도 없는 처지이
다. 게다가 노인인구의 급증과 부모부양의식의 약화가 상승작용함으
로써 자신의 부양문제에 대한 대책은 거의 전무한 상태이다. 이렇게
볼 때, 향후 노인세대의 빈곤문제는 노인의 삶을 직접적으로 위협하는
요인으로 작용할 것으로 예측된다. 이러한 경제적 어려움을 보완하거
나 극복하기 위해서는 불교노인복지의 인적 자원을 동원하여 노인복지
서비스를 해결하는 것이 효율적일 뿐만 아니라 바람직할 것으로 생각된
다(金貞鏞, 2007: 제3장).

셋째, 노인의 심리적 고독감은 노인을 괴롭히는 또 다른 문제이다.
주지하듯이 현대사회는 극도로 개인주의화된 사회이기 때문에 현대인
은 누구나 고독감에 시달린다. 게다가 전 국민의 과반수 이상이 도시생

활을 하는 한국사회의 경우 도시사회의 특유한 익명성과 탈연대성으로
말미암아 노인의 고독감은 결코 쉽게 해소되기 어렵다. 물론 현대사회
에서 직장생활은 삶의 거의 전부일 정도로 중요한 위지를 차지하고
있는데, 직장으로부터 은퇴한 사람들이 바로 노인이기 때문에 노인의
사회적 고독감은 불가피하게 수반된다. 이 중에서도 특히 오로지 직장
생활 이 외에 별다른 사교활동을 하지 않은 사람의 경우 그 고독감은
훨씬 배가된다. 게다가 최근 한국사회의 가족해체 현상은 노인의 심리
적 고독을 더욱 부추긴다. 때문에 향후 노인들은 다른 사람과의 사회적
관계의 단절에서 오는 심리적 고독감 및 그로 인한 고통으로부터 자유롭
지 못할 것으로 예측된다. 이러한 심리적·정신적 결여의 문제를 해결하
기 위해서는 특히 불교만이 지닌 정신적 자원을 동원하는 것이 매우
효과적일 것이다.

마지막으로 생리학적 차원에서 볼 때, 노인은 곧 늙고 병든다는
사실은 육체적 고통에도 노출되어 있음을 의미한다. 그중에서도 특히
가난으로 말미암아 자신의 질병과 그로 인한 고통을 해결하기도 쉽지
않는 노인의 경우, 노화와 질병의 고통은 가중된다. 이러한 문제를
해결하기 위해서는 양로원이나 요양원 등 별도의 노인복지시설이 요구
되는 바, 불교가 보유하고 있거나 위탁 운영하는 시설자원의 동원이
매우 긴요하다.

이상에서 살펴본 것처럼, 향후 노인문제는 날로 심각해질 것으로
예상된다. 인간을 보상유기체로 볼 수 있다면, 노인이 소유하고 있는
사회적 자원의 고갈은 곧 노인들로 하여금 낮은 보상을 감내해야 함을
의미한다. 때문에 노인이 자신의 삶의 질을 유지하고 그들이 상대적으
로 더 행복한 삶을 살아갈 수 있도록 하기 위해서는 외부로부터의

지원이 요구된다. 따라서 현대 한국불교계가 자신에게 주어진 불교노인복지의 역할을 수행하기 위해서는 반드시 그에 필요한 제반 사회복지 자원을 갖추고 있지 않으면 안 된다. 불교노인복지의 해결책은 노인의 삶에 필요한 다양한 자원을 얼마나 충분히 충족시켜 줄 것인가에 달려 있기 때문이다.

3) 늘어나는 노인부양부담

고령자의 의료비나 장기요양비용은 고령화가 진행되면서 급격히 늘어난다. 고령자비율의 증가도 영향을 미치지만 고령화율이 높아지면 85세 이상의 초고령자가 늘어나므로 의료비 등이 급속히 늘어나는 것이다.

'한국의 사회지표 2010'는 고령자의료비의 급속한 증가를 보여주고 있다(그림 5 참조). 즉 전체 건강보험 의료비 가운데 65세 이상 고령자에게 쓰인 비중은 2009년 30.5%로 30%대에 처음 진입했다. 이 비중은

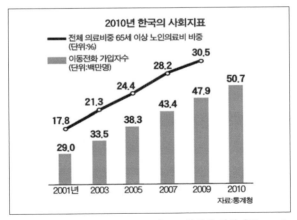

자료: 〈한국의 사회지표 2010〉

그림 5 노인의료비의 증가추이

1999년 17.0%에 그쳤으나 매년 상승해 10년 만에 두 배 가까이 급증했다. 지난 10년간 고령자 의료비 가운데 65~69세 비중은 40.7%에서 33.1%로 감소했지만 75세 이상은 29.8%에서 37.4%로 늘었다. 70~74세는 29.5%로 변함이 없었다.

2. 민간사회복지로서의 불교노인복지의 필요성

1) 정부의 대응: 저출산고령사회기본계획을 중심으로[9]

정부는 2005년 저출산고령사회기본법을 제정하였고, 대통령직속의 저출산고령사회위원회를 설치하였다. 이 법에 의하면 정부는 5년 단위로 저출산고령사회기본계획(『새로마지플랜 2010』)을 책정하도록 되어 있다. 정부는 15개의 중앙부처와 연구기관, 민간전문가가 참가한 가운데, 2006년부터 5년간 추진해야 할 정책과제를 개발하여 2006년 8월 『제1차 저출산고령사회 기본계획』을 책정하였다.

2008년 저출산고령사회 기본계획에 투자되는 예산은 중앙정부사업이 8.9조원, 광역자치단체사업이 1.8조원, 합계 10.7조원으로 되어 있다. 다음의 〈표 17〉에 나타난 바와 같이 보건복지부만이 아니라 노동부, 교육인적자원부, 농림부 등의 중앙부처도 저출산 고령사회에 대응하는 독자적인 프로그램과 예산을 확보하고 있다.

---

9 이 내용은 혜도, 「저출산고령사회 기본계획의 내용과 과제」(박광준 외, 2010: 10장)의 내용에 근거하여 작성하였음.

138

표 17 중앙부처별 저출산고령사회대책의 예산 및 과제(2008)

(단위: 억원)

중앙부처	국가예산			프로그램 내용
	2007년	2008년	증가율	
합계	59,513	89,426	50.3%	225과제
보건복지부	12,412	32,886	165%	영유아건강검진확대 등 75과제
여성가족부	17,919	23,578	31.6%	보육비지원 등 21과제
노동부	13,974	14,918	6.8%	산전산후휴가 확대 등 48과제
교육인적자원부	7.129	8,659	21.5%	3·4세아동 교육비지원 등 30과제
문화관광부	4,357	4,919	12.9%	가족단위여가문화지원 등 17과제
농림부	1,544	1,211	-21.6%	농업지역 유아보육비지원 등 4과제

출처: 기획예산처(2008), 「2008년 예산·기금안 주요내용」, 보건복지부(2008), 『새로마지플랜 2010』

저출산고령사회기본계획은 다음의 3개 부문으로 이루어져 있다.

(1) 저출산대책

출산고령사회 기본계획에 나타난 저출산계획 부문은 다음 세 개의 정책과제를 제시하고 있다.

① 결혼, 출산, 양육에 대한 사회적 책임 강화: 자녀양육가정의 사회적 경제적 부담의 경감, 임신과 출산에 대한 지원의 확대

② 일과 가정의 양립, 가족친화적 사회문화의 조성: 모성보호의 강화, 가족친화적 직장문화 조성

③ 건전한 미래세대의 육성: 아동, 청소년의 안전한 성장환경의 조성, 아동발달지원계좌 등 빈곤아동의 자립지원의 강화

(2) 고령사회대책

고령사회대책부문은 다음의 4가지 내용으로 구성된다.

① 노후소득보장체계의 강화

② 건강하고 보호받는 노후생활보장

③ 노후준비와 사회참여의 기반조성

④ 고령친화 생활환경 조성

(3) 성장동력 부문

이 부문은 저출산 고령화가 한국경제에 미치는 위협요인을 완화하고 기회요인을 최대한 활용하기 위하여 고용 및 산업구조를 고령사회 친화적으로 전환하는 기반을 마련하는 것을 목표로 하는 부분이다. 그 내용은 다음의 3가지로 요약된다.

① 저출산 고령사회의 성장동력 확보를 위하여 여성과 고령자 등 잠재인력이 노동시장에 적극 참여할 수 있는 여건을 조성하는 것

② 노동력의 질적 수준 제고를 위하여 근로자가 근로생애의 전 과정을 통하여 노동시장의 환경변화에 적응할 수 있도록 지속적인 인적자원 개발 및 평생학습체계를 구축하는 것

③ 고령친화산업을 미래의 성장동력산업으로 집중 육성하여 지속적인 경제성장을 견인하고 노인의 생활편익 및 안전의 증진을 도모하는 것

2) 불교노인복지의 필요성[10]

노인복지를 실현하기 위해서는 공적인 자원만으로는 부족하며 민간자원을 필요로 한다. 노인의 행복한 삶을 보장해주기 위해서는 다양한 민간자원을 필요로 한다. 노인의 경우 임종과 죽음의 문제로부터 자유롭지 못하기 때문에 특별히 개호복지 및 호스피스의 자원도 갖추고 있어야 한다. 게다가 노인복지의 경우 생로병사와 관련된 삶의 변화를 수용할 수 있는 정신적 자원도 필요하며, 노인의 사회적 권위를 유지시켜 주는 데 기여할 수 있는 사회문화적 자원도 요구된다.

물론 이러한 자원은 일차적이고 직접적 자원과 이차적이고 간접적 자원으로 구분해 볼 수 있을 것이다. 물리적 자원이나 인적 자원은 직접적인 자원인 반면에, 정신적 자원이나 문화적 자원은 간접적 자원이라 할 수 있을 것이다. 또한 인간의 내적 측면과 외적 측면을 기준으로 보면, 시설 자원과 인적 서비스 자원은 외적 자원으로 볼 수 있고, 사상적 자원, 효 문화와 같은 사회문화적 자원, 그리고 불교 고유의 정신적 자원 등은 내적 자원으로 분류해 볼 수도 있을 것이다. 그리고 불교계를 기준으로 보면 내적 자원은 주로 불교의 종단이나 사찰에서 제공되는 불교자원, 즉 불교노인복지의 특수성의 범주에 포함할 수 있는 반면에, 외적 자원은 불교계를 포함하여 세속사회 및 국가로부터 제공되는 일반적 자원, 즉 노인복지일반의 일반성으로 구분해 볼 수도 있을 것이다.

결국 현대불교노인복지가 오늘날 한국의 노인복지 수준을 한 단계 향상시키는 데 기여하는 대안적 복지 패러다임으로 발전하기 위해서는

---

10 이 내용은, 金貞鏞, 2007: 제2부를 기초로 작성되었다.

불교노인복지의 주체가 한편으로는 불교노인복지의 특수한 자원뿐만 아니라 노인복지 일반의 일반적 자원 등 모든 복지자원을 동원하여 불교노인복지의 모든 클라이언트의 복지수요에 적절하게 대응해 나가는 것이 바람직할 것으로 보인다. 그리고 이를 위해서는 직접적인 자원과 간접적인 자원, 외적 자원과 내적 자원, 그리고 불교노인복지만의 특수한 자원과 노인복지일반의 일반적 자원을 잘 조화시켜 나가려는 자세가 요구된다. 그리고 이러한 자원의 동원은 클라이언트의 수요에 대응하는 것이어야 함은 불문가지이다(金貞鏞, 2007: 제5장).

불교노인복지의 현대화를 위해서는 무엇보다도 정신적 구제라는 종교적 지향성만을 불교사회복지의 목표로 설정하는 한계를 과감하게 탈피할 필요가 있다. 특히 정신적 수행과 마음의 해탈을 추구하는 불교의 노인복지활동, 즉 불교노인복지를 현대화하기 위해서는, 그리고 현대사회의 노인 문제를 고려할 때, 현대 불교노인복지는 정신적 구제와 같은 정신적 복지만으로는 충분하지 않다. 현대 불교노인복지는 정신적 구원을 포함하여 인간의 삶에 필요한 모든 자원을 제공함으로써 노인의 삶의 질을 향상시키는 활동이어야 한다. 또한 현대 불교노인복지는 단순한 자선사업이나 구제사업을 넘어서야 한다(森永松信, 1975). 왜냐하면 단순한 자선사업이나 구제사업만으로는 산업화 이후 발생한 노인문제의 수요를 충분히 감당할 수 없기 때문이다. 결국 현대 불교노인복지는 한편으로는 정신적 복지나 자선사업 및 구제사업을 포함하면서도 다른 한편으로는 산업화 이후 노인들의 삶에서 실제적으로 문제가 되고 있는 구체적인 문제에 대응하여 그에 필요한 물적 자원을 제공하는 활동을 체계적이고 조직적으로 시행해 나가야 한다. 한마디로 이는 노인에게 결여된 그 무엇을 충분히 보상해 주어야 함을 의미한다.

　연기론적 세계관에 기초하고 있는 불교에서 탐욕은 3독毒 가운데 가장 첫 번째에 해당한다. 그것은 탐욕이야말로 연기의 법칙을 일탈하는 근원일 뿐만 아니라 불교에서 모든 인간에게 내재해 있다고 간주하는 본래의 불성을 더럽히는 근원이기 때문이다. 따라서 불교에서는 끊임없이 욕망과 집착을 버리라고 강조한다. 이렇게 볼 때, 우리는 불교가 탐욕을 사회문제의 근원으로 간주하고 있음을 쉽게 유추할 수 있다. 그러면 이러한 원인을 제거하는 길은 무엇인가? 한마디로 '팔정도八正道'라고 대답할 수 있다. 보다 구체적으로 말하면, 불교에서는 보편적 진리인 법을 기초로 사회질서를 세우려는 전제하에 가능한 한 인간들을 그러한 보편적 이치로 이끌어가려는 수행의 방법, 곧 팔정도를 제시하고 있다.

　이러한 불교적 시각은 다음에서 살펴 볼 사회과학적 시각과 매우 다르다. 서구의 초기 사회과학자들은 사회문제의 원인으로서 사회전체의 아노미상태(가치관 혼란 상태나 무규범 상태)나 생산을 둘러싼 지배자(착취자)와 피지배자(피착취자) 사이의 계급모순과 계급갈등에서 찾았다. 오늘날의 사회문제이론도 계속 새롭게 발전되어 오고 있지만 사회문제에 대한 사회과학적 시각은 공통적으로 그 원인을 인간의 외재적 조건에서 찾고 있다. 문제의 원인을 외적 조건에서 찾을 때, 사회문제의 해결책은 사회개혁 및 제도 개선, 구조적 기능이나 외적 조건(사람이든 사물이든)의 보완, 그리고 사회혁명 등을 통해서 비로소 확보된다. 그러나 사회문제를 해결할 수 있는 이러한 수단은 본질상 용이하게 갖추어지지도 않을 뿐만 아니라 설령 갖추어진다고 하더라도 사회문제가 해결된다는 확신을 가지기도 쉽지 않다. 반면에 사회문제

에 대한 불교적 해결책은 외적 강제의 동원에 따르는 비용을 지불하지
않고도 가장 강력하고 효과적인 사회질서를 유지할 수 있는 장점을
지니고 있다.

사회문제를 통해 사회구성원들의 삶의 질을 향상시키고자 하는
활동을 사회복지활동이라 한다면 현대의 노인복지체계는 불교노인복
지를 요구하고 있다. 물론 이러한 필요성은 비단 노인복지 영역에만
해당되는 것은 아니다. 스즈카와신(硯川眞旬, 1998)은 '불교가 사회과
학의 법칙성을 비판하지 못하고 매몰되면 불교의 독자성을 갖지 못한
채 자기를 부정하게 되므로, 불교가 갖는 위대한 사상인 자비慈悲를
역사적 사회 속에서 살려내는 것이 중요하다'라고 주장하였다.

이렇듯 서구적 기원을 갖고 있는 기존의 사회복지제도의 한계를
극복하기 위하여 불교노인복지가 요구되고 있지만, 현대사회의 불교
노인복지는 또한 전통적인 구제사업의 형태로 진행해서는 안 된다.
왜냐하면 현대 불교노인복지사업은 현대사회라는 제도적 기반 위에서
실천되어야 하기 때문이다. 고하시 쇼이치(孝橋正一, 1977)는 '불교가
외적인 현실문제를 담당하려면 역사와 사회를 도외시한 자선사업에
그쳐서는 안 되며, 현실사회의 문제에 어떻게 대처할 것인가에 대해서
도 사회과학에 대한 인식과 접합점을 찾음으로써 가능하다'고 주장한
바 있다. 이렇게 볼 때, 현대 불교노인복지도 단순한 구제활동이라는
전통적 불교노인복지의 차원을 넘어서서 현대화해야 하는 과제를 안고
있다.

어떤 특정한 사회 속에 존재하는 하나의 사회제도는 사회체제 및
다른 사회제도들과 상호 침투성을 가지고 있을 뿐만 아니라 그 사회의
고유한 문화로부터 영향을 받기도 한다. 게다가 특정한 사회제도는

그 제도의 운영과정에서 사회구성원들의 태도나 행위 양식을 일정 정도 반영하면서 수정되거나 변형되기도 한다. 때문에 사회제도는 나라마다 각각 독특한 특성을 지닌다. 사회복지제도의 경우도 예외는 아니다. 실제로 한국의 사회복지제도는 자본주의사회와의 관계 속에서 존립하고 있다는 보편성을 지님에도 불구하고 서구의 사회복지제도와는 다른 나름대로의 특수성을 갖고 있다. 모든 인간사회 속에서는 언재나 재난이나 불행한 일이 발생하였고 또한 사회적 약자가 탄생해 왔으며 동시에 이러한 문제에 대응하기 위해 각 사회를 구성하는 구성원, 기구, 제도 등은 나름대로의 구제의 노력을 기울여 왔기 때문이다. 한국사회의 경우 불교는 삼국시대 이래로 재난구제의 역사를 지니고 있는 대표적인 사회복지의 주체였다. 오늘날 한국사회의 사회복지제도 속에는 불교사회복지가 공존하고 있다. 바로 그렇기 때문에 한국의 사회복지는 서구로부터 수입한 근대적 형태의 사회복지제도와는 다른 나름대로의 특수성을 지니고 있는 것이다.

3. 불교노인복지의 정의와 발전

1) 불교노인복지의 정의

모든 인간은 태어나고 늙고 병들고 죽는다. 그러나 혹은 그렇기 때문에 모든 인간은 또한 늙지 않고 병들지 않기를 염원한다. 모든 인간은 살아 있는 동안 행복하게 살기를 염원하고 또 추구하고 있다.

불교노인복지는 이상의 두 가지 과제를 동시에 추구하는 불교적 이상을 현실 속에서 구현하고자 하는 실천적 활동이다. 다시 말하면 불교노인복지는 한편으로는 그 속에 사회복지 일반의 보편성을 담지하면서도 다른 한편으로는 일반사회복지의 한계를 능가하는 또 다른 목표, 즉 종교적으로 죽음을 초월하는 과제를 동시에 수행하는 활동이다. 따라서 불교노인복지는 세속적인 사회복지 일반에 비해 훨씬 넓고 깊은 적용범위를 갖고 있다. 즉 세속적인 사회복지와는 달리 불교노인복지는 모든 인간을 고해의 바다에 다시 태어나지 않도록 함으로써 인간 삶의 고통을 근원적으로 해결하고자 하는 목표를 지니고 있다. 미치하타 료슈(道端良秀, 1976)는 "불교는 해탈의 종교, 자비의 종교이며, 철학적으로는 고苦·공空·무상無常·무아無我를 통찰하여 완전한 인격자, 불타가 되는 것을 궁극의 목적으로 하며, 인간이 어떻게 살 것인가 하는 근본문제를 해결하는 것이다"라고 하였다.

한편 불교노인복지를 포함한 모든 사회복지제도는 불의의 재난에 집합적으로 대응하거나 사회적 약자를 구제하거나 혹은 그들을 지원하는 중요한 사회적 역할을 함으로써 그 존립의 정당성을 갖고 있다. 다시 말하면 모든 사회복지활동은 동시대의 사회문제에 적극적으로 개입하여 그 해결책을 구체적으로 제시해야 할 당위를 지니고 있다. 때문에 전통적으로 장애인이나 어린이 혹은 노인 등은 불교사회복지활동의 주요 클라이언트였다. 그러나 산업화와 더불어 수많은 노동자들이 자신의 노동력 이 외에 별다른 삶의 자원을 갖지 못하게 됨에 따라, 산업노동자의 삶의 질을 어떻게 보장할 것인가는 모든 현대 자본주의사회의 사회복지활동 혹은 국가 사회정책의 가장 핵심적인 주제로 부상하고 있다. 또한 불교사회복지의 주요 클라이언트는 사회적 약자를 포함하여 인간 일반에게도 적용된다. 왜냐하면 모든 인간은 생로병사의 고통으로부터 자유로울 수 없기 때문이다. 특히 현대 자본주의사회를 살아가는 모든 인간은 자신의 이기적 욕망으로부터 자유로울 수 없는 데, 불교에 따르면 그것이야말로 삼독이자 고해의 삶을 지속해야 하는 업의 원천이다. 때문에 불교는 이러한 욕망으로부터 자유로울 수 있는 마음의 수행을 매우 강조하고 있다. 이렇게 본다면, 모든 인간은 불교사회복지의 클라이언트이다.

게다가 복지 주체의 측면에서도 불교노인복지는 일반사회복지와 차별성을 지니고 있다. 불교노인복지의 구체적인 활동주체가 불교의 종단, 교구본사 혹은 단위사찰, 그리고 출가자나 재가자를 포함한 불교이다. 비록 불교노인복지계에 종사하는 일부 종사자가 비불교인인 경우도 존재하는 것은 사실이라 하더라도, 불교노인복지를 이끌어가는 핵심적인 주체는 교단이나 혹은 불교인이다. 바로 이러한 특성은 불교노인복지활동에 영향을 미친다는 점에서 매우 중요한 요인이다. 비록 불교노인복지도 그 대상이 사회적 장애를 겪으면서 살아가는 노인대중 일반이라는 점에서는 보편적 복지를 추구하고 있지만, 그 활동의 주체가 불교의 종교적 이념을 복지활동을 통해서 실현하고자 노력한다는 점에서 불교노인복지 고유의 실천적 특성을 지니고 있기 때문이다.

이상의 논의에 기초하여 불교노인복지를 정의하면 다음과 같다. "불교노인복지는 불교의 종단 혹은 불교인이 주체가 되어 사회적 장애를 지니고 살아가는 노인의 복리를 증진시키기 위해 노력하는 보편적 복지를 추구하면서도, 동시에 고해의 바다에서 살아가고 있는 모든 노인 혹은 노인 일반을 정신적 행복의 상태 혹은 해탈의 상태로 인도하려는 활동"이다(金貞鏽, 2007: 제1장 제2절). 이러한 정의에 따를 때, 불교노인복지 영역은 불교의 세계관과 인간관에 입각하여 노인의 모든 복지욕구(need)에 대처하여 그것을 절절히 충족시켜 주는 모든 활동이라 할 수 있다.

2) 불교노인복지의 학문적 논의

한국사회에서는 아직까지도 불교노인복지에 대한 학문적 논의가 매우
일천하다. 한국사회에서는 불교사회복지에 대한 관심 자체가 1980년
대에 시작되었다. 물론 전통적으로 한국불교는 신라시대 이후 지금까
지 사실상 사회복지기능을 수행해 왔다. 사찰에서 노약자나 장애인을
돌보아 주는 것뿐만 아니라 재난을 당한 사람에 대한 구제활동도 지속적
으로 수행해온 것이 사실이다. 그러나 그러한 활동은 주로 온정적인
태도나 종교적 방식으로 이루어졌을 뿐이다.

이러한 한국불교는, 1980년대 초 제5공화국 정부가 '복지사회구현'
이란 슬로건 아래 정책적 차원에서 사회복지제도를 추진하게 되면서
비로소 전통적 구호활동과는 다른 차원, 즉 근대적 사회복지 제도의
관점에서 사회복지활동에 서서히 관심을 갖기 시작하였다. 그리고
그 이후부터 한국불교는 매우 적극적으로 사회복지에 대한 관심을
갖기 시작하여 각종 대학교육 기관에 사회복지학과를 설치하기도 하고
정부로부터 사회복지기관을 위탁받아 운영하기 시작하였다. 이는 불
교사회복지에 대한 학문적 관심의 배경이기도 하지만 그 토양과 밑거름
으로 작용하였다. 동시에 이는 불교사회복지의 역사가 그만큼 일천하
다는 것을 시사하고 있다. 때문에 아직까지도 한국사회에서 불교사회
복지에 관한 연구 성과는 매우 미진하다.

지금까지 한국사회에서 불교사회복지에 대한 학문적 연구 성과는
크게 세 가지 경향으로 나누어 살펴볼 수 있다(金貞鏞, 2007: 제1장).

첫째, 불교사회복지 개론 수준의 연구 성과들을 꼽을 수 있다. 이러한

연구 성과는 주로 일본의 불교사회복지 연구의 성과를 소개하거나 일부 응용하는 수준에 머물러 있다. 때문에 이러한 연구 성과들은 비록 한국의 일부 불교계 대학의 불교사회복지 교재로 활용되는 등 일정한 기여를 한 것은 사실이지만, 아직까지도 독창적인 연구 성과로 인정할 만한 수준에 이르지 못하고 있다.

둘째, 불교사회복지사상에 관한 성과들이 지속적으로 생산되고 있다. 불교사회복지체계를 완성해 나감에 있어, 불교사회복지사상에 대한 체계적인 정리는 불가피하고 바로 그러한 점에서 이러한 연구 성과는 일정 정도 학문적 기여를 하고 있는 것이 사실이다. 그러나 이러한 연구도 아직까지는 경전적 자료나 역사적 자료를 정리하는 수준에 머물러 있다.

셋째는 불교사회복지시설에 대한 실태조사, 사회복지활동 종사자에 대한 태도조사, 그리고 클라이언트를 대상으로 한 복지서비스 만족도 조사 등 사회조사에 기초한 실증적인 연구 성과가 지속적으로 축적되고 있다. 그러나 아직까지도 이에 대한 연구는 매우 기초적인 통계에 의존하여 실태를 기술하는 수준에 머물러 있어서 이론적 일반화의 수준으로 심화되지 않고 있는 실정이며, 따라서 이론적 논의나 함의로 귀결되지 못하고 있는 한계를 보이고 있다.

결국 아직까지도 한국사회에서 불교사회복지 연구는 한편으로는 매우 초보적인 연구축적 단계에 머물러 있으며, 다른 한편으로는 총체적인 시각을 확보하지 못하고 극히 부분적이고 단편적으로만 연구되고 있는 실정이다. 게다가 사회복지학의 세부 연구 분야가 영유아복지, 장애인복지, 노인복지 등 매우 다양하게 분화되고 있을 뿐만 아니라, 상담, 지역사회조직, 학교사회사업 등 각 분야의 전문성 및 방법론이

날로 개발되어 가고 있는 학계의 실정과 비교해 볼 때, 아직까지도 한국사회의 불교사회복지학계는 분야별로 전문화된 연구 성과를 거의 산출해 내지 못하고 있는 실정이다.

이상과 같은 이유 때문에, 한국 불교사회복지학계서는 아직까지도 불교노인복지를 총체적으로 조망하고 체계화한 연구 성과를 전혀 생산해 내지 못하고 있는 실정이다. 때문에 기존의 연구성과만으로는 불교노인복지 패러다임이 기존의 제도화된 사회복지 패러다임을 어떻게 보완할 수 있는지, 그리고 기존 복지 패러다임의 한계를 어떤 점에서 어떻게 극복하고 있는지를 체계적이고 총체적으로 논의하기 어렵다. 필자가 보기에, 이러한 논의를 위해서는 논의의 초점을 오로지 불교노인복지에만 맞추는 대신 불교노인복지와 관련된 모든 복지 자원들을 총체적으로 점검하고 상호 연관시켜 보는 연구전략이 필요하다.

3) 불교노인복지의 이념

이상에서 살펴본 불교복지의 이념적 자원은 크게 세 가지로 요약할 수 있다. 즉 고통 속에 빠져 있는 모든 생명체에 대한 무한한 자비라는 가치지향성, 개인주의적 자아관을 극복할 수 있는 삼법인三法印과 연기법의 사회연대성, 그리고 타인을 이롭게 하기 위해 자신의 성불조차 미루는 대승보살의 실천성이 그것이다. 따라서 불교노인복지가 불교복지의 하위 범주라는 점을 고려한다면, 이러한 불교복지의 이념적 자원은 그대로 불교노인복지의 이념적 자원으로도 활용될 수 있음은 의문의 여지가 없다. 그렇다면 이러한 불교노인복지의 이념은 불교노인복지의 현대화라는 과제와 관련하여 어떠한 현대적 함의를 지니고 있는가?

첫째, 고통에 빠져 있는 모든 생명체에 대한 무한한 자비라는 가치지향성은 고통을 당하고 있는 모든 노인이 사실상 고통으로부터 자유로운 존재가 되어야 한다는 당위를 정당화한다. 나아가 이러한 이념에 따를 때, 불교노인복지는 고통의 상황에 직면한 모든 노인으로부터 그 고통을 제거하거나 극복할 수 있도록 모든 노력을 경주해야 한다. 물론 그러한 노력은 물질적 고통의 극복뿐만 아니라 정신적 고통이나 정서적 고통을 극복하도록 노력하는 등 모든 고통으로부터의 해방을 포함한다. 이러한 관점에 입각해 볼 때, 물질적 빈궁에 처한 노인만이 아니라 노인일반이 모두 불교노인복지의 대상이 되며, 바로 그러한 점에서 불교노인복지는 세속적 사회복지의 한계를 넘어서고 있다.

둘째, 사회연대성의 이념은 사회복지의 대상을 대상화하는 위험성을 예방하는 효과를 지닌다. 사회복지에 있어서 복지주체와 복지대상 사이의 사회관계가 나와 대상이라는 이분법에 근거하여 이루어질 때 진정한 의미의 사회복지를 달성할 수 없다는 사실을 고려할 때, 삼법인과 연기법의 사회연대성이야말로 진정한 의미의 사회복지를 실현시킬 수 있는 이념적 근간이다. 특히 오늘날 노인문제의 원인이 개인적 차원의 원인 때문이기보다는 사회구조 및 변동이라는 거시적 원인에 의해 유발된 것이라는 점을 상기한다면, 노인복지활동도 개인주의적 시각에서 접근하기보다는 사회적 차원에서 접근하는 것이 마땅하며, 바로 그렇게 접근할 때 노인복지의 목표는 실제로 달성된다. 오늘날 세속적인 노인사회복지가 최소단위를 특정한 노인 개인으로 성정하고 있는 데 반하여, 불교노인복지는 복지활동의 최소 단위를 사회 혹은 사회연대로 성정하고 있으며, 바로 그러한 점에서 불교노인복지는 세속적 사회복지와는 다를 뿐만 아니라 그 한계를 극복할 수 있다.

셋째, 실천성의 이념은, 타인을 이롭게 하는 행위를 자신의 수행과정으로 간주하는(自利利他) 대승보살사상이나 사섭법 및 복전사상과 같은 실천 프로그램이 시사하는 바와 같이, 매우 강력한 사회복지 실천 활동의 내적 동기를 제공해 준다. 노인복지 실천의 동기가 단순한 연민이나 외적 보상에 의해 이루어질 경우 노인복지의 지속성은 담보되지 않는다는 점을 고려할 때, 노인복지 실천의 동기를 자신의 내적 수양과 동치하고 있는 불교노인복지는 강력한 실천성뿐만 아니라 그 지속성을 담보할 수 있다. 특히 수행이 완전한 해탈에 이르는 끝없는 과정이라는 점을 고려한다면, 불교노인복지의 실천 역시도 마치 스스로가 해탈의 경지에 이를 때까지 지속되어야 하는 것이다.

게다가 사섭법이나 복전사상과 같은 실천프로그램을 고려하면, 사회복지의 대상은 자신과 동업중생이거나 혹은 자신에게 복을 지을 수 있는 기회를 제공해준 고마운 존재이다. 이렇게 볼 때, 불교노인복지의 고객은 이중의 은인이다. 즉 노인은 이미 자신에게 다양한 은혜를 베풀어준 존재인 동시에 자신이 복을 받을 수 있는 행위를 하는 계기가 되어준 존재이기 때문이다.

이렇게 볼 때, 이러한 불교노인복지의 이념은 노인의 복지수요와 불교노인복지 자원의 결합을 통해 불교노인복지의 이상을 구현하는 데 지속적인 영향을 미치는 이념적 자원이다. 그러나 이러한 이념적 자원은 반드시 불교노인복지 자원을 매개로 실천될 수밖에 없다.

4. 불교노인복지의 실천모델

불교노인복지사업의 조건은 다음과 같다. 첫째, 서비스공급주체로,

불교종단이나 사찰, 불교단체, 불교인이 주체가 된 복지활동이다. 이 주체들이 사회복지법인 등 공익법인을 설립하여 그 법인이 운영주체가 되어 노인복지서비스를 제공하는 형태가 전형적이지만, 그러한 법인 설립 없이 이루어지는 개별적 활동도 포함된다. 그러나 사찰이나 불교인의 개별 활동의 경우, 수급대상자 선정 등에서 조직적·사회적인 실천이 요구된다.

둘째, 재원마련에 있어서 서비스비용의 일부 혹은 전부를 민간의 재원으로 충당하여야 한다. 공적인 복지사업을 위탁운영하는 경우 대부분의 운영비를 공적으로 지원받고 있지만, 불교계의 재원이 그 일부에 포함되어 있어야 한다.

셋째, 불교노인복지활동의 내용에 있어서 그 실천활동의 이념이나 운영원리에 있어서 불교적인 가르침을 바탕으로 하여야 한다.

그러나 이러한 조건은 그것을 갖추었느냐 아니냐의 양자택일적인 개념이 아니라 연속적인 개념으로 이해해야 한다. 즉 이상의 조건을 완전히 충족한다면 가장 불교적인 불교노인복지활동이 될 것이며 그 조건충족의 정도가 낮으면 민간복지적 성격이 희박해질 것이다.

이러한 조건을 전제로 하여 행해지는 불교노인복지사업은 매우 다양할 것이지만 대표적인 것으로서는 다음의 몇 가지를 들 수 있다.

1) 노인복지시설의 운영

불교계 사회복지법인이 주체가 되어 노인복지서비스를 제공하는 경우, 종단과 법인 그리고 사찰 혹은 승려와의 관계를 기준으로 불교노인복지 실천을 유형화하면 다음의 3가지 형태가 된다(金貞鏞, 2007: 제5장).

첫째, 직할형 내지 종속형 불교노인복지실천으로 이것은 종단이나 불교사회단체 등에서 사회복지법인을 만들고 그 법인을 종단 혹은 단체의 한 조직부서로 하고, 불교노인복지법인이 행하는 불교복지사업이다. 예를 들면 사회복지법인 인덕원의 경우이다.

둘째, 독립형 불교노인복지실천이다. 이것은 종단이나 사찰조직과는 무관하게 개별출가자나 재가불자가 사회복지법인을 설립하고 불교노인복지활동을 행하는 유형이다. 그 대표적인 사례로 사회복지법인 연꽃마을 산하의 일산노인종합복지관을 들 수 있다.

셋째, 협조형 불교노인복지실천이다. 이것은 기본적으로 종단이나 사찰로부터 독립하여 운영되고 있지만 종단이나 사찰로부터 일부 예산을 지원받으면서 운영되고 있는 사회복지법인이 행하는 노인복지실천이다. 대표적인 사례로는 조계종 사회복지재단이 운영하는 문조종합복지관의 사회복지활동을 들 수 있다.

이 중 인덕원은 1999년 유료노인요양원 호암마을을 설치하여 120병상 규모로 운영해 오다가, 2008년 7월부터 정부에서 실시하고 있는 장기요양보험제도에 대처하여 2009년 7월 300병상 규모의 대규모 시설을 운영하고 있다.[11]

2) 불교의 인간평등이념에 기초한 복지실천

노인생활을 지원하는 구체적인 복지프로그램으로서 불교적 이념에 기초한 실천이라고 평가할 수 있는 것은 서울노인복지센터의 활동이다. 이 센터는 대한불교조계종 사회복지재단이 운용하는 복지시설이다. 이 시설은 노인들이 낮 시간 동안 시간을 보내는 곳으로 유명하던

---

11 인덕원의 이념과 복지실천사업에 대해서는 서병진(2010)을 참조할 것.

탑골공원이 성역화되면서 노인들의 복지공간이 필요하게 됨으로써 2001년 설립되었다. 서울노인복지센터에서는 임종준비프로그램으로서 '死는 기쁨프로그램' 등 주목할 만한 프로그램을 운영하고 있다. 그중의 하나가 경로급식사업이다. 하루 약 2,500명의 노인에게 무료급식을 행하는 사업인데, 이 사업은 조직원리에서 과학적이고 조직적인 실천을 지향하면서 불교적 이념을 바탕에 깔고 있다. 조직원리에서의 과학적 조직적 실천이란 노인을 회원에 가입하여 관리하는 것, 재원의 상당부분을 민간자원의 동원(기부)에 의존한다는 것 등을 말한다.

이념적 측면에서 본다면 불교적 평등주의의 실천이라 할 수 있다. 서울노인복지센터는 모든 노인에게 무료로 급식을 실시한다. 불교의 평등이념에 기초한 이러한 실천은 사회복지에서 '보편주의(Universalism)의 실천'과 합치하는 매우 중요한 것이다. 보편주의란 '서비스 이용자의 자산이나 소득수준에 관계없이 특정 범주에 해당하는 모든 사람들에게 서비스를 제공하는 것'이다. 이의 반대개념은 선별주의(Selectivism)인데, 이것은 어떤 서비스를 제공할 경우 수급자가 일정 이하의 소득인 경우에만 제공하는 것을 말한다. 선별주의적 실천의 가장 큰 약점은 스티그마stigma이다. 즉 서비스를 제공받는 것이 곧 빈곤의 증명이 되는 것이다. 그로 말미암아 다른 사람의 눈을 의식하게 되고 이런 서비스를 받고 싶지 않으려 하는 감정이 발생하는데, 이것을 낙인, 즉 스티그마라고 한다. 이런 감정은 사회통합의 형성을 저해한다. 그렇게 때문에 밥을 굶더라도 무료급식은 받기 싫다는 감정이 생기게 되고 이것은 평등적 공동체형성의 걸림돌이 된다. 이용자로부터 일정액의 실비를 징수하면 재정적으로는 도움이 될 수 있다. 그러나 그러한 방식을 피하고 만인에게 열린 식당을 운영하는 것은 큰 의의가 있다(박광준, 2010).

3) 불교적 공동체의 모델이 되는 복지실천: 승가복지

2004년 11월 17일자 현대불교에 따르면, 2004년 10월 29일 기준 조계종 전국 본/말사(선학원, 대각회 포함) 소속 스님은 총 1만 2,683명인 것으로 조사됐다. 이 중 사미는 1,900명, 사미니는 1,404명, 비구는 4,710명, 비구니는 4,669명이다. 이러한 수치에 대한 연령별 분포는 정보가 없어서 정확하게 파악할 수는 없지만, 출가 평균연령이 30세이고 우리국민의 평균 수명이 약 80세에 육박하고 있다는 점을 고려하면, 출가자 중 65세 이상 노인인구의 비중은 출가자 전체 대비 약 1/3에 이를 것으로 추정할 수 있다. 그리고 이러한 구조는 과거는 물론 향후에도 크게 달라지지 않을 것으로 판단된다.

그럼에도 불구하고 그동안 종단의 승려노후복지체계는 개인의 수행에 맡겨져 있었다. 이는 승려노후복지를 해결할 수 있는 집합적이고 제도적인 장치가 없었음을 의미한다. 그 결과 개인적으로 자신의 노후복지 문제를 해결할 수 있는 역량을 갖추지 못한 채 뒷방에 방치된 사례가 있었던 것이 사실이고, 그것이 승려 노후복지에 대한 관심을 불어 일으켰다. 그럼에도 불구하고 이에 대한 종단적 차원의 집합적이고 제도적인 장치를 마련하지 못했기 때문에 이에 대한 대응책도 개별적인 방식으로 이루어질 수밖에 없었다.

수행자 중에서도 비구니스님의 노후대비책은 특히 열악하다. 비구니의 경우 삶의 물적 토대가 비구스님에 비해 상대적으로 열악하기 때문이다. 실제로 비구니의 경우 교구본사를 운영하는 사례는 하나도 없을 뿐만 아니라 수말사를 운영하는 경우도 극소수에 불과하다. 그마저도 수말사의 경우는 대중의 수가 매우 많은 것이 현실이다. 그리고 대부분의 비구니는 말사를 운영하거나 포교당을 운영하는 실정이다. 때문에 비구니의 경우 노후를 대비한 별도의 재정적 준비를 갖추고 있는 경우는 많지 않을 것이다(김정용, 2005).

이제는 수행자의 노후복지 문제를 종단적 차원의 집합적 노력으로 해결해야 한다. 구성원의 복지문제는 구성원의 교육문제와 더불어 처음부터 공적 부조로 해결해야만 하는 문제이다. 특히 복지문제는 자본주의사회의 한계를 보완할 수 있는 유일한 장치라는 점에서 공공적 성격을 지니고 있다. 게다가 승려는 승가의 구성원이란 점을 고려하면 승려노후복지문제는 특히 그 공공적 성격이 강하다. 불교가 출가수행자의 노후문제를 불교교리에 기초하여 대처하고 그 실천모델을 사회에 제시하는 것이 요구되고 있다.

5. 불교노인복지의 과제: 불교적 효의 재발견

붓다는 신, 운명, 숙명 등에 대한 맹신을 비판하고, 오로지 법과 자기 자신을 등불로 삼아 의지하라고 설하셨다. 심지어 붓다는 열반에 드시기 전 제자들에게 붓다 자신조차도 더 이상 의지하지 말 것을 당부하셨다. 이를 한마디로 '법등명 자등명法燈明 自燈明'이라 한다. 이렇게 본다면 불교의 본질적 구성요소는 법法과 행위(業)의 주체이다. 그리고 이러한 두 가지 요소는 연기사상과 업사상으로 체계화되어 이후 모든 불교사상이나 교리에 공통적으로 나타나고 있다. 연기사상 및 업사상은 불교의 효 개념의 발달과 깊이 관련되어 있다.

불교에서 말하는 연기란 모든 존재가 원인과 조건의 인연에 의해 생겨나고 또 소멸된다는 의미를 내포하고 있다. "이것이 있으므로 저것이 있고, 저것이 있음으로 이것이 있다. 또한 저것이 없어지므로 이것이 없어지고 이것이 없어지므로 저것이 없어진다." 따라서 모든 존재는 공空인 동시에 무상無常하다. 이러한 연기사상은 불교의 효 개념, 즉 은恩의 개념과 불가분의 관계를 지닌다. 이러한 연기사상에 따른다면 모든 존재는 자신을 존재하게 한 모든 존재에 대해 보은報恩의 개념을 가질 수밖에 없다. 자기 자신과 특별한 인연을 맺고 자신을 낳아 준 부모—심지어 불교경전에는 부모를 붓다에 비유한 표현이 많이 등장한다—에 대한 보은은 말할 것도 없거니와 시공간적 무한의 지평 속에 존재하는 모든 존재에 대해서도 보은의 개념을 가져야 한다. 붓다는『대방편불보은경』에서 "여래는 본래 나고 죽는 동안 일체의 중생이 일찍이 여래의 부모였고 여래 또한 일찍이 중생들의 부모였느니라"라고 설하였다.

이렇듯 연기사상에 따르면 불교의 효 개념은 직접적인 생부나 생모와의 관계, 즉 특수관계의 대상을 지향하는 행위만이 아니라 모든 존재 사이에 적용되는 보편적 개념이다.

한편 불교의 업사상은 인간이 자신의 삶의 주인공(행위주체)임을 선언한 내용이다. 이렇듯 업은 인간의 삶을 규정하는 결정적인 요인이기 때문에, 인간의 삶은 자신의 업에 따라 좋아질 수도 있고 나빠질 수도 있다. 그리고 이러한 업사상이 연기사상과 결합하면, 인간의 업은 그 자신의 행/불행에만 영향을 미치는 것이 아니라 다른 사람의 행/불행에도 영향을 미치는 것으로 확대 해석된다. 또한 시간적으로도 인간이 지은 업은 선업이든 악업이든, 현세에만 존재하는 것도 아니다. 인간이 지은 업은 스스로 소멸하는 것이 아니라 시간의 윤회 속에서 계속적으로 작용한다. 그렇기 때문에 업사상이 불교적 시간개념-윤회사상-과 결합하면, 인간이 한 번 지은 업은 시간적으로 영원히 윤회하는 것으로 이해된다. 그러나 이러한 업의 개념은 숙명론적 의미를 지니는 것이 아니다. 앞서 언급했듯이 붓다는 신 개념, 운명 및 숙명의 개념을 부정하고 오히려 주체적인 수행과 철저한 노력을 강조하셨다.

불교의 모든 경전에는 선업과 악업이 명확하게 구분되어 있다. 효와 불효가 명확하게 구분되어 있음은 물론이다. 보다 구체적으로 말하면 불교에서는 선업-효-복덕 등으로 이어지는 개념의 계열과 악업-불효-죄로 이어지는 개념의 계열이 대대待對적 구조를 이루고, 후자를 부정적인 것으로 간주함으로써 규범의 구조를 완성하고 있다.

그러나 불교사상에 따르면, 의무의 수행 그 자체는 결코 궁극적인 목표가 아니다. 불교는 궁극적으로는 해탈을 추구하는 종교이다. 여기에서 해탈이란 윤회를 벗어남으로써 고통으로부터 비로소 해방되는 대자유를 의미한다. 다시 말하면 불교에 있어서 효는 삶의 궁극적 목표, 즉 상구보리 하화중생이라는 종교적 목표에 종속된다. 따라서 효는 궁극적 목표인 해탈을 이룰 때까지 한없이 계속되어야 하는 것일 뿐만 아니라 심지어 출가조차도 무부무군無父無君의 종교라는 일부 유학자들의 비판과는 달리, 효의 개념과 상치되는 개념이 아니다. 오히려 현생에 살아 계신 부모만을 위해 현세적인 의무를 다하려는 명분으로 자신의 궁극적 목표를 포기하는 것은 또 다른 의미의 불효가 되기도 한다.

결국 불교의 효 개념은, 불교의 기본사상의 영향을 받아서 부모와 자식 사이에서만 성립하는 특수한 개념을 포함하여 존재 일반에게 적용되는 보편적인 개념이다. 다시 말하면 효 개념은 더불어 사는

모든 존재에 대한 자비-사랑이라 표현할 수도 있다-를 의미하며, 효의
실천은 자비의 실천을 의미한다. 이렇듯 불교의 효 개념의 원형은
현대사회에서도 인간이라면 누구나 추구할 만한 가치를 지니는 보편적
인 것이다.

제3절 불교장애인복지

1. 불교장애인복지의 개념

1) 장애인의 정의

장애는 사회적·문화적·경제적 여건과 수준에 따라 다르게 정의되고
있으나, 최근에는 일반적으로 의학적 개념에 의한 분류보다는 직업능
력, 일상생활과 사회생활에 제약을 받고 있는 상태에 따라 더 많이
정의되고 있다고 할 수 있다.

　우리나라 장애인복지법에서는 "장애인은 신체적·정신적 장애로 인
하여 장기간에 걸쳐 일상생활 또는 사회생활에 상당한 제약을 받는
자"로 정의(장애인복지법 제2조)하고 있다.

　국제장애분류는 1980년 세계보건기구(WHO)가 발표한 ICIDH-1
(Inter-national Classification of Impairments, Disabilities, and Handicaps)가
대표적인데, 여기서는 장애를 개인적 측면에서 기능장애(impairments),
능력장애(disabilities), 사회적 불리(handicaps)의 세 가지 차원을 포함
하고 있다[12].

---

12 여기서 기능장애(impairments)는 사고, 질병 등에 의해 심리적·생리적·해부학적
　　구조 또는 기능의 상실이나 이상을 말한다. 능력장애(disabilities)는 개인 수준의

160

이러한 구분은 의학적 진단을 중심으로 하는 분류로 각각의 단계에서
상호 간에 배타적으로 분류하기 어려운 경우가 있으며, 장애 구분이
반드시 흐름에 의해서 나타나는 것이 아니라는 비판을 받고 있다.
또 사회적 불리가 사람과 환경 간의 상호작용으로 인하여 나타난다는
것을 설명하지 못하는 한계를 가지고 있어 장애에 대한 사회적 책임과
역할을 배제하고 있다.

ICIDH-1의 장애 분류를 장애인의 주체적 사회참여 및 당사자주의
원칙에 의하여 새롭게 정의한 것이 ICIDH-2(International Classification
of Impairments, activities, and participation : A manual of dimensions
of disablement and functioning)이다. ICIDH-2는 1997년 세계보건기구
가 제안한 장애분류로 장애를 기능·구조장애, 활동, 참여의 3축으로
나누어 설명하고 있다.[13] ICIDH-2의 장애분류에서 강조되고 있는 참여
는 환경과 장애를 가진 사람 간의 복잡한 상호작용으로 규정된다.
참여 영역은 개인적 유지와 보호에의 참여, 이동성의 참여, 정보 교환의
참여, 사회적 관계의 참여, 교육·노동, 레저와 정신적 영역의 참여,
경제생활의 참여, 도시 및 지역사회생활의 참여 등으로 분류된다
가장 최근의 장애에 대한 공식적 정의는 ICF(International Classific-
ation of functioning, disability and health)의 분류로, ICF는 세계보건기구

───────────────

동작과 행위능력의 저하, 상실을 말한다. 사회적 불리(handicaps)는 기능장애와
능력장애에서 발생하는 불이익을 말한다.
13 여기서 기능·구조장애(impairments)는 신체 구조나 물리적·심리적 기능상의 상실
이나 비정상을 말한다. 활동과 활동 제한(activity limitation, ICIDH에서는 능력장
애)은 일상의 과업에서 기대되는 개인의 통합된 활동을 말한다. 참여와 참여 제한
(participation restriction, ICIDH에서는 사회적 불리)은 기능·구조장애, 활동, 건강
조건, 상황 요인과 관련한 생활 상황에서의 개인의 연관성 정도로 정의된다.

가 ICIDH-2를 근간으로 5년 동안의 현장 검증과 국제회의를 거쳐서
2001년 5월에 승인하였다. 이는 ICIDH-2에서 제시하고 있는 내용을
포함하면서 보다 긍정적이며, 환경 지향적 측면으로 개정한 내용이라
할 수 있다. ICF는 개인의 기능은 신체기능과 구조, 활동, 참여 등으로
표현되며 이 세 가지 기능은 개인적 장애나 질병과 상황적 요인(환경적
요인과 개인적 요인)과의 상호작용에 의한 기능과 장애를 설명한다.
따라서 특정 영역에서 개인들의 기능 수준은 건강 상태와 상황적 요인의
상호작용의 결과라고 보는 것이다(정일교·김만호, 2010: 18~21 참조).

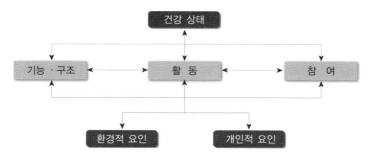

출처 : WHO(2001 : 17), ICF : International Classification of Functioning, Disability
and Health. 일본어판(정일교·김만호, 2010: 21재인용)

그림 6 CIF 구성

2) 불교의 장애개념

불교경전 『약사경藥師經』에는 장애를 "오랫동안 없어지지 않는 병"이라
정의하고 사람에게 든 병의 상태가 더 이상 감소되거나 치료되지 않고
오랫동안 지속되는 것으로 정의하고 있다(김주영, 1997: 34~38). 여기
에서 나타난 장애를 현대적 기준을 적용하여 분류하면 다음의 〈표
18〉과 같다.

162

표 18 『약사경藥師經』의 장애분류

장애유형	범위와 내용
지체장애	身下劣諸根不具(신하열제근불구: 신체장애), 醜(추: 기형), 痺(비: 류머티즘), 躄(벽: 앉은뱅이), 背僂(배루: 곱추)
시각장애	盲(맹)
청각장애	聾(농)
언어장애	瘖瘂(음아)
지적장애	陋頑완
정서장애	魔魅(마매: 가위눌림), 起屍鬼等之所惱害(기시기등지소뇌해: 송장을 일으키는 귀신 등에 시달림)
기타	攣(련: 간질), 瘧(학: 학질 말라리아), 瘦(수: 마름병), 蠱(고: 중독), 白癩(백나: 나병), 乾消(건소: 소갈병, 당뇨병)

출처: 김주영(1997: 38) 재구성

한편 다양한 불경에 나타난 장애의 범위에 관한 우츠미 타다시(內海正: 1979)의 연구에 따르면, 불경에 나타난 장애의 명칭은 다음의 5가지이다. 즉 신체적 장애·병약·기형·정신적 장애·악업惡業이며, 〈표 19〉와 같다.

표 19 불경에 나타난 장애의 유형과 범위

장애유형	범위와 내용	
신체적 장애	결손	손, 다리, 귀, 코, 볼기, 손가락, 발모, 치아, 허 등의 결손
	지체부자유	곡지, 만지, 권족지, 파, 예각, 벽/신내곡, 외곡/상와 불전병/구벽
	시각장애	맹/청안, 적안, 란안, 백예안, 미리안, 철안, 첩안, 할안, 사안
	청각장애	아瘂, 농聾
병약	옹창, 박, 두발전(병모)사상, 개창, 음병, 후병, 풍병, 열병, 충병, 수병, 내병, 외병, 상노극, 건소병, 영應 등 일과성의 병 포함	
기형	두부 상태 이상, 첨두, 마두, 락타두, 조두, 상두	
	신진이상, 대장, 소단, 주유인	
	피부색 이상, 청발, 황발, 백발, 일체청, 일체흑, 일체적, 일체백	
정신적 장애	광자, 심란, 치광, 통뇌소전, 벽병, 상기병, 고뇌, 진에, 치인, 우치	
악업	탐욕, 혐오, 분노, 망집, 애착, 불선, 번뇌, 고만, 집착, 비방, 허망, 태타, 욕망, 기갈, 위심, 만심, 미심, 방만, 허언, 악구, 질시, 속박, 도둑, 간慳	

출처: 內海正(1979: 60-62), 김정련(2003: 29-30) 재구성

불경에 나타난 장애개념을 현대적 장애개념과 비교해본다면, 다음과 같은 차이점을 발견할 수 있다(內海正, 1979; 권경임, 2004: 181; 박광준, 2010: 379~381).

첫째, 불교적인 장애개념은 현대적 의미의 장애를 내포함과 함께, 그 외연이 넓고 일과성의 질병이나 장애를 포함하고 있다. 따라서 장기간에 걸친 일상생활이나 사회생활의 적응장애를 가지지 않은 경우라도 장애로 간주하고 있다.

둘째, 현대에서는 정신적 장애를 구체적이고 좁게 규정하고 있는데에 반하여 불교적 개념은 심란·결백증·의심증 등 사회생활에 부적응

을 초래할 가능성을 높이는 다양한 정신적 문제를 장애의 개념에 포함시키고 있다.

셋째, 현대의 장애인 개념은 사회적이지만, 불교의 개념은 종교적이다. 불교적 정의에서는 인간 존재는 고통인데, 일체중생을 불성을 가지고 있다는 입장에서 '인간의 이상세계인 니르바나(열반)에 도달하는 데에 장애가 되는 행위를 하거나 그러한 정신적·신체적 상태에 있는 자가 장애인이며, '붓다의 가르침에 의해 구제되어야 할 고뇌하는 인간'이 곧 장애인이다. 따라서 범죄적 행위와 악업도 장애의 범주에 포함시킨다.

〈표 20〉은 불교적 개념의 장애와 현대적 개념의 장애의 차이를 나타낸다. 불교에서는 비장애인이란 일부의 현자와 성자를 말하며, 부도덕이거나 어리석음으로 인하여 열반에 도달할 수 없는 대부분의 사람들이 장애로 분류되어 있다. 이러한 관념에서 본다면 사회는 '대부분의 장애인과 소수의 비장애인'으로 구성된다고 해석할 수 있다.

표 20 현대적 장애개념과 불교적 장애개념의 범위

불교적 개념의 장애	장애의 범위	현대적 개념의 장애
장애인	신체장애	장애인
	정신장애	
	범죄	비장애인
	일시적 질병	
	부도덕·악덕	
비장애인	현자·성자	

출처: 박광준(2010: 380)

그러나 현대인 개념으로 본다면 범죄나 일시적 질병 그리고 악업 등은 장애개념에 포함되지 않기 때문에 사회는 '대부분의 비장애인과 소수의 장애인'으로 구성된다고 볼 수 있다. 사회의 다수가 장애인이라면 장애인에 대한 차별이 있다고 보기 어렵다(박광준, 2010: 380~381).

3) 불교장애인복지의 개념

장애인을 위한 불교사회복지의 사상적 기반은 연기법에 입각한 자비의 실천으로 발고여락拔苦與樂, 즉 상대방의 괴로움을 제거해 주고 즐거움을 주는 것으로 중생연·법연·무연의 자비가 있다. 중생연자비는 생활 속에서 인간의 기본적인 물질적 욕구를 해결해 주는 것으로, 그 방법으로는 재시·법시·무외시가 있으며, 가난하고 병든 이를 치료하는 사회복지의 기본적인 실천영역이라 할 수 있다.

법연자비는 정신적인 욕구와 재활을 위해 불법佛法으로 안심입명함은 물론이고 사회복지의 실천방법을 통해 정서적·심리적 안정과 삶의 의지를 부여하는 일이다. 무연자비는 중생구제와 자기완성을 지향하기 위해 보살행을 실천함으로써 자신의 무한한 가능성을 개발함은 물론이고 이러한 경지를 복지 대상자와 함께 나누는 것을 의미한다.

이와 같은 자비의 완성은 불교의 중생구제를 위한 방편으로, 물질적 원조에서 정신적인 원조로, 여기서 한 단계 더 나아가 자기완성(성불)에 이르기 위한 것으로 현대 일반사회복지의 실천영역을 포괄하는 차원 높은 복지사상으로 이러한 불교사회복지 이념을 장애인복지 이념과 정책에 활용하기 위한 방안을 연구하고 모색해야 한다(권경임, 2004: 182~183).

이러한 점에서 불교장애인복지는 다음과 같은 3가지 원리에 기초하고 있다고 할 수 있다.

첫째, 불교에서는 마음을 중시한다. 무애無碍의 뜻을 살펴보면, 무애는 마음에 걸림이 없다는 의미로 마음에 장애가 없으면 육체적으로 그 어떤 상태라 할지라도 무애하다는 것이다. 불교적 관점에서 육체는 그릇에 불과해 언제든지 벗어던지고 갈 물건이라고 하여 육체에 대한 집착을 버리도록 하였다. 그러므로 불교적 관점에서 보면 장애는 전혀 문제가 되지 않는다.

둘째, 비분별심非分別心이다. 사람들은 흔히 크고 작은 것과 좋고 나쁜 것을 구분하는데, 이것이 바로 장애인과 비장애인을 구분 짓는다. 구분하는 마음을 버리면 장애인, 비장애인이란 따로 없는 것이다. 불교는 처음부터 장애인에 대한 분별을 갖지 않는다.

셋째, 평등관平等觀이다. 불교의 평등관은 모든 중생이 불성佛性을 가지고 있으며, 그런 불성을 가지고 있는 중생은 누구나 다 똑같이 여겨 그 어떠한 차별도 허용되지 않았다(정형석·정진모·방귀희, 1996; 임해영, 2006: 162 재인용).

현재 우리나라에서 통용되고 있는 장애인복지란 장애인의 완전한 사회참여를 통한 사회통합을 목적으로, 심신의 결함으로 인하여 가정생활, 사회생활에 곤란을 가지게 되는 것을 국가나 민간사회복지기관이 의료적·교육적·직업적·사회적 제문제에 걸쳐 원조하는 제도적·정책적 서비스의 조직적 활동과 노력이라고 말할 수 있다(정일교·김만호, 2010: 28). 불교장애인복지의 개념은 이러한 장애인복지의 개념에서 나아가 장애에 대한 분별, 혹은 차별 없이 모두 평등한 인간으로서 행복을 추구할 수 있도록 장애인들의 궁극적 자기완성, 즉 성불할 수 있도록 돕는 사회적인 제 노력이라 할 수 있다.

2. 불교장애인복지의 이념

불교장애인복지의 대상자는 장애인들과 그 가족으로, 불교장애인복지의 이념은 장애인을 특별히 대하는 것이 아니라 일반인과 동등하게 대우하고 더불어 살아가는 사회구성원으로서 생각하고 함께 행복한 삶을 가꾸어 가는 것을 목표로 한다. 이하에서는 불교장애인복지의 이념적 기반이 되는 주요한 장애인복지의 이념을 살펴보고자 한다.

1) 인권존중과 평등사상

인권존중의 이념은 장애인이 한 사람의 인간으로서의 존엄, 당연한 권리와 의무를 가지는 존재로 인정받아야 한다는 것을 강조한다. 따라서 장애인은 이에 상응하는 처우를 보장받아 인간다운 삶을 향유할 수 있도록 제도적·정책적 서비스를 받을 수 있어야 한다는 것이다. 장애인복지법 제4조에 "장애인은 인간으로서의 존엄과 가치를 존중받으며, 이에 상응하는 처우를 받는다. 장애인은 국가, 사회의 구성원으로서 정치, 경제, 사회, 문화, 기타 모든 분야의 활동에 참여할 권리가 있다"고 규정하고 있다.

　이러한 인권존중의 이념은 1950년대 이후 국제사회에 조명되기 시작하였다. 특히 세계인권선언(1948), 장애인권리선언(1975) 등에서 장애인의 인권과 존엄성을 규정하고 있다.

　세계인권선언(1948)은 "모든 인간은 태어나면서부터 자유로우며 존엄과 권리에 있어서 평등하다"(제1조)를 채택함으로써 인간의 자유권과 평등권에 대해 논하고 있다. 즉 장애인도 정당한 사회구성원으로서 권리와 주장을 할 수 있는 사람의 일부분이라는 것을 볼 수 있다.

장애인권리선언(1975)에서 "장애인은 인간으로서의 존엄이 존중되는 천부의 권리를 가지고 있다. 장애인은 장애의 원인, 특징, 정도에 관계없이 같은 연령의 시민과 동등한 기본적 권리를 가진다"고 함으로써 지적장애인, 정신장애인, 신체장애인을 포함한 포괄적 장애인의 권리에 관하여 결의를 하였다.

인권의 존중은 궁극적으로 인간의 생존권과 생명권을 보장하는 것을 의미하며 장애인 본인의 의사를 존중할 뿐만 아니라 장애인에게 차별적으로 시행되어 온 생존의 위협(이동권의 제한, 고용 차별 등)이나 생명의 위협(장애아동의 유기, 방치 등)을 거부하고 인간답게 살 권리를 보장하는 것을 의미한다.

아울러 인권존중의 사상을 근본적 이념으로 하여 평등사상이 강조된다. 평등사상은 모든 사람이 풍요롭고 만족스러운 생활을 유지할 수 있는 공동체 사회를 의미하며 사회구성원들의 연대와 협력을 통한 이상적인 상태를 의미한다(박석돈, 2005 : 7). 일반적으로 평등은 자원의 재분배를 통하여 사회구성원의 삶의 질을 골고루 향상시키고자 하는 보편주의적 제도를 의미하므로(박병현, 2004 : 36), 장애인의 평등은 장애인에 대한 처우가 정의와 공익을 바탕으로 결정될 때 이루어질 수 있다. 이러한 의미에서 평등은 공동선을 위해 부와 권력이 과다하게 사용되는 것을 억제하는 것이며 재화와 서비스 등의 나눔과 분배를 통하여 실현될 수 있다. 하지만 장애인의 평등은 타인의 권리를 억제하거나 억압하기보다 장애인이 일상생활에서 불편함을 느끼지 않도록 차별하지 않는 것이 중요하다.

따라서 장애인의 평등을 실현하기 위해서는 국가와 사회의 적극적 노력으로 사회체계와 구조를 장애인 중심으로 변화시키지 않으면 안

된다. 평등사상이 사회적 성격의 이념인 것처럼(심연수, 1998 : 40),
사회구성원의 합의를 통하여 평등이 실질적으로 보장될 때 장애인의
사회통합이 완성될 수 있다. 즉 장애인이 우리 사회의 완전한 주체로
생활할 수 있는 환경과 조건을 갖춤으로써 평등을 보장할 수 있다(정일
교·김만호, 2010: 33~34).

2) 노멀라이제이션 이념

노멀라이제이션 이념은 개인의 선택에 의한 자유와 자기결정권을 강조
하는 것으로 지역사회의 다양성을 존중하고 개인적 경험과 이웃과의
교류를 통하여 지역사회에서 가치 있는 역할을 수행할 수 있도록 동등한
생활이 보장되어야 함을 의미한다.

즉 노멀라이제이션normalization 이념은 장애를 가진 사람을 장애인
으로 특별 대우하는 것이 아니라 지역사회에서 비장애인과 동등하게
대우하고, 보편적 생활을 당연히 영위할 수 있도록 사회적 조건을
정비하는 것을 말한다. 특히 노멀라이제이션 이념은 북유럽의 미켈슨
Mikkelsen과 니르에Nirje와 미국의 울펜스버거Wolfensberger류로 나누
어 볼 수 있다.

미켈슨은 "노멀라이제이션은 지적장애인이 가능한 한 보편에 가까
운 생활을 하는 것"이라고 하였으며, 특히 주거, 일, 교육, 여가의
측면을 중요시하였다. 니르에(Nirje, 1980)는 "노멀라이제이션은 모든
지적장애인의 일상생활의 양식과 조건을 사회의 보편적 환경과 생활
방법에 가능한 한 접근하도록 하는 것이다"고 하였다.

울펜스버거는 "노멀라이제이션은 보편적 인간의 행동과 삶에 근접
하기 위해 가능한 한 문화적으로 일반적인 여러 수단을 이용하게 하는

것"이라 하고, 나아가 지역생활원조 프로그램을 중심으로 지역복지서비스를 추진하는 지역사회케어의 중요성을 강조하였다(佐藤久夫, 1994 : 36). 즉 장애인에 대한 편견이나 차별을 배제하고 단지 한 사람의 평범한 인간으로서 보통의 생활환경 속에서 평범한 생활을 하도록 하는 사회환경을 조성하는 것이 중요하며 이를 위하여 가장 보편적이고 일반적인 가정과 지역사회에서의 삶을 강조한다(정일교·김만호, 2010: 36~37).

3) 자립생활이념

일반적으로 자립이란 신체적, 정신적, 경제적, 사회적으로 다른 사람에게 의존하지 않고 생활을 영위하는 것을 말한다. 그러나 자립생활이념은 경제적·직업적 신변 자립이 얼마나 확립되었는가보다는 얼마나 자율적인가를 지향하는 것이다. 즉 일상생활동작(ADL)을 얼마나 자립적으로 할 수 있는지를 목표로 하는 자립이 아니라 장애인이 가지고 있는 장애를 인정하고 그 장애에 적절한 생활의 내용과 질(QOL)에 있어서의 자립에 주안점을 두고 있다(東北福祉大學社會福祉硏究室, 1994 : 133).

자립생활이념에 의하면 신변케어를 다른 사람에게 의존하는 것에 대해 수치심을 갖지 않으며 의존에 의한 적극적 자립도 존재할 수 있다. 그래서 지금까지 절대시해온 일상생활동작의 자립의 중요성을 상대화하고 ADL 자립에서 QOL을 충실히 하는 행위를 자립으로 중요시한다(定藤丈弘外, 1996 : 11).

미국의 자립생활조사연구소는 "자립생활이란 의사 결정 또는 일상생활에 있어서 타인에게의 의존을 최소한으로 하기 위해 자신이 납득할

수 있는 선택에 기초하여 자신의 생활을 관리하는 것이다"고 정의하고
있다. 이 생활의 관리에는 ADL의 자립, 지역에서의 일상생활의 참가,
사회적 역할의 수행, 자기결정, 신체적 및 심리적으로 타인에게 의존을
최소한으로 하는 것을 포함하고 있다. 즉 자립생활이념은 장애인 본인
이 생활의 주역이 되어 생활의 주체자로서 자기결정권과 자기선택권을
행사하며 자신의 생활 전반에 대하여 통제권을 가지고 살아가는 것을
주요 내용으로 하고 있다. 예를 들어 어떤 중증장애를 가지고 있더라도
자신의 인생을 장애인 스스로가 생활 주체자로서 살아가는 행위 그
자체를 자립생활이념이라 한다(정일교·김만호, 2010: 37~38).

4) 생활의 질 향상

고도 경제성장은 인간에게 물질적 풍요로움과 일상생활의 편리함을
제공했지만 반대로 공해발생, 자연파괴 등을 초래시킨 면이 있다.
QOL(Quality of Life)은 단순히 물질적 풍요만이 아닌 생활의 질 향상을
지향할 필요가 있다는 인식에서부터 중시되었다고 할 수 있다.

생활의 질(QOL)은 쾌적한 인생을 즐기는 생존의 조건에 대하여
양과 질 모두를 고려하여 측정하는 것이다. 일반적으로 인간이 일상생
활을 하는 데 있어서 느끼는 개인의 행복감, 만족감과 관련된 주관적
QOL과 생명의 질, 생활의 질, 인생의 질과 관련된 객관적 QOL을
포함한다.

1990년에 제정된 「미국장애인법(American with Disabilities Act)」은
목적에서 "평등한 기회보장, 완전한 사회참여, 독립적 생활, 경제적
자조와 자립을 보장한다"고 명시하여 이념적으로 QOL을 잘 설명하고
있다(박명호, 2001 : 30). 우리나라 장애인복지법 제3조에서도 장애인

의 완전한 사회참여와 평등을 통한 사회보장을 강조하여 장애인의 생활의 질을 보장하기 위하여 노력하고 있다.

　장애인에게 있어서 QOL은 모든 영역에서 주체적이며 적극적인 참가, 자기표현과 선택의 자유를 가지며 인생에 있어서 풍부한 경험, 안정감, 질 좋은 생활, 본인의 능력을 활용하고, 본인에 관한 것은 본인이 자유롭게 선택하면서 자기실현을 하고, 타인으로부터 존경받으며 자존감을 가지며 생활하는 것을 말한다(정일교·김만호, 2010: 38~39).

5) 불교장애인복지의 경전적 근거

여러 경전에서는 장애를 극복하는 방법을 설하고 있는데, 비록 신체적·정신적 장애를 가지고 있다 할지라도 붓다에 귀의하고 수행정진하면 천상 열반에 이를 수 있다고 설하여 장애인 자력으로 장애를 극복할 수 있는 가능성과 길을 보여주고 있다(서병진, 2010: 317~318). 장애의 극복과 관련된 경전의 예를 보면,『대지도론大智度論』5권「교량사리품」에는 "어떤 사람이 눈병이 나고 소경이 되었을 때 이 여의보주를 그에게 보여주면 곧바로 나아지며, 마치 문둥병과 악성종기가 생겼을 때 이 여의보주를 그에게 보여주면 곧바로 나아버리며, 반야도 또한 그와 같아서 5역죄의 문둥병에 반야를 얻으면 곧바로 나아지니라"(한글 대장경『대지도론』5권「교량사리품」, p.468)가 있다.

　『약사경藥師經』대원의 장에는 두 가지의 장애 극복에 대한 내용이 있는데, 하나는 "내가 내세에 위없는 보리를 완성하였을 때 만약 온갖 병과 괴로움으로 시달리고, 그 몸이 열병과 학질과 벌레와 허깨비와 기시귀의 괴롭힘을 받고 해를 받는 중생이 있어 지극한 마음으로 나의 이름을 부르면 그 염불의 힘으로 말미암아 그 병과 괴로움이 다 없어지고 끝내는 위없는 보리를 증득하게 하리라"는 대원이다. 또 하나는 "내가 내세에 위없는 보리를 완성하였을 때 만약 눈이 멀거나, 귀가 먹었거나, 말을 못하거나, 백라와 간질 등 온갖 병에 시달리는 중생이 있어 지극한 마음으로 나의 이름을 부르면 그 염불의 힘으로 말미암아 신체의 모든 기관이 고루 갖추어지고, 모든 병이 다 없어지고 끝내는 보리를 증득하게 하리라"는 대원이다(『약사경』 상권 2, 대원의 장, p.12).

『지장십륜경地藏十輪經』에는 "만일 어떤 유정이 악귀에 잡혀 학질을 앓는데 혹은 날마다 앓고 혹은 하루걸러 앓으며, 혹은 3~4일에 한 번씩 앓고, 혹은 미치광이가 되어 심신을 떨면서 정신을 잃어 아무 것을 모르더라도 지장보살마하살의 이름을 부르고 생각하며 귀경하고 공양하면 그들은 다 해탈하여 두려움이 없어 심신이 편안해지며, 보살은 그 응함을 따라 그들을 천상에 나게 하여 열반의 길에 편히 데려다 주느니라"는 내용이 있다(『지장십륜경』 제1권, p.50).

3. 불교장애인복지의 현황

1) 불교장애인복지의 발전

불교계 장애인복지시설은 초기에는 비장애인 수용시설에서 소수의 장애인을 수용보호하거나 포교차원에서 장애인에 대한 복지활동이 이루어지고 있었으며, 주로 정신장애인을 대상으로 하는 요양시설이 주류를 이루고 있었다. 해방 이후 1953년에 자혜정신요양원(현재 성보복지재단), 1962년에 영락정신요양(현재 사회복지법인 동영원), 1965년 성우원이 설립되어 운영되고 있다. 이 밖에도 제주 보천사의 무의탁

정신질환자 수용시설(1966), 대성요양원(1981, 현재 대성그린빌), 여주 나환자촌(1982), 원주 소쩍새마을(1982), 천안 정신요양원(1982), 해남 신혜정신요양원(1986), 자연동산 제주요양원(1992) 등이 있다.

지체장애인복지시설로는 경주 성양원(1988)과 거제도 치자마을(1993, 현재 반야원)이 있으며, 장애인복지시설로 운영되고 있는 불교시설로는 제주 장애인종합복지관(1987)이 있다(권경임, 2004: 183).

불교장애인복지가 본격적으로 발전하기 시작한 것은 1995년 '대한불교조계종 사회복지재단' 설립 및 1995년 중앙승가대학교에서 '소쩍새마을' 인수 및 1996년 '사회복지법인 승가원' 설립이라고 볼 수 있다. 이때부터 불교계가 사회복지법인 설립을 통해 장애인복지사업을 본격적으로 시작했으며, 수탁운영시설의 양적 팽창과 질적인 부분도 함께 향상되는 시기라고 볼 수 있다.

대한불교조계종 사회복지재단은 1998년에 불교계 최초의 장애인복지관인 '강북장애인종합복지관'의 수탁·운영을 시작으로 2005년 5월 현재 총 9개(장애인복지관 6개, 주간보호센터 2개, 보호작업장 1개)의 시설을 수탁·운영하고 있다. 또한 조계종 사회복지재단은 장애인복지시설 수탁·운영 외에도 장애인 세상나들이, 난치병환자 돕기 모금, 북한장애인에게 휠체어보내기 모금, 장애인식개선 캠페인, 후원자개발 및 결연, 전문자원봉사자 교육 및 파견 등 장애인 관련 복지사업을 적극적으로 펼치고 있다.

한편 중앙승가대학교는 장애인 생활시설인 소쩍새마을을 1995년에 인수했고, '사회복지법인 승가원'이 1996년에 설립되어 소쩍새마을, 녹야원 주간보호센터 및 순회재활서비스센터, 상락원 주간보호센터, 그룹홈 등을 운영하고 있다(조석영, 2006: 178).

2) 불교장애인복지시설의 현황

고경환(2010)의 2009년 조사에 따르면 불교계 사회복지시설 총 958개
소 중 장애인복지시설은 87개소로 전체의 9.1%를 차지하고 있다.

이러한 불교계 장애인복지시설 현황을 보면 2010년 보건복지부
통계에 의한 장애인복지시설[14]에 비교하여 그 수가 상당히 적음을
알 수 있다. 불교계 장애인복지시설의 질적 확충도 중요한 과제이겠지
만 양적이 확대도 시급한 과제라 할 수 있다.

표 21 불교계 사회복지시설의 현황

(단위: 개소, %)

지역사회복지	노인복지	아동복지	장애인복지	청소년복지	영유아
67	385	71	87	47	229
7.0	40.2	7.4	9.1	4.9	23.9
여성가족복지	부랑인 및 노숙인 복지	결혼이민자 외국인노동자	정신보건시설	기타	합계
11	12	27	8	14	958
1.1	1.3	1.3	0.8	1.5	100.0

출처: 고경환(2010: 6)을 재구성함

장애인복지시설의 이용유형에 있어서는 이용시설이 80.5%로 압도
적으로 많고, 생활시설은 19.5%이다. 직영시설과 위탁시설이 각각
48.3%, 51.7%로 위탁시설이 약간 많다.

---

14 2010년 보건복지부 통계(통계포털 보건복지분야 100대 지표)에 의하면 장애인복지
시설은 장애인직업재활시설 수 386개소, 장애인 지역사회 재활시설 수 1,419개소,
장애인 생활시설 수 347개소로 모두 2,152개소이다(http://stat.mw.go.kr).

표 22 장애인복지시설 이용유형과 운영형태별 현황

(단위: 개소, %)

이용유형			운영형태		합계
생활시설	이용시설	이용＋생활	직영	위탁	
19.5	80.5	－	48.3	51.7	87(100.0)

출처: 고경환(2010: 6)을 재구성함

　지역적으로 시설 수가 가장 많은 곳은 서울로 18.4%이며, 다음으로
경기와 강원, 경북이 모두 13.8%이며, 경남이 10.3%이다 나머지는
5%이하이며, 인천, 대전, 충남은 1곳도 없어 전체적으로 시설 수가
부족하며, 지역적인 편재도 나타난다.

표 23 지역별 불교장애인복지시설 현황(2009)

(단위: 개소, %)

서울 특별시	부산 광역시	인천 광역시	대구 광역시	대전 광역시	광주 광역시	울산 광역시	경기도	강원도
18.4	4.6	－	1.1	－	3.4	5.7	13.8	13.8
충청 남도	충청 북도	전라 남도	전라 북도	경상 남도	경상 북도	제주도	합계	
－	5.7	2.3	1.1	10.3	13.8	5.7	87(100.0)	

출처: 고경환(2010: 6)을 재구성함

　2008년 조계종 종단통계자료집(대한불교조계종 총무원 기획실, 2009.
5)에 의한 장애인복지시설의 사업유형은 기타를 제외한 장애인복지관
이 18.5(12개소)%, 소공동체와 보육시설이 각각 12.3(8개소)%, 성인
장애인보호시설 10.8(7개소)%, 자립작업장과 재활시설은 각각 7.7(5
개소)% 순으로 나타나고 있다(임해영, 2006: 33).

표 24 불교계 장애인복지 사업유형

(단위: 개소, %)

재활시설	성인장애인 보호시설	특수교육 시설	보육시설	자립 작업장	장애인 복지관	그룹홈	기타	합계
5	7	1	8	5	12	8	19	65
7.7%	10.8%	1.5%	12.3%	7.7%	18.5%	12.3%	29.2%	100%

출처: 임해영(2006: 33)을 재구성함

4. 불교장애인복지의 과제

장애인의 다양한 욕구와 문제 해결을 위하여 불교의 다양한 조직이 유기적으로 협력과 조정을 통하여 서비스를 전달하는 것이 필요하다. 또한 장애인의 근본적인 문제인 사회적 장애를 없애기 위해서는 사회적 환경을 개선하기 위한 불교계 사회복지시설과 기관 및 모든 구성원들의 노력이 필요하다. 장애인들의 삶의 질 향상을 위한 불교장애인복지의 과제를 보면 다음과 같다.

1) 장애인의 인권에 대한 존중

불교장애인복지의 목표 달성을 위하여 기본적으로 해결되어야 할 과제는 먼저 장애인의 인권을 존중하는 사회구조가 형성되어야 한다. 장애인 인권의 존중은, 모든 인간은 존엄하다는 것으로 장애인을 차별하지 않는다는 것을 의미한다. 따라서 모든 중생이 불성을 갖추고 있다는 불교의 평등사상에 비추어 장애인도 평등한 부처님의 제자로서 더불어 행복한 사회를 함께 일구어 가는 구성원으로서의 인식 전환이 필요하다.

2) 불교장애인복지시설의 확대

장애인복지지시설의 수가 양적으로 많이 부족하므로 양적 확대에 따른 이용자의 접근성 향상이 필요하다. 현재 불교계 장애인복지시설 중 정부 및 지자체로부터 운영을 위탁받은 시설이 많으므로 좀 더 자율적인 운영을 위해 종단 직영의 시설을 많이 확대하는 것이 필요하다.

　지역적으로도 편재되어 있고 불교장애인복지시설이 없는 곳도 많으므로 이용자의 접근성을 향상시켜 이용자가 필요로 하는 경우 언제든지 이용자의 요구에 맞는 시설을 선택할 수 있도록 연결, 지원하는 것이 필요하다.

3) 지역사회통합의 촉진

장애인들은 대부분 사회의 편견, 사회환경의 미비로 이동권이 제한되어 집에서 보내는 시간이 많다. 따라서 지역사회에 있는 사회복지시설의 서비스제공에서 나아가 지역사회 내에 있는 장애인을 방문하여 가족지원, 가정생활지원, 자립지원 등이 가능하도록 재가장애인 방문 서비스 사업의 대폭적인 확대가 필요하다. 이러한 재가서비스의 제공을 통하여 장애인과 지역사회주민들의 교류의 기회를 높여 사회통합을 촉진하는 것이 필요하다. 나아가 재가서비스 제공 시 불교에 관심 있는 장애인들이 불교를 접할 수 있는 다양한 기회를 제공한다면 장애인들이 보다 세상을 행복하게 살아갈 수 있도록 돕는 중요한 수단이 될 것이다.

4) 사회환경의 개선

사회환경의 개선을 위해서는 장애인에 대한 일반인의 부정적 인식과

편견을 개선하기 위한 불교사회복지관련 조직과 구성원의 동참이 필요
하다. 또한 장애인의 사회활동 촉진을 위한 편의시설의 설치가 필요하
며, 이를 위해서 불교계 시설에서 편의시설의 확대가 필요하다. 새로이
건축되는 불교계 시설의 경우 의무적으로 편의시설이 설치되어야 하지
만 기존에 건축된 시설인 경우에도 장애인 전용 화장실, 전용주차장,
장애인을 돕는 자원봉사자의 배치 등 편의시설 설치를 유도하는 것이
필요하다. 또한 일부 장소의 일정 부문에만 편의시설을 설치하기보다
는 장애인의 동선을 고려하여 필요한 장소에 연속적으로 설치하는
것이 필요하다.

5) 교육기회의 확대와 통합교육의 제공

장애인들이 적절한 교육을 받을 수 있도록 교육기회의 제공을 위해서
불교계에서 운영하는 유치원과 보육시설 등에서 또는 사회복지시설에
서 초·중·고 교육기관에 통학하는 학생들에 대한 다양한 지원을 제공
하며, 가능한 통합교육을 받을 수 있도록 하여 장애인 사회통합의
기초를 확보하는 것이 필요하다. 장애인의 통합교육은 함께하는 교육
을 통해 비장애인들이 장애인과 더불어 사는 방법을 배우고, 장애인
역시 비장애인들과의 교류를 통하여 사회에 대한 적응력을 높일 수
있으며, 차별 없는 사회를 만드는 중요한 역할을 한다.

6) 불교사회복지 전문인력의 양성

장애인의 유형 및 문제의 정도에 따라 세분화된 다양한 영역의 전문인력
이 통합적으로 서비스를 제공하여야 함에도 불구하고 각 영역의 전문인
력은 매우 부족하다. 장애인의 자립, 자활을 가능하게 하려면 상담

등의 전문적 대인서비스가 필요하며, 사후 관리와 보호가 이루어져야
하며 이러한 과제는 전문인력에 의해 수행되어야 한다.

7) 장애인고용의 확대와 질적 개선

장애인 다수가 빈곤계층에 있으므로 장애인의 소득보장을 위한 다양한
서비스의 확충이 필요하다. 장애인의 소득보장을 위해서는 장애인고용
의 확대가 필요하며, 불교계 기관 및 시설에서의 장애인고용 비율
달성을 위한 노력과 고용 관련 상담, 장애 유형별, 장애 정도별, 장애인의
개별 욕구별로 다양한 고용 프로그램의 적극 개발 및 실현이 필요하다.

8) 문화적 활동의 참가에 대한 지원

장애인의 생활을 보다 풍부하게 하게 위해서 문화·예술·레크리에이
션·스포츠 활동의 사회참여가 가능하도록 환경을 정비하는 것이 중요
하다.

   이러한 분야에서 장애인의 가능성을 높이는 것은 장애인 당사자의
생활의 질을 향상시킬 뿐만 아니라 이러한 활동을 지역사회에서 실시함
으로써 지역사회 역시 풍요롭게 된다고 할 수 있다.

제4절 불교여성복지

1. 불교여성복지의 개념

1) 여성복지의 개념

해방 이후, 1980년대 중반 이후 여성복지는 부녀복지[15]란 이름으로

여성문제에 대한 인식 없이 요보호여성의 보호와 복지증진을 위해 선도사업의 일환으로 실시되었다. 요보호여성이란 누군가로부터 보호를 필요로 하는 여성이라는 의미로서 저소득모자가정, 미혼모, 가출여성, 매매춘 여성, 학대받는 여성, 저임금 근로여성을 포괄하는 개념으로 사용되고, 이러한 요보호여성에 대해 제공되는 서비스는 기본적으로 스스로 자립할 수 없는 여성의 존재를 보호하는 시설보호, 상담, 기술교육 및 취업알선 등이 이에 속한다(조연숙, 2001; 김성경, 1998).

1990년대 후반에 이르러서 산업화 및 근대화에 따른 여성의 지위와 역할 변화로 부녀복지적 접근에서 여성 모두를 대상으로 하는 여성복지의 개념으로 전환되어야 한다는 의식이 확산되고 여성의 복지욕구도 증대됨에 따라 일반여성을 위한 사업이 추가되고, 여성복지서비스의 범위도 확대되기 시작하였고 보편적 사회복지서비스를 국가정책으로 표방하는 추세 속에서 여성복지라는 개념이 대두되었다(박영란·황정임, 1997).

여성복지에 대한 협의의 개념은 여성복지를 사회복지의 하위개념으로 보고, 여성을 주 대상으로 하는 사회복지서비스로 간주한다. 즉 여성을 위한 사회복지로서 여성 개개인에게 인간다운 삶을 보장하기 위해서 시도되는 자원의 재분배 노력으로 정의되며(이혜경, 1996), 일부에서는 특수한 문제가 있는 여성을 대상으로 그들이 한 사회의 구성으로서 충분하고 기대에 맞는 역할을 수행할 수 있도록 소득, 보건, 교육, 주택 등의 문제해결을 위한 제반 분야의 모든 활동을

---

15 당시 부녀복지라는 용어 속에 내포된 여성에 대한 인식은 여성을 독립적인 존재로서가 아니라 누구의 며느리 혹은 누구의 부인으로 본다는 점이고, 여성은 결혼하여 부녀가 되는 것이 정상적이라는 의미가 내재되어 있었다(강은주, 2000: 10).

개념으로 규정하기도 한다(강남식, 2003).

반면, 광의의 개념을 보면 여성복지란 여성이 국가나 사회로부터 인간의 존엄성과 인간다운 생활을 할 권리를 동등하게 보장받음으로써 여성의 건강, 재산, 행복 등 삶의 조건들이 만족스러운 상태를 의미함과 동시에 적극적으로는 가부장적 성차별주의와 그에 근거를 둔 법이나 사회제도, 문화 등을 개선해 나가는 모든 주체적인 노력을 포함하는 개념으로 보아 양성간의 동등한 권리보장과 이를 달성하기 위해 법, 제도개선과 같은 거시적이고 구조적인 차원을 강조한다. 혹은 여성복 지란 일상생활상의 제 장애가 제거되어 경제적으로나 문화적으로 충족한 가정생활 및 사회생활이 보장되는 것을 궁극의 목표로 하는 제도와 활동의 총칭으로서 미혼과 기혼을 가리지 않고, 모든 여성에 관한 복지전반을 포함하는 여성의 복지를 의미한다고 보아 궁극적으로 대상범위의 포괄성과 복지수준이 인간 삶의 질적 향상이라는 점에서 매우 포괄적으로 접근하고 있다(김태진, 1999: 3~4).

이와 같은 부녀복지, 여성복지란 용어와 개념은, 1995년 제정된 여성발전기본법 제3조에 여성정책을 "남녀평등의 촉진, 여성의 사회참여확대 및 복지증진에 관한 대통령이 정하는 정책"으로 규정함으로써 여성정책으로 통합된다. 여성정책은 정책에 젠더 관점을 결합시켜 여성만을 대상으로 하는 것이 아니라, 궁극적으로 남녀평등 실현을 목표로 하는 성 평등정책으로 전환되었다(강남식, 2008: 1).

한편 여성복지를 위한 여성복지서비스는 요보호여성들의 보호 및 재활, 자립기반의 조성은 물론 일반여성들의 지위향상과 권익옹호, 그리고 능력개발을 위해 제공되는 일련의 사회복지서비스를 총칭하는 것으로, 일반적으로 정부에서는 여성복지정책을 대상에 따라 구분하여 요보호여성을 대상으로 한 정책과 일반여성을 대상으로 한 정책으로 구분하고 있다(조연숙, 2001; 김성경, 1998).

2) 불교여성복지의 개념

여성을 위한 복지가 오늘날 중요시되는 것은 산업사회 구조의 다원화와 사회변동으로 인한 여성문제의 사회화 현상, 그리고 다양한 여성의 욕구에 효과적으로 대처할 수 있는 제도화가 요구되며, 아울러 여성은 여성만이 가지는 자녀의 임신, 출산, 그리고 양육의 재생산기능을 중심으로 한 특수한 상황에 처하게 되며, 아동을 포함한 가족구성원과 불가분의 관계에 놓여 있기 때문이다. 그리고 교육수준, 노동시장 참여구조, 의사결정 참여에의 배제 등 여성들의 생활보장이 이루어지지 않고 삶의 질이 남성에 비해 월등히 떨어질 수밖에 없는 성차별적 현실은 결국 여성의 빈곤화라는 새로운 형태의 차별을 낳고 있는 현실에서 여성의 인간다운 삶을 위한 소득, 의료, 주거. 교육, 출산, 장례 등을 보장해주는 사회복지의 중요성은 매우 크다(조흥식·김혜련·신혜섭·김혜란, 2001: 78~79).

불교여성복지의 개념은 이러한 여성의 현실 속에 불교 실천원리에 기반하여 모든 여성이 한 사회의 구성원으로서 질 높은 삶의 영위와 행복을 추구하도록 하는 민간차원의 사회복지적 노력이라고 할 수 있다.

또한 불교여성복지는 여성의 인간다운 삶을 위한 사회제도적 노력뿐만 아니라 깨달음을 위한 궁극적 해탈의 불교적 실천행위라고 할 수 있으며, 이로 인해 일반여성복지와 차이를 갖는다(강은주, 2000: 11).

184

2. 불교여성복지의 이념

1) 여성복지의 이념

여성복지를 바라보는 이념은 시대와 사회에 따라 다양하게 변화되어
왔다. 이하에서는 여성복지의 이념을 여권론적 측면에서 정리한 윌리
엄즈(Williams, 1989, 조흥식외, 2001: 94~96 재인용)의 이론을 중심으로
살펴보고자 한다

(1) 자유방임주의적 여권론

자유방임주의적 여권론은 여성억압이 국가개입 때문이라고 보기 때문
에 국가에 의한 정책추진은 필요 없다고 보고 복지향상을 위한 제도적
차별을 시도하는 국가의 개입을 반대하는 입장이다. 이러한 시각은
남녀의 생물학적 차이를 시도하는 국가의 개입을 반대하는 입장이다.
이러한 남녀의 생물학적 차이를 인정하여 전통적인 성 역할의 분담을
당연히 여기고 이를 여성해방의 상태라고 보는 입장이다.

(2) 자유주의적 여권론

자유주의적 여권론은 여성과 남성은 원래 평등한 존재이나 현실 사회의
왜곡된 기회와 환경의 차이가 여성의 열등화를 가져오고 성차별적
역할이 사회화되어 결국 남녀 간의 불평등을 초래하게 되었다고 주장한
다. 그러므로 남녀가 동등한 사회적 지위를 보장받기 위해서는 법
앞의 평등을 보장받아야 한다고 주장하고 있다. 선거, 교육, 취업
등에서 평등한 기회가 주어지면 여성도 능력이나 자기 성취감 및 사회기
여도도 높아질 것이라는 입장이다.

(3) 마르크스주의적 여권론

여성문제를 계급체계의 결과로서 나타나는 성차별의 문제로 보고 있다. 여성억압의 기원은 사적소유의 확립과 계급발생 및 이를 지탱하기 위한 제도로서 일부일처제의 확립에 있다고 보는 것이다. 여성문제는 기본적으로 자본가 계급과 노동자 계급이라는 모순에서 나타나는 것이며, 자본가는 여성의 생물학적 차이를 이용하여 악의적으로 차별함으로써 이윤의 추구를 극대화하려고 하기 때문에 여성의 문제는 보다 심화된 형태로 나타난다는 것이다.

따라서 여성해방을 위한 일차적 전제로 사적 소유의 폐지와 여성의 생산에의 참여를 주장한다. 궁극적으로는 자본주의를 폐지하고 여성의 완전한 생산에의 참여와 가사노동의 사회화를 이루는 것이라고 본다.

(4) 사회주의적 여권론

사회주의적 여권론은 자본주의와 가부장제가 결합하여 남성이 생산부문을 장악하여 여성이 남성에게 경제적으로 의존하게 하여 여성을 억압한다는 입장이다.

사회주의적 여권주의의 복지전략은 자본주의와 가부장제에 대해서 동시에 공격하여 가정 내에서는 여성에게 자연스럽게 맡겨지는 보호업무와 가사업무 등의 성별 역할노동이 남성과 사회와 분담되도록 한다. 또한 임금노동과 무임금노동 간의 분리를 근본적으로 종식하여 남성 혼자서 가족의 생계를 책임지는 가족형태가 유지되지 않도록 해야 한다고 주장한다. 결국 양성평등의 추구를 위해서 새로운 복지 개념을 모색해야 한다고 본다.

(5) 급진주의적 여권론

급진주의적 여권론은 남녀 간의 생물학적 차이로 인한 여성의 생물학적 특성인 출산과 이로 인한 의존성이 여성의 문제라는 입장이다. 성의 혁명이 여성 문제의 해결이라고 보고, 가능한 여성을 생물학적 생식의 지배에서 해방시키고 출산과 양육의 역할을 여성뿐 아니라 남성에게도 담당케 해야 한다고 주장한다. 예를 들면 인공수정이나 체외수정을 통한 출산의 과학화의 진전을 통해 여성해방이 가능해질 수 있다고 본다.

(6) 복지주의적 여권론

자본주의 체계의 큰 변혁이나 소멸 없이 실용적인 문제해결을 하려는 시도에 바탕을 둔 것으로 공적 영역보다 사적 영역에서의 여성의 욕구를 해결하려고 한다. 즉 성차별 문제를 긍정적 차별의 원리에 입각하여 가족 내에서 여성의 전통적 역할을 인정하지만 사회적 재생산에 대한 무보상을 여성 문제로 부각시킨다. 그리고 역할에 대한 보상을 국가정책의 개입을 통해서 얻어냄으로써 여성의 사회경제적 지위을 향상시키고 성차별적 문제도 점진적으로 개혁하는 데 있다.

2) 불교여성복지의 이념

불교여성복지의 이념은 주로 불교경전에 나타난 불교의 여성관을 중심으로 살펴보기로 한다. 불교의 여성관은 불교여성복지의 목표를 이행하는 중요한 지표가 될 수 있다.

이하에서는 불교의 경전에 나타난 불교의 여성관에 대한 선행연구 (강은주, 2000; 전보경, 2006; 서병진 2010)를 중심으로 불교여성복지의 이념을 평등성의 존중, 기회공정성의 존중, 개별성의 존중, 모성성의 존중의 4가지 측면에서 검토하기로 한다.

(1) 평등성의 존중

불교는 성별에 따른 차별적 대우를 부정하고 있다. 출가수행에 있어서 여성과 남성을 동등하게 존중하고 본질적인 차이가 없다고 하는 데서 출발한다(이영자, 2001: 48~50).

대승불교경전에서 나타난 여성의 모습을 가장 대표적으로 표현한 것이 『승만경勝鬘經』이다. 『승만경』은 여성의 능력을 근본적으로 인정한 대표적인 경전으로서 출가와 재가를 막론하고 궁극의 목표인 깨달음을 추구하는 데 있어서 결코 남녀가 차이가 없음을 보여준다. 즉 승만부인은 일승의 대방편을 널리 전개하기 위해 법을 설하며 10대원願을 발원하고, 진실한 가르침을 아는 지혜의 추구, 모든 사람들에게 진실된 가르침을 일러주고 교화하는 서원, 신명을 건 진실된 가르침의 호지護持라는 세 가지 서원을 세웠다(서병진, 2010: 387). 붓다는 이와 같은 승만부인의 여래에 대한 진실한 공덕을 찬탄하고 선근을 쌓은 것을 인정하고 '2만 아승지겁 후에 부처를 이루고, 그 불국토에는 노쇠도 없고 모든 악도도 없을 것'(목정배역, 1978: 11; 강은주, 2000: 5, 재인용)이라고 하였다.

또한 붓다가 수많은 제자들을 직접 일일이 칭찬한 『중일아함경』 제3권 「5. 비구니품」과 「7. 청신녀품」을 보면 당시에 수많은 비구니들과 여성재가신자들이 해탈의 경지에 도달한 사례를 열거하고 있다(서병진, 2010: 388).

그리고 『화엄경』에서도 남녀의 평등성을 찾아 볼 수 있는데, 선재동자의 구도과정에서 등장하는 53명 중 여성의 수가 적지 않아 선재동자가 도를 성취한 사람은 남자이든 여자이든 신분과 남녀의 구분 없이 스승으로 모시고 있음을 알 수 있다.

나아가 『숫타니파타』에서는 현실적으로 여성이 남성과 평등한 존재로서 인정받고 있다는 것을 제시하고 있다. 즉 "몸을 받은 생물 사이에는 각기 구별이 있지만 인간에게는 그런 구별이 없다. 인간 사이에서 나타나는 것은 오직 그 명칭뿐이다"(中村元 역, 1968: 113)고 하였다. 이와 같은 평등정신에 근거하여 붓다는 악인이나 타락한 사람들에게도 가르침을 폈던 것이다(강은주, 2000: 5).

(2) 기회공정성의 존중

석가모니 재세 시에는 남성이든 여성이든 번뇌를 소멸하는 자는 누구든 최고의 수행경지인 아라한이 될 수 있다고 하였다.

불교가 출현하기 직전의 인도사회는 여성에 대한 부정적 인식태도가 사회전반을 지배하는 계급제 사회였던 만큼 여성출가는 당시 사회적 상황에서는 혁명적 사건에 가까운 일이었다.

붓다의 수많은 제자들 중에 여성출가 제자인 비구니들이 남긴 73편의 시로 만들어진 시집 『테리가타』에 의하면 수많은 여성이 아라한에 도달한 경우를 볼 수 있는데(中村元 역, 1982: 64), 이처럼 불교가 깨달음의 추구에 있어서 남녀를 불문하지 않고 승가입문을 허락하였다는 점은 불교가 여성에게도 남성과 동등한 기회를 부여하고, 누구에게나 공정한 기회를 제공한다는 점에서 중요한 의미를 갖는다(강은주, 2000: 6).

(3) 개별성의 존중

붓다는 생물학적 특성 등 남녀의 성차를 인정하고 그 특성을 개별성으로서 존중하였다. 불교의 성차의 존중에 대한 태도는 여성출가자에게는 남성보다는 더 많은 계율의 적용으로 그 모습을 달리한다. 『사분율四分律』의 계본戒本에 의하면 남자의 250조에 비하여 98조가 더 많은 348조를 여성이 지켜야 하는 것으로 되어 있다. 이것을 성차별로 보는 견해도 있지만, 여성에게 보다 많은 계율조항이 부가되었던 것은 뜻밖의 범죄로 인해 여성이 안게 될 임신 등 야기될 수 있는 교단의 문제들을 미리 예방하기 위한 조치라는 점에서 성 차이를 인정하는 것으로 해석할 수 있다(이영자, 2001: 147).

여성출가수행자가 남성출가자와 모든 면에서 동일해야 한다는 것은 자칫 여성의 임신, 출산 등의 생리적 기능을 고려하지 못하는 것이 될 수도 있기 때문이다(강은주, 2000: 6).

(4) 모성성의 존중

출산은 자녀를 잉태하고 낳는 기능을 의미하는데 붓다는 여성의 출산기능을 모성성으로서 인정하고 존중하였다. 여성의 모성성 인정에 대한 부분은 붓다가 재가여성에 대해 찬미한 내용에서 찾아볼 수 있는데 『옥야경』에 나온 일곱 가지 유형의 아내[16] 가운데 어머니 같은 아내인

---

16 일곱 가지 유형의 아내는 칠부七婦인데, 첫째는 모부母婦로 무한히 사랑을 베푸는 어머니와 같은 아내, 둘째는 매부妹婦로 동생을 돌보듯 지도하며 도와주는 누이 같은 아내, 셋째는 선지식善知識으로 우정 어린 사랑으로 모든 일을 지혜롭고 현명하게 처리해 주는 친구와 같은 아내, 넷째는 부부婦婦로 예의를 잘 지키는 며느리 같은 아내, 다섯째는 비부婢婦로 주인을 섬기듯 남편에게 순종하는 종

모부母婦를 첫 번째로 꼽았다는 점은 불교의 모성성을 이해하는 중요한 실마리가 된다.

이러한 여성의 모성성은 단순히 자녀에게만 적용되는 심리적 특성이 아니며 남편과 사회전반에까지 긍정적인 영향을 미칠 수 있는 중요한 특성으로 존중하고 있다.

남부경전인 『장부경전長部經典』에는 결혼한 여성을 찬미한 내용이 있는데, 그 내용은 다음과 같다.

말리카 왕비의 딸 출산에 프라세나짓 왕이 섭섭해 하는 것을 보고 붓다는 "여성이라 하더라도 실로 남자보다 뛰어난 사람이 있다. 지혜가 있고 계율을 지키며 남편에게 충실히 한다. 그 여성이 낳은 아들은 영웅이 되고 또 지상의 주인이 되기도 한다." 이와 같은 내용에서 붓다의 가르침은 여성을 긍정적으로 보고 여성의 모성기능을 중요시하였음을 알 수 있다(서병진, 2010: 388).

3. 불교여성복지의 현황

1) 불교여성복지의 발전

불교계에서 해방 이후 최초의 모자복지시설은 모자원인데, 1972년 윤락여성 직업교육시설로 변경되었으며, 1978년 대구 목련모자원이 개원하여 미혼모 복지시설로 운영되고 있다. 대구 감천사에서 1993년에 미혼모시설인 보리수마을을 개원하였으며(권경임, 2004: 207), 1998

같은 아내, 여섯째는 원가부怨家婦로 어리석고 증오심에 가득 차 있는 원수와 같은 아내, 일곱째는 탈명부奪命婦로 독사와 같이 탐욕에 불타 남편에게 무한의 고통을 안겨주는 도둑 같은 아내이다(강은주, 2000: 7.참조).

년에는 '자비의 쉼터'를 설립하여 초기에는 미혼모에 대한 임신·출산·육아정보·직업알선 등 미혼모의 생활자립서비스 및 심리·정서적 안정을 되찾을 수 있도록 지원하는 미혼모 쉼터의 역할을 수행했으나, 2001년 1월 모자일시보호시설로 사업을 변경하였다. 현재는 위기가정의 매맞는 여성과 자녀들에 대한 일시보호 기능을 수행하면서 이들에게 사회적응·사회복귀 프로그램 외 직업교육프로그램도 함께 시행하고 있다

1998년 8월에 설립된 '나눔의 집'은 일본군 위안부 출신 할머니들에게 삶의 터전을 마련해 주자는 취지로 불교계 및 사회 각계에 모금운동을 벌여 설립되었으며, 이들 할머니들의 보호와 더불어 다양한 교육활동 프로그램을 통해 과거 일제의 일본군 위안부 만행에 대한 진상을 알리는 활동도 하고 있다. 특히 '나눔의 집'의 역사관은 세계최초의 성노예 테마 인권박물관으로서 잊혀져가는 일본의 전쟁범죄 행위를 고발하고, 피해자 할머니들의 명예회복과 역사교육의 장으로 활용하기 위해 1998년 8월 14일 개관되었다. 주요사업으로는 일본군 위안부 피해사례 발표 및 해외 그림전시회, 일본군 위안부 피해 배상 재판, 역사관 전시품 확충 및 보완, 교육사업 관련 학술 세미나 개최, 피해 할머니들의 증언 녹취 및 자료수집, 자료집 발간 및 자료실 운영, 출판 사업, 일본후원회 조직 및 연계활동 전개, 중국 거주 할머니 지원사업으로 중국 내 생존자 자료 확보 및 생활지원 등을 한다(권경임, 2004: 212~213).

또한 1998년에 11월에 개원한 '화엄동산'은 사단법인 '우리는 선우'가 서울특별시에서 위탁받아 운영하고 있는 여성실직노숙인 쉼터로 여성 실직노숙인이 사회적 위험에 노출되는 문제가 심각해지자 이들에 대한

관심과 대책이 부족한 가운데 개설된 불교여성복지시설이다. 이 시설
은 단순한 숙식제공뿐 아니라 민간용역업체, 노동부 취업전산망 등을
활용해 최대한 여성노숙인들의 취업과 재활을 돕고 있으며 의료연계사
업도 시행하고 있다. 또한 각 사찰의 공양주 모집이나 각종 불교단체와
의 유기적인 협조를 통해 여성노숙인들의 자립과 자활을 도모하고
있다.

　그 외 원주 명륜종합복지관이 이주여성을 위해 설립한 결혼이민자
가족지원센터, 구미 보현의 집이 운영하는 이주여성쉼터 등이 있다(전
보경, 2006: 230~231; 서병진, 2010: 396).

2) 불교여성복지시설의 현황

고경환(2010)의 2009년 조사에 따르면 불교계 사회복지시설 총 958개
소 중　여성복지시설(여성가족복지시설)은 11개소로 전체의 1.1%를
차지하고 있어 그 수가 매우 부족하며, 양적 확대가 시급한 과제임을
알 수 있다.

표 25 불교계 사회복지시설의 현황

(단위: 개소, %)

지역사회복지	노인복지	아동복지	장애인복지	청소년복지	영유아
67	385	71	87	47	229
7.0	40.2	7.4	9.1	4.9	23.9
여성가족복지	부랑인 및 노숙인 복지	결혼이민자 외국인노동자	정신보건시설	기타	합계
11	12	27	8	14	958
1.1	1.3	1.3	0.8	1.5	100.0

출처: 고경환(2010: 6)을 재구성함

여성복지시설의 이용유형에 있어서는 이용시설이 72.7%로 많으며, 생활시설은 27.3%이다. 위탁시설은 72.7%로 직영시설 27.3%보다 많다.

표 26 **여성복지시설 이용유형과 운영형태별 현황**

(단위: 개소, %)

이용유형			운영형태		합계
생활시설	이용시설	이용＋생활	직영	위탁	
27.3	72.7	-	27.3	72.7	11(100.0)

출처: 고경환(2010: 6)을 재구성함

지역적으로 시설수가 가장 많은 곳은 서울로 50.0%이며, 다음으로 충남이 16.7%이다. 대구, 광주, 울산, 경북이 모두 8.3%이며, 이외의 지역은 여성복지시설이 없다.

표 27 **지역별 불교여성복지시설 현황(2009)**

(단위: %, 개소)

서울 특별시	부산 광역시	인천 광역시	대구 광역시	대전 광역시	광주 광역시	울산 광역시	경기도	강원도
50.0	-	-	8.3	-	8.3	8.3	-	-

충청 남도	충청 북도	전라 남도	전라 북도	경상 남도	경상 북도	제주도	합계	
16.7	-	-	-	-	8.3	-	87(100.0)	

출처: 고경환(2010: 6)을 재구성함

또한 〈표 8〉에서 나타나고 있는 것처럼 조계종이 직영하고 있는 불교여성복지시설은 한 곳도 없다.

4. 불교여성복지의 과제

여성들의 삶의 질 향상을 위해서는 불교계 여성복지시설의 양적 확충과 아울러 불교의 다양한 조직이 유기적으로 협력과 조정을 통하여 서비스를 전달하는 것이 필요하다. 나아가 정부 및 지방자치단체의 사회복지서비스와 연계하여 더 나은 불교여성복지서비스를 제공하기위한 불교여성복지의 토양을 마련하는 것이 필요하다. 불교여성복지의 나아갈 방향에서 제기되는 과제는 다음과 같다.

1) 불교여성복지에 대한 욕구파악

변화하는 사회 환경 속에서 여성들의 다양한 욕구와 문제가 대두되고 있으며, 불교계가 여성복지 문제해결에 동참하기 위해서는 미혼의 미취업여성, 미혼의 취업여성, 기혼의 미취업여성(전업주부), 기혼의 취업여성(맞벌이 · 여성부양), 핵가족 내의 여성 · 부양가족이 있는 여성, 이혼여성 · 한 부모가정, 여성 · 재혼여성, 여성노인, 여성장애인, 여성실직자 · 가정폭력 피해여성, 성매매여성, 성폭력 피해여성 등 다양한 여성 문제에 대해 관심을 가져야 한다. 즉 불교여성복지서비스를 제공하기 위해서는 개개인이 처한 특수한 상황 속에서 개개인 여성이 원하는 욕구가 무엇인가에 대한 이해와 여성이 직면한 현실적 문제해결에 대한 공감과 지원방안에 대한 강구가 필요하다. 불교여성복지에 대한 욕구의 파악이 선행될 때 불교여성복지가 나아갈 방향에 대한 모색이 가능하다.

2) 불교여성복지의 양적 확충

불교여성복지의 가장 시급한 문제는 불교여성복지서비스를 제공하는
시설의 수가 절대적으로 부족하다는 것이다. 불교계 사회복지시설
중에서 여성복지시설 수의 부족과 지역적 편재는 심각한 문제인데,
특히 불교계 중 산하에 가장 많은 사회복지시설이 있는 조계종의 경우도
여성복지시설이 단 한 곳도 없어 조계종을 포함한 불교계의 여성복지에
대한 적극적인 관심이 요구된다. 대부분의 불교신도에는 여성불자가
많으므로 불교여성문제에 대응하기 위한 불교여성복지의 양적 확충이
필요하다.

3) 양성평등의 구현을 위한 사회 환경의 개선

사회 전반적인 여권신장을 비롯하여 양성평등의 구현, 생명존중, 인권
회복 등 여성 관련 사회인식이 많이 향상되고 있지만 아직도 남성
중심적·가부장적 문화 속에서 단지 여성이라는 성차로 인해 차별받고
소외받는 여성의 문제가 많이 존재한다. 따라서 여성들 스스로가 차별
문제에 대해 인식하고 공감하여 문제해결의 주체가 되고, 사회적 장애
를 없애고 사회적 환경을 개선하기 위한 불교계 사회복지시설과 기관의
지원과 노력이 필요하다고 할 수 있다.

4) 불교여성복지의 이념 구축

불교경전에서 나타나고 있는 것처럼 붓다는 여성의 인권과 능력을
평등하게 인정하고 있다. 특히 경전에서는 노소·빈부·귀천·계급을
막론하고 각자 자기의 위치에서 선업을 짓고 고통을 해결하며 자신의
특징적인 장점을 잘 발휘하여 깨달음을 얻는 재가여성의 모습들을

보여주고 있다. 또한 여성도 여래의 가문에 태어나 여래의 자리에서 여래의 법을 설하는 법사가 되고, 사자후를 설하며 불국토를 건설하는 여성불자의 당당한 모습을 보여주고 있다(전보경, 2006: 237~238).

이와 같이 오늘날의 여성들도 변화하는 사회환경 속에서 자신의 역량을 강화하고 당당하게 삶을 살아가는 데 있어서 불교교리에 입각한 불교여성복지는 그 방향성의 제시에 크게 기여하리라 생각된다. 따라서 불교교리에 근거한 불교여성관의 확립과 여성의 삶의 질 향상에 도움이 될 수 있는 불교여성복지의 이념을 구축하는 것이 필요하다.

5) 불교여성복지 정보의 체계적 구축

정보화사회에서 정보의 소외로 인한 불평등은 사회적 불평등으로 이어진다. 이러한 정보의 불평등은 새로운 사회복지문제로 대두되고 있다. 특히 여성은 남성중심의 정보사회에서 정보의 격차를 크게 겪을 수 있다. 정보화를 통한 복지서비스의 제공은 이러한 정보의 소외문제를 해결하는 하나의 수단이 될 수 있으며 복지서비스의 효과적인 활용을 위한 중요한 방법이 될 수 있다.

따라서 정보의 격차를 줄이고 불교여성복지의 효과적인 제공과 효율적인 활용을 위해서 불교여성복지의 정보화 구축을 통하여 다양한 정보를 제공하는 것이 필요하다.

6) 불교여성복지의 전문인력 양성

불교여성복지가 질적인 서비스를 제공하여 보다 만족스러운 서비스를 제공하기 위해서는 전문인력의 양성이 필요하다. 그러나 일정한 재정적인 뒷받침과 토대가 마련되지 않는 상황에서는 전문인력이 양성되기란 어렵다. 현재 불교계의 사회복지는 여성복지에 대한 관심이 결여되어 있어 불교여성복지의 양적 확대에도 어려움이 있다. 그러나 사회환경의 변화 속에서 복지서비스를 필요로 하는 여성이 증대하고 있으므로 불교여성복지에 대한 지원과 관심이 필요하며, 충실하고 질적인 서비스를 제공하기 위한 전문인력의 양성이 필요하다.

제5절 불교가족복지

1. 가족에 대한 이해

1) 가족의 전통적 개념

버지스와 로크(Burgess and Locke, 1945: 8)는 결혼과 혈연, 입양에 의해서 결합된 사람들의 집단을 가족이라고 하였다. 또한 가족은 하나의 가구를 구성하며 남편과 아내, 어머니와 아버지, 아들과 딸, 형제자매와 같은 사회적 역할에 있어서 상호작용과 의사소통을 행하며 공통의 문화를 창조하고 유지하게 된다고 하였다. 이와 유사한 개념으로서 머독(Murdock, 1949)은 가족은 공동의 주거와 경제적 협동, 재생산으로 특징지어지는 사회집단으로서 사회적으로 인정받는 성적 관계를 유지하는 최소한의 두 명의 성인 남녀와 한 명 이상의 자녀를 포함한다고 하였다(김수환, 2009: 24).

고흐(Gough, 1980)는 가족이란 경제적으로 협력하며 아동을 양육하고 전부나 대부분이 공동의 주거를 함께하는 결혼한 부부나 성인 친족집단이라고 하였다. 그리고 그러한 가족의 범주에서 가까운 친척 사이에는 성적인 관계나 결혼이 금지되는 규칙을 가지고 있으며, 가족 내

남녀는 성에 기반을 둔 노동 영역 구분을 통해서 상호 협력하게 된다. 또한 결혼은 사회적으로 인정되는 것이며 가족 내에서 일반적으로 남성들은 여성보다 높은 지위와 권위를 가지고 있다고 하였다.

리바이스트라우스(Lervistrauss, 1971)는 가족을 "결혼에 의해 형성되고 부부와 그들의 결혼에 의해 출생한 자녀로 구성되지만 다른 근친자도 포함될 수 있으며, 가족 구성원은 법적 유대, 경제적, 종교적 그리고 그 외 다른 권리와 의무, 성적 권리와 금기, 애정, 존경 등 다양한 심리적 감정으로 결합"된 것으로 정의했다. 이 정의는 머독의 정의에서 한 걸음 나아가 가족구성원들의 정서와 상호관계의 내용도 포함하고 있다.

콜맨과 크레시(Coleman and Cressey, 1990)는 가족의 개념을 "혼인과 혈통 혹은 입양에 의해서 연계된 사람들이 공동의 가구 안에서 함께 살아가는 하나의 집단"이라고 규정하고 있다.

바르(Bahr, 1989)에 의하면 핵가족이란 결혼, 혈연, 입양에 의해서 맺어져 있으며 동일한 가구에 살고 있는 두 사람 이상의 친족집단이라고 규정하고 있다.

2) 가족에 대한 광범위한 개념

카터와 맥골드릭(Carter and Mcgoldric, 1999)은 사회복지실천에 있어서 현대사회는 다양한 인종집단의 증가에 따라서 가족에 대한 좀 더 광범한 정의가 필요하다고 주장한다. 그래서 가족을 구성하는 개념 안에 확장된 친척, 지역사회, 문화 집단 등을 포함시키고 있다.

오늘날 우리 사회에서 볼 수 있는 독신생활자의 경우, 그 사람이 가족생활을 하고 있는 것으로 볼 것인지 아니면 가족생활과는 별개로 볼 것인지 논란의 소지가 있다. 즉 가족을 하나의 집단으로 규정할 경우 독신가족 혹은 단독가족이라는 용어의 정당성에 관한 논의이다. 이 독신가족은 기존의 전통적인 의미의 가족개념에 의한다면 가족으로 규정될 수 없다. 그러나 최근 통계에 의하면 노인인구가 증가하면서 홀로 일상의 삶을 살아가는 노인단독가구가 늘어가고 있으며 전체 가구의 12%를 차지하고 있는 것으로 나타났다.

또 다른 측면에서 문제를 제기해볼 수도 있다. 그것은 가족의 생활주기와 관련된 것으로서 가족생활주기에서 단독가족은 필연적으로 나타나게 된다. 가족생활주기의 과정을 어떻게 규정할 것인지에 대하여 일치된 견해는 없지만, 선행연구들을 종합해 보면 성인 남녀의 결합에 의하여 가족생활은 시작되고 자녀의 출가를 거쳐 결합된 남녀가 사망함으로써 가족생활은 끝나게 된다.

우리 사회에서 독신자 가구를 가족으로 보아야 한다는 논란을 불러일으킬 소지는 국민기초생활보장제도에서도 나타나고 있다. 국민기초생활보장은 헌법을 비롯하여 관련법규에 의하여 모든 국민들이 최소한도의 인간다운 삶을 실현할 수 있도록 정부가 이를 보장한다는 것이다. 그런데 이 제도에서 국민기초생활 수급권자들 중 많은 사람들이 1인 단독가구라는 사실이다. 특히 수급대상자의 선정에서 아주 중요한 요건은 직계존비속의 부양책임자가 없어야 하고 경제적으로 일정한 수준 이하여야 한다는 것이다. 이는 이 제도가 서비스와 급부의 단위를 가족으로 하고 있음을 말해주고 있다. 따라서 1인 가구를 하나의 가족으로 보고 있다는 것이다.

이와 같이 가족이 정형화되어 있다고 보는 것과는 달리, 다소 진보적인 입장에 있는 가족 이론가들은 가족에 대한 정의를 가족의 이념적 측면으로 구성된 'family'와 경제적 측면을 강조하고 있는'household'를 합쳐서 가족가구체계(family-household system)로 정의하기도 한다. 그래서 최근에 급변하는 가족구조의 변화 때문에 가족에 대해 전통적으로 지니고 있던 개념을 수정해서 좀 더 포괄적으로 정의할 필요성이 제기되고 있다. 또한 이혼과 재혼으로 이어지는 가족해체와 이러한 과정에서 복잡하게 나타나는 개인의 가족생활경험에 대한 편견과 낙인을 배제하고, 가능한 모든 가족유형이 가족복지의 대상이 되어야 한다는 점에서 가족에 대한 정의가 적극적이어야 할 필요성이 있다. 이러한 여러 요인들을 반영한 가족의 개념들을 살펴보기로 한다.

전미사회복지사협회(NASW, 1982) 가족분과위원회에서는 가족을 "그들 스스로 '가족'이라고 생각하고, 건강한 가족생활이 필수적인 의무, 기능, 책임을 수행하는 두 명 이상의 사람들"로 정의하고 있다. 이러한 정의들은 모두 다양한 가족구조, 생활주기, 문화적 차이를 포괄하고 있다(성정현 외, 2009).

아이클러(Eichler, 1988)는 가족은 한 명 혹은 그 이상의 자녀를 포함하거나 포함하지 않을 수도 있는 사회집단이며(예: 무자녀 부부), 자녀는 결혼생활에서 탄생할 수도 있고 그렇지 않을 수도 있다(예: 입양아동이나 배우자가 이전 결혼에서 낳은 자녀). 성인남녀의 관계는 결혼에 의한 것일 수도 있고 그렇지 않을 수도 있으며(예: 법적인 부부), 그들은 같은 거주지에 살 수도 있고 그렇지 않을 수도 있다(예: 주말 부부). 성인 남녀는 성관계를 가질 수도 있고 그렇지 않을 수도 있으며, 관계는 사랑, 매력, 경건함, 두려움처럼 사회적으로 정형화된 감정을 가질 수도 있고 그렇지 않을 수도 있다고 규정하고 있다.

알도스와 뒤몽(Aldous and Dumon, 1990)은 가족이란 "관습, 생물학,

법률 혹은 선택에 기반을 둔 친밀한 관계에 있는 사람들이 일반적으로 서로 간에 경제적 의존상태에 있으며 일정 기간 동거하는 집단"이라고 하였다.

바커(Barker, 1995)는 "구성원들이 서로 간에 일정한 의무를 당연시 하며 일반적으로 주거를 함께하는 1차 집단"이 가족이라고 하였다.

이러한 입장에서는 현대 산업사회 이후에 나타나고 있는 다양하고 비정형화되어 있는 여러 가족유형들을 포괄적으로 다루려는 시도를 하고 있다. 그러나 이러한 개념규정도 전통적인 가족의 개념규정과 마찬가지로 가족을 하나의 집단으로 본다는 측면에서는 명백한 한계가 있다.

가족에 대하여 이와 같이 다소 진보적이고 포괄적인 정의를 종합하여 보다 적극적인 입장에서 가족의 개념을 정의하면 다음과 같다.

가족이란 "계약이나 혈연에 의해서 일정한 가구에 가급적 함께 거주 하면서 일상생활을 영위하기 위해 정해진 지위와 역할을 가진 사람들의 집단과 그 집단으로부터 홀로 남게 되어 자율적으로 일상의 삶을 살아가 는 개인"으로 규정될 수 있다. 이러한 정의는 혈연에 기반 한 전통적 가족정의의 제한점을 극복하고 현대사회에서 다양하게 나타나는 가족 유형을 포괄하기 위한 것이다. 하지만 이러한 개념규정만으로는 가족 의 의미를 설명하기에는 부족하다. 따라서 가족의 다양한 측면들을 종합하여 가족의 개념을 다음과 같이 보충 설명할 수 있다.

①부부관계는 가족구성의 기본적인 축이며 양자관계는 기본적으로 계약에 의한다. 부부는 상호보완적 이성 관계를 원칙으로 한다.

②가족은 하나의 집단 또는 체계이다. 그러나 가족이 반드시 집단이 어야 하는 것은 아니며 속해 있었던 집단에서 홀로 남은 경우도 가족이

될 수 있다. 이는 집단으로서의 가족특성은 일정한 수준에서 한계를 가진다는 것을 의미한다. 가족생활의 순환과정에서 1인의 가족은 피할 수 없게 된다.

③가족은 일차집단, 공동사회집단이다. 이는 성원 간의 친밀도가 강하고 소속의식과 소속감정이 매우 강하다는 것을 의미한다.

④가족은 패쇄적 집단으로서의 특성이 강하기 때문에 친자성원을 원칙으로 하나 계약에 의한 부모자녀관계도 성립한다. 개인은 자신이 태어난 가족을 포기한다는 것은 원칙적으로 불가능하다고 할 수 있다.

⑤가족은 성과 혈연과 애정의 공동체이며 구성원 상호 간에 진한 사랑을 바탕으로 하고 있어서 그 어떤 집단이나 사회 체계보다 유대가 강하다.

⑥제1차적인 복지추구집단이다. 인간이 개인적으로 어려움이나 문제에 직면하게 되면 가족이 가장 먼저, 그리고 가장 진지하게 접근하게 된다. 그리고 가족은 구성원 개인의 복지적 상태에 가장 깊은 관심을 가지고 있다.

⑦가족은 특별한 경우를 제외하고 보편적으로 가족 구성원들이 의식주 중심의 일상생활을 함께 영위하게 된다.

⑧가족은 사회를 구성하는 기초단위이다. 이는 가족이 사회를 유지·존속, 계승·발전시키는 조직임을 의미한다(김수환, 2009: 28).

2. 가족복지의 의의와 개념

1) 가족복지의 개념

가족복지는 역사적으로 가족사회사업에 그 뿌리를 두고 있기 때문에 미국에서 이와 관련하여 사용하고 있는 관련 용어들을 검토하면 다음과 같다.

① 가족사회사업(family social work)

② 가족사회복지(family social welfare)

③ 가족과의 사회사업(social work with family)

④ 가족중심의 사회사업(family centered social work)

⑤ 가족복지서비스(family welfare service)

미국의 가족서비스연맹(1956)에서 가족복지와 관련하여 내린 정의를 보면 "가족복지기관의 목적은 조직적인 가족관계에 기인하고 가족생활이 지닌 적극적인 가치를 강화하며 가족원의 건전한 인격발달과 사회인으로서의 기능을 촉진하는 것이다"라고 규정하였다. 이는 1950년대에 나온 것으로서 가족복지의 정의를 가족복지기관의 목적으로 대체하고 있다.

사회사업사전(1971)에서 1970년대에 내린 정의를 보면 "가족복지사업이란 가족생활을 보호, 강화하고, 가족 구성원이 사회인으로서의 기능을 높이기 위하여 시행되는 서비스 활동이다"라고 규정하고 있다. 가족복지의 개념은 문화적 양상에 따라 다양한 의미를 나타낼 수 있으므로 여러 학자들의 정의를 살펴보면 다음과 같다.

필드멘과 세르즈(Feldman and Scherz, 1968)는 가족복지란 전체로서의 가족은 물론, 그 구성원들의 사회적 기능수행을 효과적으로 증진시킴으로써 가족구성원들 모두에게 행복을 도모하도록 하기 위한 사회복지의 한 분야라고 하였다.

김만두(1982)는 가족복지란 가족의 집단성을 확립하도록 하고, 개개 가족구성원의 인격의 성장과 발달을 원조하며, 항상 변화하는 사회에 대응하여 적극적인 적응능력을 가질 수 있는 가족, 즉 대사회적으로 적응하는 가족으로서의 확립이라고 하는 목표를 가지고 전개하는 활동 이라고 하였다.

김상균 외(1983)는 가족복지란 한마디로 가족의 행복을 유지시키는 것을 말하는데, 국민의 생활권의 기본 이념에 입각하여 가족생활을 보장하는 사회적 여러 노력(제도적, 정책적, 기술적 서비스)을 총칭하는 것이라 하였다.

전준우(1988)는 가족복지란 가족이 안고 있는 여러 가지 문제상황에 서 가족을 통합시키고 적응하도록 서비스를 제공하기 위한 사회적 집단의 노력으로 수행되는 조직적 활동을 의미한다고 하였다.

모토무라(本村汎, 1981)는 가족복지사업이란 가족이 사회로부터 기 대되고 있는 고유의 기능, 즉 생식의 기능, 성적 욕구 충족의 기능, 자녀양육과 사회화의 기능, 가족의 정서적 안정의 기능 및 공동의 가계유지의 기능을 그 가족이 실현할 수 있도록 원조하는 것이라 하였다.

일본 현대복지학총람(신섭중 외 역, 1995)에서는 가족복지란 개인생 활상의 모든 요구충족이 그 사람의 가족생활의 양태에 의하여 규정됨에 착안하여 가족원으로서의 개인의 가족집단에의 적응이나 가족생활 그 자체의 유지 및 질적 향상을 도모함을 목적으로 하는 사회복지의 한 분야라고 하였다(조흥식 외, 1997).

조흥식 등(1995)은 가족복지란 목적 면에서는 국민의 생활권의 기본 이념에 입각하여 가족의 행복을 유지시키고자 하는 것이며, 주체 면에 서는 가족을 포함한 사회구성원 전체가 되고, 대상 면에서는 가족구성 원 개개인을 포함한 '한 단위로서의 가족 전체'가 되며, 수단 면에서는 제도적·정책적·기술적 서비스 등 조직적 제반 활동이 되고, 범위

면에서 사회복지의 한 분야인데 사회복지 개념은 추상적 목적 개념이 아니라 복지라는 목적 달성을 위한 현실적 수단으로서 실체 개념을 갖는다고 하였다(김혜경 외, 2009).

요컨대 가족복지란 가족의 전 생애에 걸쳐서 행복하고 안정되며 바람직한 삶을 추구하는 사회구성원 전체의 집단적 노력을 말한다고 하겠다. 이를테면 가족복지는 가족해체, 붕괴, 가족구성원의 사회적 역기능 수행 등의 문제에 의도적으로 개입하는 것을 의미하고 있다(조흥식 외, 1997).

이렇게 볼 때 가족복지의 개념을 한마디로 규정한다면, 가족의 복지를 추구하기 위한 사회구성원들의 공동체적 노력을 의미한다고 하겠다.

2) 가족복지의 의의

가족과 국가의 관계를 살펴보면 사회는 가족을 기본적이고 핵심적인 단위로 삼아 존속하고 발전하기 때문에 사회는 가족 자체의 생존과 복지를 보장해 주는 기능을 수행하게 된다. 이러한 관계 속에서 사회가 가족의 기능과 구조를 바람직한 방향으로 이끌어가고, 이는 가족의 존속과 발전을 위해서도 필요한 일이다.

한 국가사회에서 가족이 부여된 기능을 잘 수행할 수 있다는 것은 가족이 가족원 개인에 대한 복지적 책임을 잘 수행할 수 있음을 의미하는 것이다. 그러나 사회변동에 따라 가족의 기능을 제대로 수행할 수 없게 되는 경우가 많아짐으로써 사회를 대표하는 실체인 국가가 가족의 복지기능을 강화, 보완 또는 대리하기 위한 제도적인 노력을 하게 된 것이고 이러한 노력이 복지국가를 성립시켰던 것이다.

가족은 개인의 기본적이고 일상적인 욕구를 충족시키면서 개인의

206

발전과 복지를 뒷받침하고, 동시에 그 개인을 기능적인 사회의 구성원으로 연결시켜 사회의 유지, 발전을 뒷받침하는 역할을 하는 데 본질적인 의의가 있다. 가족기능의 일부를 사회의 다른 제도가 수행할 수는 있지만, 다양하고 복합적 기능을 일시적으로는 몰라도 장기적으로 대행하여 수행할 수 있는 사회체계는 없다. 여기에 바로 가족복지의 의의가 있는 것이다(김혜경 외, 2009).

3. 가족연구의 이론적 관점

가족복지를 연구하는 이론적 관점으로는 첫째 구조기능주의이론(Structural Functionalism Theory), 둘째 상징적 상호작용이론(Symbolic Interaction Theory), 셋째 사회교환이론(Social Exchange Theory), 넷째 갈등이론(Conflict Theory), 다섯째 정신분석이론(Psychoanalytic Theory), 여섯째 체계이론(System Theory), 일곱째 여성주의이론(Feminism Theory) 등이 있다.

구조기능주의이론은 사회학 분야에서 사회현상을 분석하는 노력의 주된 흐름을 형성해 왔는데, 기본적으로 사회의 균형과 유지를 중요시하는 입장이다. 이 이론은 1950년대 들어와서 사회학 중에서도 가족연구에 적용되어 가족을 이해하고 분석하는 중요한 관점을 제공해 주었다.

상징적 상호작용이론의 기본적 가정은 인간이 상징적 환경 속에 살고 있으며 복잡한 상징들을 사용하고 있다는 것이다. 이 이론은 가족을 연구하는 데 있어서 가장 폭넓게 사용되고 있다. 가족연구에 있어서 가족관계와 구성원의 역할에 중심을 두고 있는 이 이론은 구성원의 일탈행동이나 문제행동을 이해하는 데 많은 도움을 주고 있다.

사회교환이론은 경제학에서 시장의 개념을 사회현상으로서 사람들 간의 관계를 이해하는 도구로 활용한 것이다. 사람들은 사회생활에서 타인과의 관계를 맺음에 있어서 자신에게 이익이 발생하느냐, 아니면 손해가 되느냐의 판단기준에 의하여 자신의 태도를 결정하게 된다.

갈등이론은 인간사회는 상호갈등이 기본적인 요소로 자리 잡고 있다는 것이다. 그래서 모든 가족과 사회는 갈등과 대립을 하나의 풍토병으로 가지고 있는 것으로 본다. 사회적 존재로서 인간은 타인과의 조화와 균형을 꾀하는 존재가 아니라 갈등을 조장하고 갈등을 지향하게 된다는 것이다.

정신분석이론에서 보고 있는 가족은 개인의 과거에 대한 강조로서 부모와의 관계를 어떻게 맺어 왔는가에 관심을 가지는 것이 핵심적이다. 특별히 초기의 부모와 아동 간의 상호작용의 내면화된 결과로서 현재의 가족 간의 관계와 상호작용을 규정하게 된다는 것이다. 따라서 정신분석이론에서는 가족에 대한 연구가 매우 중요하며 가족을 연구하는 중요한 관점을 제공해 주고 있다.

체계이론은 생물학에서 발달한 생태체계이론에서 응용된 것이다. 생물학의 영역에서 자연 상태를 연구하면서 모든 생명체와 자연현상은 하나의 커다란 체계로 이루어져 있다는 것을 알게 되었다. 체계이론적 관점에서 가족과 가족복지를 연구하게 되면 가족문제를 이해하고 분석하는 데 있어서, 그리고 가족치료나 가족개입을 하는 데 매우 유용한 관점을 제공해 주고 있다.

여성주의이론은 크게 보아 갈등주의이론의 한 형태로서 그 초점은 가부장제와 성별주의에 맞추어져 있다. 사회와 가족은 기본적으로 남성과 여성으로 이루어져 있다. 사회와 가족생활에서 남성과 여성은 조화와 균형을 이루기도 하지만 근원적으로는 갈등관계에 놓여 있다고 보는 것이다. 그래서 이 이론은 여성들의 불합리한 입지와 불리한 상황에서 출발하기 때문에 갈등, 투쟁, 저항, 양가감정, 성별과 같은 개념들이 매우 중요하게 다루어지고 있다(김수환, 2009).

4. 현대사회와 가족문제

현대사회의 가족문제는 무엇인가? 특히 사회복지의 대상이 되는 가족 문제는 무엇인가? 이에 대해서는 한마디로 사회의 도움을 필요로 하는 가족이 증가하는 것이라고 말할 수 있다. 즉 가족의 문제는 가족의 빈곤이나 자원의 결핍으로 인한 문제와 가족 내 인간관계의 문제, 불안정한 가구의 증가나 사회적 보호를 필요로 하는 대상자의 보호문제 등이 현대사회의 특징적 가족문제라고 볼 수 있다.

1) 빈곤이나 자원의 결핍으로 인한 문제

가족생활에 필요한 경제적 자원資源의 결여는 가족의 생존 자체를 위협할 수 있다는 측면에서 가족생활의 곤란 중에서도 가장 기본적인 문제이다. 빈곤가족은 주로 가족의 생계를 책임지는 사람의 사망, 질병, 실업, 장애, 노령에 의해 발생한다. 빈곤으로 인한 가족문제는 다양하고도 심각하며, 심한 경우 가족해체를 가져오기도 한다.

2) 가족 내 인간관계의 문제

가족구성원이 각기 모순된 욕구와 의지를 가짐으로써 가족 내의 인간관 계가 왜곡되어 가족기능을 충분히 수행하지 못할 때 가족은 어려움을 겪게 된다. 즉 가족 간 가치관의 차이, 역할갈등, 가족구성원의 특수한 성격, 습관 등이 원인이 되어 가족생활을 유지하기 곤란하게 되는 경우이다. 최근에는 특히 아내학대나 아동학대, 존속폭행과 같은 가정폭력이 증가하고 있으며, 청소년의 비행, 미혼모, 성폭행, 혼수문제로 인한 가정파탄 등의 병리적 가족문제도 증가하고 있다.

3) 불안정 가구의 증가

현대가족의 변화를 나타내는 가장 큰 특징은, 흔히 말하듯이 확대가족이 감소하고 핵가족이 증가한 것이라기보다는, 소위 불안정한 혹은 비전통적인 가족이 증가하고 있는 것이라고 말할 수 있다. 즉 사회적 보호를 필요로 하는 문제를 가지는 가구가 증가한 것이다.

최근에는 이혼율의 증가로 인한 한 부모 가족, 여성가구주 가족의 증가도 심각한 사회문제로 대두되고 있다. 특히 결혼 후 1, 2명의 어린 자녀를 둔 상황에서 이혼하는 경우가 많기 때문에 이혼은 곧바로 아동의 보호문제로 이어지기도 한다.

4) 피부양자의 보호문제

산업화로 인해 가족의 기능 중 생산기능, 교육기능 등이 다른 사회제도로 이양되고 현대가족에는 재생산기능과 보호를 필요로 하는 대상자의 보호기능만 남아 있다는 것이 일반적인 지적이다. 사실상 아직 대부분의 사회적 보호를 필요로 하는 대상자, 즉 아동, 노인, 장애인, 병자 등에 대한 보호가 가족에서 이루어지고 있다.

현대가족에서는 이들을 보호하는 문제가 점점 중요하고 심각하게 대두되고 있다. 뿐만 아니라 여성의 사회참여나 취업이 증가하는

210

추세인데, 이것은 여성의 교육수준 및 경제적 욕구의 확대로 인한 필연적인 결과이며 앞으로는 더욱 증가될 전망이다. 따라서 여성이 가정에서 자녀를 양육하고 노인이나 병자를 돌보던 방식은 이제는 더 이상 당연한 것이 될 수 없고, 결국 피부양자에 대한 보호 제공의 문제는 개인이나 개별가족이 해결할 수 있는 상태를 벗어나고 있어 사회적 개입이 필요하다.

5. 가족복지의 필요성과 내용

1) 가족복지의 필요성

사회복지의 역사를 살펴보면 구빈법救貧法 시대에는 국가에 도움을 청하는 가족은 도덕적으로 부적합하다는 것의 상징으로 여겨졌다. 그러한 사회에서는 가족이 파산하거나 실패를 인정해야만 국가의 도움을 받을 수 있었고, 도움을 받는 경우에도 낙인화 과정과 처벌적인 방법으로 서비스가 주어졌다. 대부분의 가족은 도움 받는 것을 꺼려했고 견딜 수 없는 어려움을 겪고 난 후에야 도움을 요청하는 잔여적殘餘的 접근이 이루어졌던 것이다.

그러나 1930년대 세계적인 경제공황을 거치면서 가족과 개인이 부딪히는 스트레스와 어려움이 개별가족의 통제능력을 벗어난다는 것을 인식하게 되면서 가족이 사회경제적 세력의 희생자라는 인식이 나타났다. 특히 선진국에서 사회보장제도의 성립 후 개별적 차원의 복지서비스에 관심을 가지게 되면서 가족에 대한 관심은 더욱 증가했다. 예를 들면 영국의 잉글비위원회는 청소년문제의 해결책을 모색하는 과정에서 이 문제를 해결하기 위해서는 가족중심의 서비스가 필요함을 인식했고, 시봄보고서는 대상별로 분리된 여러 가지 복지서비스를 재편성하기 위해서는 지방자치단체의 사회복지부 설치를 통해 기존의 분산된 서비스를 포괄적인 가족서비스와 지역사회중심 서비스로 통합해야 한다는 의지를 나타냈다.

이러한 인식의 전환은 굳이 사회복지 발달의 역사를 고찰하지 않더라도 사회복지의 전개과정에서 흔히 경험할 수 있는 일이지만, 그동안의 사회복지는 문제를 가진 개인 자체를 직접적인 대상으로 파악할 뿐 개인이 소속되어 있는 가족에 대한 전체적인 대응은 매우 미흡했다. 따라서 개별적 사회복지 대상자를 포함한 가족 전체의 생활조건 전반에 초점을 두면서 가족을 강화함으로써 생활의 장애문제를 해결해야 한다는 의미에서 가족전체를 대상으로 하는 사회복지서비스가 필요한 것이다.

2) 가족복지의 프로그램

가족복지 프로그램을 살펴보면, 가족수당이나 세금공제 등을 통한 소득보장 프로그램과 가족에 대한 사회복지서비스가 있다.

가족을 경제적으로 지원하기 위한 소득보장은 아동양육을 위한 가족의 부담을 덜어주려는 가족수당 혹은 아동수당을 통해서 이루어지고 있다. 그리고 가족에 대한 사회복지서비스는 가족에게 개별적으로 접근하여 가족이 선택할 수 있는 다양한 서비스를 제공하는 것으로서 크게 여성을 지원하기 위한 서비스, 피부양자 보호를 위한 지원서비스, 가족상담, 가정생활교육, 가족치료 등이 있다.

(1) 취업여성을 지원하기 위한 서비스

선진국의 경우 취업여성을 지원하기 위한 다양한 서비스를 제공하여 여성이 선택하도록 하고 있다. 예를 들면 여성이 취업과 출산, 자녀양육을 양립할 수 있도록 지원하기 위한 서비스로서 출산휴가, 아동양육을 위한 휴가, 보육서비스를 제공하고 여성이 자녀양육에만 전념할 것을 선택할 경우 휴직, 일시적인 재취업이 가능하도록 하며, 사업주의 지원에 의한 육아휴직제도, 여성 재고용제도를 장려하고, 자녀양육의 부담을 부부가 공동으로 부담할 수 있도록 하는 환경을 조성하는 등의 다양한 서비스를 제공한다.

(2) 노인, 장애인, 병자 등을 위한 재가복지서비스

일상생활 수행능력이 부족한 노인, 장애인, 병자라 하더라도 시설보호보다는 가족 내의 보호가 더욱 바람직하다. 그러나 이들 중 가족 안에서 장기적으로 보호하는 것은 가족의 부담을 증가시키므로 보호를 받는 사람이나 보호를 제공하는 가족원 간의 좋은 관계를 유지시킬 수 있는 대책이 필요하다. 즉 가족의 보호 부담을 줄일 수 있도록 재가복지서비스를 통해 가족을 지원하는 다음과 같은 프로그램이 필요하다.

① 가사지원서비스(home help services)
② 식사서비스(meals on wheels)
③ 방문간호(health visitors)
④ 주간보호, 단기보호를 위한 이용시설 서비스

(3) 가족상담

핵가족화와 도시화, 지역사회 보호기능의 약화와 가족의 고립으로부터 오는 문제들에 대한 상담서비스를 제공한다. 가족 내에서 가족구성원이 가족역할을 잘 수행하도록 하거나 가족관계에 관해 상담해주며, 가족구성원이 다른 사회제도와 관계를 잘 맺도록 도와주기도 한다. 자녀양육에 관한 정보부족 및 어려움, 불안감 증대 등의 문제에 대해서도 상담하거나 정보제공 및 의료서비스를 제공하고, 같은 문제를 가진 가족을 위한 자조집단을 형성하는 데 도움을 준다.

(4) 가족치료

가족치료는 20세기 후반 미국을 중심으로 일반체계이론과 성격이론의 발달과 함께 발전하여 주로 가족관계에 관련된 문제를 해결하는 데 중요한 역할을 하고 있다. 가족치료는 개별치료로는 해결하기 어려운 문제를 전체 가족체계의 문제로 보고 전체 가족체계를 치료의 대상으로 하여 실시하는 모든 형태의 치료를 말한다.

가족치료의 목적은 가족성원들 간의 건전한 적응능력을 키우고 가족성원간의 관계와 대인관계상의 문제를 해결하고자 하는 것이다. 가족치료 모델의 유형은 크게 정신분석학적 모델, 보웬Bowen 모델, 구조적 모델, 의사소통 모델로 나뉜다.

3) 우리나라의 가족복지 관련법

가족생활과 관련된 기본 법규는 헌법 제32조 가족법(2009. 5. 8 일부개정), 건강가정기본법(2010. 1. 18 일부개정), 건전가정의례의 정착 및 지원에 관한 법률(2010. 1. 18 일부개정), 국적법(2008. 3. 14 일부개정), 다문화가정지원법(2008. 3. 21), 주민등록법(2009. 4. 1 일부개정), 재한외국인처우기본법(2007. 5. 7), 호적법(2007. 5. 17 일부개정), 혼인신고

특례법(2009. 1. 30 일부개정) 등이 있다.

가족복지정책과 관련된 것으로는 국민기초생활보장법(2010. 1. 18 일부개정), 국민연금법(2005. 12. 29), 국민건강보험법(2009. 5. 21 일부개정), 사회보장기본법(2009. 6. 9 일부개정), 긴급복지지원법(2010. 1. 18 일부개정), 농어촌주민의 보건복지증진을 위한 특별법(2010. 1. 18 일부개정), 소득세법(2010. 1. 1 일부개정), 의료급여법(2008. 2. 29 일부개정) 등이 있다.

가족문제, 가족복지실천과 관련된 법규로는 가사소송법(2009. 5. 8 일부개정), 가정폭력범죄의 처벌 등에 관한 특례법(2007. 8. 3 일부개정), 가정폭력방지 및 피해자보호 등에 관한 법률(2007. 8. 3 일부개정), 한 부모 가족 지원법(2009. 10. 9 일부개정), 모자보건법(2009. 1. 7 일부개정), 성폭력범죄의 처벌 및 피해자보호 등에 관한 법률(2008. 6.13 일부개정), 성매매알선 등 행위의 처벌에 관한 법률(2005. 3. 24), 성매매방지 및 피해자보호 등에 관한 법률(2010. 2. 4 일부개정), 입양촉진 및 절차에 관한 특례법(2008. 2. 29 일부개정), 장애인, 노인, 임산부 등의 편의 증진보장에 관한 법률(2008. 2. 29 일부개정), 형법 중 관련 조항 등이 있다.

그리고 기타 관련 법률로서 아동복지법(2008. 6. 13. 일부개정), 노인복지법(2010. 1. 25 일부개정), 영유아보육법(2010. 2. 4 일부개정), 장애인복지법(2008. 2. 29 일부개정), 정신보건법(2008. 3. 21 일부개정), 청소년복지기본법(2008. 2. 29 일부개정), 여성발전기본법(2008. 6. 13 일부개정), 저출산고령사회기본법(2008. 2. 29 일부개정), 남녀고용평등법(2007. 개정) 등이 있다.

6. 경전 속의 가족과 불교가족복지의 의의

1) 경전 속의 가족

원시 불교경전에서는 양친을 말할 때 반드시 어머니와 아버지의 차례로 표현된다. 『정법염처경正法念處經』 제61권에서는 네 가지 은혜를 들고 있는데, 어머니·아버지·부처님·설법해주는 스승의 은혜라는 순서로 되어 있다. 그러나 가부장적 제도를 지켜온 중국의 사회환경 속에서 한역경전에는 모두 아버지와 어머니의 차례로 바꾸어놓았다.

불전에 나타난 고대 인도인의 명명법命名法에는 모계중심의 자취가 뚜렷이 남아 있다. 비교적 널리 알려진 『반야심경般若心經』에는 사리자舍利子란 이름이 나오는데, 그 원음인 사리풋타Sāri-putta는 사리네 아들이란 뜻이다. 여기서 사리는 그 어머니의 이름이다.

어머니의 사랑을 주제로 한 경전을 살펴보면 『불승도리천위모설법경佛昇忉利天爲母說法經』, 『불설효자경佛說孝子經』, 『육방예경六方禮敬』, 『불설부모은난보경佛說父母恩難報恩經』, 『목련경目連經』, 『부모은중경父母恩重經』 등이 있다. 『부모은중경』은 우리나라에도 판본이 많아 예전부터 널리 알려진 경전이다.

어느 날 부처님은 많은 대중들과 함께 마가다국 라즈기르의 왕사성에서 남으로 길을 떠난다. 도중에 해골이 한 무더기 길가에 있는 걸 보자 부처님은 이마를 땅에 대고 정중히 예배를 한다. 이 광경을 지켜보던 시자侍者 아난다가 여쭌다. 부처님은 많은 사람들이 우러러 공경하는 스승이신데, 어째서 저런 하잘것없는 해골을 보고 절을 하십니까? 부처님은 조용히 입을 연다. 아난다야, 너는 아직도 모를 거다. 이 한 무더기 해골이 어쩌면 내 전생의 부모였을지도 모른다. 그리고 그 뼈를 자세히 보아라. 남자의 뼈라면 희고 무거울 것이고 여자의 뼈라면 검고 가벼울 것이다. 아난다는 의아해서 이렇게 묻는다. 남자와 여자를 살아 있을 때는 옷이나 생긴 모양으로 구별할 수 있지만, 백골을 가지고 어떻게 가려볼 수 있습니까? 여자는 아기를 낳을 때마다 서 말 서 되의 피를 흘리고, 여덟 섬 너 말의 젖을 먹여야 하므로 뼈가 검고 가벼운 것이다. 이 말을 들은 아난다는 눈물을 지으면서, 어떻게 하면 어머니의 은혜를 갚을 수 있느냐고 묻는다. 여기에서 부처님은 어머니가 아기를 배어 낳기까지 열 달 동안에 겪어야 하는 고통을 사실적으로 이야기하고 있다. 그리고 낳은 뒤에는 열 가지 은혜가 있다고 가타(詩)로써 절절하게 읊으신다.

그 10가지 은혜에 대해서 명목만을 들면 다음과 같다.

① 잉태하여 보호하는 은혜: 열 달 동안에 치르는 갖은 고통

② 해산할 때 고통받는 은혜: 무섭고 두렵기 한량없고 뼈가 마디마디 부서지는 듯한 고통을 받는 것

③ 아기를 낳고 걱정을 잊은 은혜: 아기의 첫 울음소리를 들으면 모든 두려움과 걱정을 잊은 은혜

④ 쓴 것은 삼키고 단 것은 뱉어서 먹여주는 은혜: 엄마는 사흘을 굶더라도 아기만 배부르면 견딜 수 있다는 것

⑤ 마른자리에 아기 누이고 젖은 데에 눕는 은혜: 이 때문에 밤에 잠도 못 잔다는 것

⑥ 젖 먹여 기른 은혜

⑦ 똥오줌 가려준 은혜

⑧ 먼 길 떠나면 걱정하는 은혜: 자식이 문밖을 나가면 돌아올 때까지 조마조마 마음을 못 놓고 기다린다는 것

⑨ 자식 위해 애쓰는 은혜: 혹시 나쁜 길에 들까 늘 염려한다는 것
⑩ 끝까지 사랑하는 은혜: 자식은 어머니를 버리지만 어머니는 죽을
때까지 자식만을 생각한다는 것이다. —『부모은중경』.

이와 같은 부모의 은혜를 잊어버리고 어떤 사람들은 도리어 불효로써
부모를 괴롭힌다. 묻는 말에 불손하게 대답하고 눈을 부라리며 욕설까
지 퍼붓는다. 부모의 헐벗고 배고픔은 모른 체하며 저만 잘 입고 잘
먹으려고 한다. 이런 자들은 지옥이나 아귀, 또는 축생의 세상에 떨어질
것이다. 부처와 금강신, 5가지 신통력을 지닌 신선이라 할지라도 그를
구해낼 수 없다고 하셨다. 자기는 풍족하게 살고 있으면서 늙어 쇠약한
부모는 돌보지 않는 그런 사람이 있다. 이것은 파멸의 문이다. —『숫타니
파타 96』(법정, 2010).

이와 같은 말을 듣고 대중들은 다들 자신의 허물을 뉘우치면서
어떻게 하면 그러한 은혜에 보답할 것인가를 거듭 묻는다.

부처님께서 말씀하시기를, 자세히 들어라. 가령 어떤 사람이 왼쪽
어깨에 아버지를, 오른쪽 어깨에는 어머니를 메고 히말라야를 백 번
천 번 돌아 살갗이 터지고 뼈가 부서진다 할지라도 부모의 은혜에는
미칠 수 없다. 가령 어떤 사람이 부모를 위해 1백 자루 칼로 자기
몸을 쑤시며 1천겁을 지낸다 할지라도 부모의 은혜에는 미칠 수 없다.
가령 어떤 사람이 어버이를 위해 자기 몸을 불에 사르기를 억만 겁을
할지라도 부모의 깊은 은혜에는 미칠 수 없다고 하셨다(법정, 2010).

또한 부처님께서 가족을 대상으로 설하신 경전은 『옥야경』, 『육방예
경』, 『선생경』, 『장아함경』 등이 있다. 『옥야경』은 어진 아내의 도리를
들려준 경전으로, 세상에는 일곱 종류의 아내가 있음을 옥야에게 예를

들어 설함으로써 올바른 부덕을 갖추게 되었다는 것이다. 일곱 종류의 아내란, ①어머니와 같은 아내, ②누이와 같은 아내, ③친구와 같은 아내, ④며느리와 같은 아내, ⑤종과 같은 아내, ⑥원수와 같은 아내, ⑦도둑과 같은 아내이다(조보각, 2010).『육방예경』은 부처님께서 사위성 밖 죽림정사에 계실 때 젊은 가장인 싱가라가 돌아가신 아버지의 유훈을 따라서 여섯 방위에 예배하는 것을 목격하시고 이 젊은이를 향하여 육방에 예를 하는 의미를 규정하고 세상을 살아가는 도리를 설하신 것이 바로 육방예경이다.

이 경은 보다 정확히『불설시가라월육방예경』이라고 한다. 이 경전은 여러 본이 있는데, 먼저 팔리어 원전의 명칭은『싱가로바다수탄타 singalovadasuttanta』로서『교수시가라월경敎授尸迦羅越經』이라고 번역된다. 한역본으로서는『장아함경』권제11에 수록되어 있는『선생경善生經』,『중아함경』권제33에 수록되어 있는『선생경』등 여러 이본이 있다. 이 경은 기원 3세기 이전에 성립된 것으로 보아 원시『아함경』에 속하는 경전이다. 이 경은 육방을 통하여 예배하고 존중할 대상을 다음과 같이 설하고 있다.

첫째, 동쪽에 대한 예배는 부모님께 대한 예로서, 자신의 생명존재의 근원이라고 할 수 있는 부모에 대한 예배와 공경을 동방으로써 상징하고 있다.

둘째, 서쪽에 대한 예배는 아내와 자식에 대한 예배이다. 더불어 사는 가족에 대한 지고한 사랑과 소중함을 예배로서 나타내고 있다.

셋째, 남쪽에 대한 예배는 자신을 향상시켜 준 스승에 대한 예배이다. 스승에는 삶의 전반에 대한 가르침을 받은 스승도 있을 것이며, 지식을 일깨워 준 스승도 있을 것이다. 현대사회가 안고 있는 어두운 요인들은 어느 의미에서는 스승에 대한 존경을 상실한 데서 오는 불행이기도 한 것이다. 우리가 남쪽을 향하여 부처님의 가르침과 같이 스승에 예배할 수 있는 심성을 회복할 수 있다면 우리 사회는 좀 더 건실함을 되찾게 될 것이다.

넷째, 북쪽은 곧 벗에 대한 예배이다. 일생의 동반자로서 그리고 선의의 경쟁자로서 우리는 좋은 벗을 가지고 있음을 감사해야 한다.

다섯째, 위쪽은 정신적인 종교 지도자에 대한 예배이다. 현실적인 지식뿐만 아니라 정신을 향상시켜서 깨달음에 이르게 하는 부처님을 만나게 된 것을 무한히 감사하고 예배해야 한다는 가르침이다.

여섯째, 나의 일을 도와주는 고용인들에 대한 예배이다. 2,500여 년 전 고대사회에서 설해진 경전임에도 처자와 고용인에 대한 감사와 예배를 설하고 있는 점은 불교적인 생명·평등사상을 잘 나타내주고 있으니, 이는 불교가족복지의 대표적인 경전임을 알 수 있다.

이 경전은 상대방에게 예배하는 의미의 내용으로써 남편이 아내에게 예배한다는 것은 아내를 마음으로 존경해야 하고, 타인 앞에서 경멸하지 말 것이며, 난잡한 행동을 해서는 안 되고, 가사를 처리할 수 있는 권한을 주어야 하며, 몸을 아름답게 할 수 있는 장신구를 사주는 등 다섯 가지의 의무를 다할 때 비로소 아내에 대해 예배하는 것임을 밝히고 있는 등 남편으로서의 의무를 강조하고 있다. 그리고 이러한 의무는 남녀노소, 상하관계에 있어서 일방적인 것이 아니라 부모는 부모로서의 의무를 다해야 하는 반면에 자식은 부모에 대한 의무를 다해야 한다는 가르침인 것이다(본각스님, 부다피아인터넷).

2) 불교가족복지의 의의

불교에서는 부부관계를 친구나 도반으로 규정하고 있다. 부부관계는 평등을 기초로 한 자비를 통해 부부관계가 형성됨으로써 남편이 아내에 대해, 아내가 남편에 대해 해야 할 도리는 일방적이 아닌 상호 양방향 형식으로 가르치고 있다. 그 내용을 구체적으로 살펴보면 "①아내를 존경하고, ②예절을 지키며, ③스스로의 정의를 지키고, ④가정사를 아내에게 맡기며, ⑤아내에게 의복과 패물을 줄 것"을 설하고 있다. 반면 "아내는 ①가정의 질서를 지키고, ②집안에서 부리는 사람을 인격적으로 대하고, ③정조를 지키며, ④남편의 수입을 낭비하지 말고, ⑤부지런히 가사를 돌볼 것을 권한다"와 같이 부부의 화목을 중요시하고 있다.

두 번째로 부모와 자녀 간의 윤리를 보면, 불교윤리인 자비를 근간으로 하여 효 중심의 가정윤리를 지향하되 부모가 자녀에게 일방적으로 명령을 하달하고 효를 받기만 하는 것이 아니라 부모 자녀 간에도 상호 양방향적 실천덕목을 가르치고 있다.

우선 자녀의 도리는 ①생업에 정진하고, ②아침 일찍 일어나 가사도 우미들로 하여금 때에 맞추어 밥을 짓게 하며, ③부모에게 근심을 끼치지 않도록 하고, ④부모의 은혜를 생각하며, ⑤부모가 병이 들면 의사를 불러 치료하도록 하고 있다. 반면에 부모의 의무로는 ①자식을 보살펴 악행에 빠지지 않도록 하고, ②바른 것을 가르쳐주고 모범을 보이며, ③학문과 기능을 가르치고, ④적당한 배필을 맺어주며, ⑤적당한 시기에 가산을 물려주기를 권한다.

세 번째는 가족뿐만이 아니라 친족윤리로서, 불교에서는 친족에 대하여 으뜸가는 벗으로 대하라고 가르친다. 친족을 벗의 관계로 유지하기 위해 지켜야 할 덕목으로 ① 친척이 죄악을 범할 때는 이를 말리고, ② 친척이 위험에 처해 있을 때는 빨리 대처하며, ③ 자신의 사사로운 일을 알리지 말고, ④ 서로 사랑하며, ⑤ 모든 물건은 다소를 불문하고 서로 나눔으로써 화목을 도모하기를 가르친다.

또한 초기경전인 『선생경善生經』은 가정의 근본을 이루는 효에 대해 다음과 같이 제시하고 있다. 자녀된 자는 ① 부모를 공경하고 따르고 받들어 모시기에 부족함이 없고, ② 할 일이 있으면 먼저 부모에게 알리며, ③ 부모가 하는 일에 순종하여 거스르지 말고, ④ 부모의 바른 말씀을 어기지 않으며, ⑤ 부모가 하는 바른 직업을 잇기를 가르친다. 부모 또한 자식을 다섯 가지로 사랑해야 하니 ① 자식을 잘 살펴서 악을 행하지 않게 하고, ② 잘 지도하고 가르쳐서 착한 행을 하게 하며, ③ 사랑이 뼛속까지 스며들도록 하고, ④ 자식을 위해 좋은 배필을 구해 주며, ⑤ 때에 따라 필요한 것을 공급해 주어야 한다고 가르치고 있다.

자녀가 부모에게 해야 할 다섯 가지의 효와 자녀에 대한 부모의 다섯 가지 의무를 평등하게 설명하고 있어, 가족구성원들 간의 권리와 의무가 균형 있게 설해져 있음을 알 수 있다. 이것이 바로 현대사회에서 가족복지가 지향하는 민주적인 상호평등의 이념이기도 하다.

또 『반니원경』에 의하면 "예의와 교화로 삼가고, 남녀가 분별이 있고, 어른과 아동이 질서가 있다. 부모에게 효도하고, 스승이나 웃어른에게 공손하며, 교훈을 받아 안다"고 설하여 가족구성원 간의 올바른 규범을 지키도록 가르쳐주고 있다(서병진, 2010). 또한 『상응부경』에는 남녀평등의 이념을 이렇게 시사해주고 있다. "남자이든 여자이든 부처님의 가르침을 받는 사람은 모두 열반에 도달하리라." 비록 '다른 특성'

을 가진 인간이지만, 부처님의 가르침을 실천할 때 궁극적인 열반에 이를 수 있음을 밝히고 있어 가족 구성원 간의 평등을 가르치고 있다(리 영자, 2001).

제6절 불교교정복지

1. 불교교정복지의 개념

1) 교정복지의 개념

교정복지는 범죄자나 비행청소년의 재활과 정상인으로서의 사회복귀를 돕고 범죄사건으로 인한 제반 영향을 해결하기 위한 전문적 사회복지의 한 분야이다. 이러한 교정복지의 개념에는 범죄자와 범죄피해자, 그들의 가족, 나아가 범죄가 발생되는 지역사회에서의 문제해결과 예방적 관점에서 범죄와 비행으로 인한 영향으로부터 정상적 상태로 회복시키고자 행해지는 일체의 활동과 이들을 위한 정책을 수립하고 행정을 위한 전문적인 제반 활동을 포함한다.

일반적으로 교정의 개념은 범죄를 행한 개인이 자신을 돌아보고 과거의 태도를 변화시킬 수 있도록 도와주며 그의 잠재력 개발과 사회에의 재적응을 지원하는 것으로 매우 협의의 의미에 머물렀다. 그러나 교정복지는 교정의 문제를 사회복지적 차원에서 대처함으로써 범죄자나 비행청소년의 개인 차원은 물론이거니와 그들을 둘러싼 사회환경에 개입함으로써 당면한 문제뿐 아니라 재범예방 차원에서 효율성을 증진시키고 범죄나 비행이 야기시킨 부정적인 결과를 제거하여 사회구성원의 복지 증진에 기여하고자 체계적으로 연구하는 학문분야이다(배임호

· 박경일 · 이태언 · 신석환 · 전영록, 2001 : 34~35).

교정활동을 사회복지 차원에서 실천하는 데에는 다양한 활동현장이 있는데 주요 현장과 관련 현장으로 나누어보면, 주요 현장으로는 경찰, 검찰, 법원 교정시설, 보호시설, 민간시설, 비행과 범죄취약 지역사회 등이 있다. 한편 관련 현장으로는 각급 학교, 주민자치센터, 사회복지관, 민간 교화단체 등을 들 수 있다(최옥채, 2001 : 57).

교정복지는 공급주체 면에서 크게 공적부문과 민간부문으로 나누어 수행되고 있다고 할 수 있다. 공적부문에서는 경찰과 검찰, 법원, 교정청, 보호관찰소, 소년원 등으로 조직화되어 있고, 민간부문에서는 법인이나 단체 등이 수탁 운영하는 민간시설, 종교단체나 자원봉사조직 혹은 개인적 차원에서 행해지는 서비스를 들 수 있다(배임호 외, 2001 : 35).

교정복지의 최종적인 목적은 비행자를 교정 · 교화하여 심성을 순화하고, 선량한 시민으로 사회에 복귀시키는 것으로써 이 안에는 교정 · 교화 · 개선의 교정활동(Correction)과 사회복귀의 재활(Rehabilitation)이 포함한다. 이들 역시 존엄한 인권을 가진 존재임을 인정하고 교정교화를 통해 그들의 삶의 질이 높아지도록 지원하며, 범죄자 개인의 특성에 적합한 직업훈련 · 각종 교육 · 사회의 유용한 민간자원 등을 활용하여 집회 및 상담 등 다양한 활동을 전개하고 있다(서병진, 2010: 405).

2) 불교교정복지의 경전적 근거와 불교교정복지의 개념

불교는 선업을 지을 것을 강조하지만 설사 죄를 지은 사람까지도 모두 포용하는 폭넓은 종교이기도 하다. 인간이나 동물 모두가 동일하며,

또 인간 사이에도 차별이 없다. 일체의 차별적인 사고방식을 버리고 무차별과 평등의 입장에서 흉악한 죄를 지은 사람이라 할지라도 자비의 마음으로 용서해주고 참회하도록 하여 새사람으로 인도하기를 가르치기 때문이다(서병진, 2010: 403).

『관무량수경』을 보면, '왕사성의 비극'이라 불리는 마가다국의 태자인 아사세 왕자가 부왕 빔비사라 왕과 생모 위제희 부인을 가두고 살해하려 하자 붓다가 목건련目建蓮과 부루나富樓那를 대동하고 매일 옥사를 찾아 설법을 하며 위로하는 등 교설로써 살인자를 교화하여 새로운 사람으로 거듭나게 하였다.

범죄인 구제사업과 관련하여서는 부처님이 기원정사에 있을 때, 사위성의 여원如願이란 남자가 강도와 사음邪淫 등의 범죄행위로 인해 관리에게 체포되어 마침내 형을 선고받았는데 사형집행 직전에 범인인 사형인이 진정으로 죄를 뉘우치고 참회하는 모습을 보고 부처님이 제자인 아난다를 시켜 파사닉 왕에게 진정하여 석방하게 하고 그 범인을 제자로 삼아 구제하였다(대정장, 53, 22下~23上, 이성옥, 2001: 94 재인용).

또 부왕을 시해하고 왕위를 찬탈한 마가다국의 아사세에게 인과법을 설하여 교화하고 그가 선의 길로 나가도록 한 사례가 있으며(대정장 1, 108上~109下), 『잡아함경』 38권에는 잘못된 스승의 꾐을 받고 99명의 사람을 죽이고 그 손가락으로 목걸이를 만든 후 나머지 한 명을 채우기 위해 자신의 어머니마저 죽이려 한 앙굴리마라를 직접 찾아가 그를 제도하여 제자로 삼고 결국 도를 얻게 한(대정장 2, 719中~721下) 범죄자의 구제사례가 있다.

그리고 부처님은 당시에 흉악한 사람들을 집단으로 교화하기도 하였는데, 왕사성 남쪽 큰 산에 500명의 산적들이 은거하여 왕의 힘으로도 이들을 토벌하지 못하였다. 부처님은 이들이 지옥에 빠질 것을 염려하여 장수의 몸으로 변장하여 산적들의 항복을 받고 바른 길로 나가도록 교화하였으며(대정장 4, 579中~下), 힘만 믿고 남을 속이며 방탕한 생활을 하는 사위국 동남쪽 큰 강가에 사는 500여 가구의 사람들에게 신통을 보이고 방편을 써서 그들을 교화하였다(대정장 4, 580上). 이것은 부처님 당시 범죄자의 집단교화 사례로서, 오늘날 사회에서 불교교정복지의 적극적 참여와 활동을 전개할 수 있게 하는 근거가 된다.

한편 범죄의 예방을 위한 사례로서 사위국의 월광장자가 뒤늦게 외아들을 두었는데 그 아이는 태어나자마자 집안의 모든 재산을 가난한 사람에게 널리 베풀겠노라는 게송을 암송하였다. 이에 놀란 부모가 사교邪敎의 가르침에 따라 자식을 죽이려 하자 부처님께서는 이를 설득하여 불행을 면하게 하였다(대정장 2, 683上~684上).

『법구비유경』에는 쌍둥이를 낳은 부모가 두 달 밖에 지나지 않은 아이가 서로 어른다운 대화를 나누는 것에 놀라 이를 귀신의 재앙으로 알고 아이를 태워 죽이려는 것을 직접 가서 오히려 큰 복덕이 있는 아이들이라고 설득하여 불행을 막았으며(대정장 4, 587下~588中), 화묵이라는 왕이 어머니의 병을 고치기 위해 사교邪敎의 가르침대로 백 마리의 짐승과 어린아이 한 명을 죽여 제사하려는 것을 알고 그 나라에 들어가 긴 목숨을 얻으려면 큰 자비를 행하여야 한다는 설법과 함께 신통을 보여 살생을 막고 왕의 어머니 병도 낫게 하였다는 사례가 있다(대정장 4, 581下~582上).

이 밖에 범죄의 예방과 관련하여 모든 불자에게 수계를 주어 계율에 의한 청정한 생활을 하도록 하기도 하였으며, 포살布薩과 자자自恣라는

226

의식을 통해 매월 보름마다 지역적으로 한곳에 모여 계戒를 설하고
계율을 어긴 자는 부처님과 대중 앞에 드러내어 참회하게 하는 의식을
행하게 하기도 하였다. 또한 인과응보의 가르침으로 죄를 짓지 않게
하거나, 명상을 통하여 인간성을 심화시키는 방법을 전개하기도 하였
다(이성옥, 2001: 95~96 참조).

이와 같이 종교는 선악의 판단능력과 선행에 대한 실천동기를 가르침
으로써 스스로 범죄에 빠지지 않도록 함과 동시에 선행의 권장을 통하여
범죄행위 방지에 기여한다. 특히 불교는 일반적인 교정기관의 교정교
화활동과는 달리 인간의 내면적 가치를 중시한 전문적인 프로그램을
실시함으로써 재소자의 실질적인 변화에 기여할 수 있으며, 특히 불교
신도인 재소자와 불교에 귀의할 재소자에게 좋은 효과를 가져다 줄
수 있다(김재순, 2000).

곧 불교교정복지는 부처님 가르침의 실천을 통하여 재소자를 재사회
화하는 작업을 말한다. 그 요체로는 범죄의 첫째 원인인 무명을 밝혀
지혜를 증진시키고, 참회와 봉사를 통하여 다겁생래로 익힌 두터운
업장을 녹여 청정심을 되살리는 작용이다(오희창, 1999: 29).

2. 불교교정복지의 이념

불교경전에는 인과응보因果應報의 가르침이 많다. 그러나 불교에서
더욱 중요시하는 것은 인연이다. 인과가 원인과 결과만을 가늠하는
것이라면, 인연은 그 과정을 중시하는 사상이다. 즉 연緣이란 어떠한
결과가 이루어지는 환경이며 여건을 말하는 것이다. 따라서 행형行刑과
교화의 과정에서 범죄의 원인과 결과만을 고집하는 시각은 시정되어야

한다. 왜냐하면 과정(緣)을 중시하는 교화사업에서 비로소 참다운 형벌주의가 정착될 수 있기 때문이다(김재순, 2000: 12). 『출요경出曜經』에 "사람이 악을 저질렀어도 선한 행으로 그것을 없애면 구름이 사라진 뒤의 달과 같다(대정장, 4, 703上)"는 지적이나 『대집경大集經』에 "백 년 동안 때 묻은 옷이라도 하루 동안 씻어서 깨끗하게 하는 것과 같이, 백천겁 동안에 지은 모든 불선업不善業도 불법의 힘으로 잘 수행해서 닦으면 일시에 소멸시킬 수 있다(대정장, 13, 133下)"라는 가르침에서 죄에 대한 불교적 관점과 이의 제도에 대한 기본적인 자세를 짐작하게 한다(이성옥, 2001, 93).

인간은 타인과 관계를 맺고 살아가야 하는 사회성으로 인하여 발생하는 범죄를 완전히 없앨 수는 없다. 따라서 발생된 죄를 벌하여 사회의 질서를 바로잡는 것은 불가피한 일이다. 그러나 중요한 것은, 일정기간의 구금이나 부역 혹은 벌금으로 그 죄가 소멸된다는 것은 매우 형식적일 수밖에 없다. 즉 마음의 정화가 이루어지지 않으면 진정한 소멸이 아닌 것이다. 여기에 덧붙여 타인에게 피해를 입힌 죄를 마음으로만 뉘우치는 것에서 그치는 것이 아닌 선한 행으로 악업을 씻는 보살행菩薩行이 요구된다. 그러므로 오직 최선의 참회는 보살행을 실천하는 것이라 할 수 있다. 그것은 인간이 사회환경을 만들고 이끌어 나가는 창조자이자 주체자이기 때문이다. 곧 자신의 참된 성품을 바로 보고 스스로 깨달음의 주체가 되도록 하는 교화에서 시작되어 남을 위한 좋은 일을 하도록 함이 행형行刑의 근간이 되어야 한다는 것이다.

즉 불교적 교정교화사업의 목적과 방법의 근간은 인간이 사회환경을 만들고 이끌어 나가는 창조자이자 주체자이기 때문에 곧 자신이 참된 성품과 죄의 본성이 공한 것이라는 것을 바로 보고, 스스로 사회생활의 능동적 주체임을 깨닫고 적극적으로 선을 행하도록 하는 가르침이다.

따라서 근본적으로 불교적 교정복지의 대상은 특정 범죄인 개인이나 저지른 죄가 아니라 평등한 중생의 심성 자체라고 할 수 있으므로, 불교교정교화사업의 목적 또한 중생구제의 보편적인 불교목적과 다를 수 없는 것이다(대한불교진흥원, 1995: 418~419, 이성옥, 2001, 93~94 재인용). 즉 불교의 교정복지활동은 교화자의 지혜와 용기, 책임과 신념, 그리고 내일을 향한 대사회적 신뢰와 희망에서 나온 것으로 난고득락難苦得樂하는 중생구제의 불교의 이상을 실현하는 것이다.

3. 불교교정복지의 원칙

1) 범죄의 원인에 대한 불교적 시각

범죄는 죄를 범하는 것이고 법률적으로 형벌법령에 저촉되는 행위를 범죄라고 하지만, 불교적 입장에서 죄의 개념은 4가지의 기준을 예로 들 수 있다. 첫째, 계戒를 위배하는 행위가 죄가 된다. 출가자와 재가자에게 공통되는 5가지 근본 계율로서 오계五戒가 있다. 즉 ① 산목숨을 죽이는 것, ② 남의 물건을 훔치는 것, ③ 삿된 음행을 하는 것, ④ 거짓말을 하는 것, ⑤ 술을 마시는 것이 죄가 된다. 오늘날의 형벌과 비교할 때 ① 살인죄, ② 절도죄, ③ 성범죄, ④ 사기죄 등에 해당되며, 술을 마시는 행위는 직접적 죄가 되지는 않으나 간접적인 범죄의 원인이 된다는 것이다. 둘째, 이해관계의 측면에서 사회나 타인에게 해를 입히는 행위가 죄가 된다. 셋째, 고락의 측면에서 남에게 고통을 주는 행위가 죄가 된다. 넷째, 미오迷悟의 측면에서 자기 자신과 모든 현상에 대해 있는 그대로의 진리를 깨닫지 못하는 행위가 죄가 된다. 즉 절대적

주체로서 자아에 대한 무지, 즉 무명無明이 일으킨 모든 생각과 행위가 악이고 죄가 된다고 보고 있다.

한편 불교에서 범죄의 원인을 어디서 찾고 있는지 살펴보면 크게 내적 원인과 외적 원인으로 나눌 수 있다.

내적 원인으로서 무명無明을 들 수 있는데, 무명이란 무지하고 어리 석다는 뜻으로 우주와 인생의 진리, 모든 존재의 이치를 바르게 알지 못하는 최초의 어두운 생각을 의미한다. 이 무명이 일체의 번뇌를 낳고 번뇌로 인하여 10가지 악업을 짓고 스스로 괴로움을 받게 된다. 이 무명을 절대주체로서의 참된 자아를 근본적으로 깨닫지 못한 근본불 각根本不覺이라고도 한다.

따라서 무명 때문에 외적 상황에 대해 탐내고 화내며, 어리석음으로 인해 신身, 구口, 의意로 10가지 악행, 즉 ①살생, ②도둑질, ③사음邪 淫, ④거짓말, ⑤이간하는 말, ⑥욕설, ⑦꾸미는 말, ⑧탐내는 것, ⑨성내는 것 ⑩어리석은 짓을 하게 된다고 한다. 무지하므로 인과因果 의 도리, 자업자득自業自得의 원리를 믿지 않는다. 따라서 욕망과 애증 으로 인해 서로 맞서 소송하면서 싸우고 악행을 저지른다는 것이다. 특히 탐욕이야말로 죄를 범하게 만드는 가장 중요한 원인으로 보고 있다.

외적 원인으로는 환경적 원인을 들고 있다. 즉 빈곤한 환경, 거리의 향락, 나쁜 것 등이 범죄의 원인이 된다는 것이다. 빈곤이 도둑질, 거짓말, 폭력, 증오, 살인 등과 같은 부도덕한 행위와 범죄의 원인이 된다고 하여 절대로 술을 먹지 말라고 하고 있으며, 나쁜 벗을 사귀는 것이 살생, 도둑질, 사음, 망어, 음주의 원인이 되므로 나쁜 벗을 멀리할 것을 여러 경經에서 강조하고 있다.

결국 범죄는 내적인 원인인 무명과 탐貪, 진瞋, 치癡를 인因으로 하고 외적 환경적인 원인을 연緣으로 하여 상호작용함으로써 발생한다고 볼 수 있다. 이와 같이 불교에서는 범죄가 내적 원인과 외적 원인의 상호작용에 의해 발생한다고 보고 있지만, 내적 원인을 더욱 중시하고 있음을 알 수 있다(김재순, 2000: 10~11).

2) 불교교정복지의 원칙

불교교정복지는 불교적 가치와 가르침의 바탕 위에서 전문적인 교정사회복지실천을 하는 것이다. 불교교정복지에 있어 사회복지사는 재소자나 비행청소년들이 건전한 사회인으로 거듭날 수 있도록 돕고 이와 관련된 제반 프로그램과 활동에 관여하는 전문가로서 그 책무와 역할을 수행한다. 불교와 관련하여 불교교정복지사는 불교신도인 재소자들이 신심을 돈독하게 유지할 수 있도록 돕고, 비불자인 재소자들에게 자비의 가르침을 전하거나 종교활동에 동참할 수 있도록 유도하며, 개개인의 믿음과 가치를 소중히 하고 지지해주는 역할을 담당할 수 있다. 특히 좌절감이나 낮은 자존감을 갖고 있는 대부분의 재소자들에게 스스로를 지탱하게 해주는 정신적인 힘이 될 수 있다.

이러한 차원에서 불교적 사상에 근거한 불교교정복지의 원칙은 다음과 같다.

①불교교정복지는 불교적 이념인 자비심을 기본 바탕으로 하여 실천해 나가야 한다.

②불교교정복지는 평등사상에 입각하여 재소자의 성별, 연령, 지역, 종교 등에 관계없이 차별 없는 처우와 필요한 서비스를 제공할 수 있어야 한다.

③불교교정복지는 단순히 교정교화활동에 머무는 것이 아니라 붓다의 가르침을 실천하는 불자로서 자발적이고 주도적으로 재소자의 갱생과 사회복귀에 노력해야 한다.

④불교교정복지는 공적인 교정기관의 역할을 보완하는 동시에 민간차원으로서의 보충적인 역할을 충실히 도모해야 한다.

⑤불교교정복지는 불교적 색채를 지니는 독자적인 프로그램을 개발하고 실천활동을 전개하는 동시에 타종교 단체 및 관련 조직들과 연계하여 보다 원활한 협조체제를 구축하여야 한다(김재순, 2000: 15).

한편 불교계의 교정복지활동으로는 다음과 같은 것이 있다.

①교도소 내의 불사: 대운동장과 거실 등에 불·보살님 상을 모시고, 법당을 조성 회향함으로써 재소자의 심성을 순화 교정하는 데 크게 기여하고 있다.

②재소자 상담·지도: 불교교리를 지도하여 신심을 돈독히 하고 자신의 정체성을 확립하여 불자로서의 도리를 다하도록 한다. 자매결연과 상담·생일을 축하해줌으로써 고독감을 덜어준다. 불우재소자 가족에 대해서는 재정 등 각종지원을 해줌으로써 재소자가 안심하고 수형생활을 한 후 사회복귀에 지장이 없도록 한다.

③법회 등 행사: 매주 종파 법회일에 스님·재가자가 법회를 주재하고 설법·수계 등 의식을 통하여 재소자의 신심을 맑게 하여 범죄성을 제거하고, 찬불가 지도 및 경연대회, 독경대회의 개최 및 지원으로 신앙생활의 내실을 기한다.

④재정지원: 재소자용 교화기자재, 특히 재소자 교육훈련비, 위문공연 등 기타 교화행사비 등을 지원하여 교정당국의 재정적 경직성을 해소시켜 재소자 교화에 기여한다.

⑤ 재소자 신원보장 및 취업알선: 재소자 만기출소, 가석방, 귀휴 등을 실시할 경우 가족 친지 등이 신원보증을 할 수 없는 경우에 이를 보증하여 주고, 출소 후 취업도 알선하여 준다(오희창, 1999: 71~74).

4. 불교교정복지의 현황

1) 불교교정복지의 발달

우리나라의 교정시설에 스님이 교정복지활동을 시작한 것은 1890년대 종로감옥에서 최초로 종교교화를 실시한 것을 시작으로, 1908년 통감부감옥관제가 시행된 후에는 관제 중에 전임 교회사敎誨士를 두었으며, 그 이전에는 촉탁교회사를 둘 수 있는 예산이 있어서 종로감옥에는 대곡파 본원사 소속의 음우현철이라는 교회사가 있었다. 그리고 일제시대 각 형무소에 승려를 교회사로 배치하고 불교교회佛敎敎誨만 실시하였으나, 8.15 해방 이후 1962년 재소자 교화대책위원회의 설치로 신앙의 자유를 보장하는 차원에서 각 종교가 교회敎誨에 참가하였다. 1970년 12월 19일부터 독지가 방문제도가 국가에 의한 제도로서 처음 출발하게 되었으며, 1983년에 이르러 독지방문위원을 교화위원과 종교위원으로 나누어 이를 각각 제도화하였다. 이 가운데 특히 종교위원의 경우 승려, 신부, 목사 중 자질과 덕망을 갖추고 재소자의 종교지도에 헌신적으로 봉사하는 것을 원칙으로 위촉하고, 재소자로 하여금 신앙을 생활화하게 하여 심성을 순화시키고, 출소 후에도 신앙생활과 제반의 원조활동을 통하여 건전한 사회인으로 복귀하게 하는 종교위원제도를 실시해오고 있다(김재순, 2000).

이들의 활동분야는 강연·상담·자매결연·불우재소자 및 가족의 지원을 통해 재소자가 안정적으로 수용생활을 하도록 도우며, 신상생활을 지원함으로써 정신적 감화와 안정을 이루도록 하였다(서병진, 2010: 420~421).

재소자와 출소자를 위한 불교계의 교정사업으로는 1971년부터 박삼중 스님이 서울구치소, 대구, 김천, 안양, 전주교도소를 순회하며 교화사업을 펴왔으며, 1978년부터 김래동 법사가 영등포교도소에서, 그리고 1980년부터 목탁혜은 스님이 재소자를 위한 교화활동과 출소자의 자립 갱생을 돕기 위한 교화농장을 1989년 경기도 광주에 설립하였다. 이 밖에 백양사 서울포교당(화담 스님)과 광주 자비원의 대한불교청소년 성공장학회에서는 재소자 가족에게 장학금을 지급하고 있다. 또한 교화사업을 위한 신문을 석혜은 스님이 발행하는 '법무교화산보'가 1988년 9월에 등록 주간으로 각 교정기관과 개인에게 무료 배포되고 있다. 인천지역에는 박정우 스님이 1974년부터 재소자 교화활동을 해왔다. 이러한 활동과 함께 1985년 3월에는 18개 불교종단이 모두 참여하여 범불교적인 기구로 '대한불교갱생보호회'가 발족하여 조직적인 사업을 시작하였다.

1988년 법무부에 등록된 단체로서 각 교도소의 종교위원들이 주체가 되어 '불교교정교화협의회'를 결성하고 법무교화신문 발간과 재소자 수기모음집의 출간과 함께 시상식을 갖기도 하였다. 이 외에도 출소자의 직업알선, 독경대회, 위문공연, 각종 교화기자재 보시 및 물량지원 등 많은 교화활동을 펼치고, 1993년에 명칭을 '전국교화협의회 불교연합회'로 개칭하고 수도권 외에 취약한 지방의 교정시설을 중심으로 법회를 지원하고, 교도소 방문행사 및 법회자료집 제작 등 많은 사업을 하고 있다.

234   ·

1988년에는 '한국불교교화복지선도회'가 설립되었으며, 이 조직은
교정시설에 불교를 포교하기 위한 포교사파견사업, 재소자에 대한
각종 교육 및 직업훈련 활동지원, 재소자복지사업 지원과 무연고자
자매결연 추진 및 수용생활원조, 출소 후 취업알선 및 불우 재소자
가족 돕기 사업, 포교를 위한 회보 및 간행물 발간배포, 기타 관련사업에
필요한 부대사업 등을 실시하고 있다(김재순, 2000: 33~34). 1989년
10월 24일에는 '대한불교교정교화법사단'이 사단법인체로 결성되었다.
  교정복지 분야는 많은 단체나 시설을 가지고 있는 것은 아니지만
재소자 교화를 위하여 설립된 부산불교자비원(1983)을 필두로 재소자
후원과 출소자 지원 등의 활동을 하고 있다(김기붕, 2002: 50).

2) 불교교정복지의 현황

2008년 말 기준 교정기관에 수용된 인원을 종교별로 분류하면, 기독교
는 1만 3,550명으로 전 재소자의 39%를, 불교는 8,605명으로 24.8%,
천주교는 4,904명으로 14.1%를 점하는 것으로 나타났다.

표 28 재소자 종교별 현황

(단위: 명, %)

기독교	불교	천주교	기타종교	무교
13,550	8,605	4,904	1,214	6,446
39.0	24.8	14.1	3.5	18.6

출처: 법무부 교정본부(2009), '2009 한국의 교정행정', 서병진(2001: 421) 재구성

불교계가 운영하고 있는 교정복지시설은 1994년 말 기준 3개소이다.

표 29 불교계 교정복지시설 현황

시설명	설립연도	운영자	소재지	비고
희망원	1953	신도	전남	인가
강릉갱생원	1975	승려	강원	인가
금강포교원	1983	승려	전북	비인가

출처: 대한불교 조계종 개혁회의 법난대책 위원회, 1994, 김기붕(2002: 50) 재인용

불교계의 교정복지에 대한 참여는 불교 종교위원인 스님·재가자들이 불교의식을 통하여 재소자들에게 설법과 수계를 시행함으로써 지혜를 깨닫게 하고 무명을 밝히고 계를 지키도록 함으로써 몸과 마음을 깨끗이 하여 재범을 방지하고자 하는 시도 등으로 이루어지고 있다. 1999년 기준 종교별 종교위원의 분포 중 불교계가 차지하는 비중은 31.4%로 기독교 다음으로 많다.

표 30 종교별 종교위원의 분포

(단위: 명, %)

기독교				불교			
목사	전도사	신도	소계	승려	법사	신도	소계
539	42	112	693(49.8)	331	46	60	437(31.4)
천주교				원불교		총계	
신부	수녀	신도	소계				
29	27	200	256(18.4)	4(0.2)		1,390(100.0)	

출처: 법무부, 배부자료, 1999, 김재순(2000: 29) 재구성

불교의 교정교화 활동내역을 4개 교도소(안양교도소, 영등포교도소, 수원교도소, 의정부교도소)의 현황을 통해 살펴보면, 가장 횟수가 많은

것이 상담이며, 다음으로 새 신자교육, 자매결연, 교리지도이다. 상담
은 다른 활동내역에 비해 상당히 비중이 크다. 그러나 이용자 수에
있어서는 종교교회敎誨가 14,377명으로 압도적으로 많다. 다음이 정신
교육, 교리지도, 상담, 새신자교육의 순이다. 교도소별로도 상담의
횟수가 일반적으로 많지만 의정부교도소는 상담보다 종교교회의 횟수
가 가장 많다. 이용 수에 있어서는 4개 교도소 모두 종교교회가 가장
많다.

표 31 교정교화 활동내역

(단위: 회, 명)

구분		상담	정신교육	종교교회	교리지도	새신자교육	자매결연	불우재소자돕기	도서기증	합동생일	기타
안양	회	104	9	13	11	29	10	1	1	-	1
	명	104	1,261	4,145	483	78	10	4	183	-	45
영등포	회	268	4	21	29	-	38	-	-	1	1
	명	268	430	2,237	363	-	38	-	-	25	12
수원	회	81	-	41	11	15	10	9	-	2	-
	명	81	-	4,626	272	145	10	45	-	114	-
의정부	회	14	-	35	10	22	8	-	-	1	-
	명	14	-	3,369	281	134	8	-	-	32	-
소계	회	467	13	110	61	66	66	10	1	4	2
	명	467	1,691	14,377	1,399	357	66	49	183	171	57

출처: 서울지방교정청, 1999년 1월~6월까지 4개 교도소별 활동내역, 김재순(2000: 74) 재구성

5. 불교교정복지의 과제

1) 교정복지 프로그램의 다양화

현재 실시되고 있는 교정복지 프로그램의 경직성과 한계성을 극복하여 다양한 프로그램의 개발을 통해 교정기관 내 혹은 사회복귀 시 실질적으로 도움이 될 수 있도록 하는 것이 필요하다. 재소자와의 상담·지도, 재소자의 참회·반성 등 교정복지의 분야에 필요한 불교 고유의 기법을 개발하여 효과적인 활동을 전개하는 것이 필요하다.

또한 주로 재소자를 대상으로 하는 교정기관 내의 프로그램에서 나아가 각종 예방활동이나 교정기관이나 지역사회를 연결하는 다양한 차원의 교정활동을 위한 프로그램의 개발도 필요하다.

2) 불교교정복지 전문인력의 양성

앞에서 살펴본 것처럼 불교교정복지는 초창기 개인적 차원의 시혜에 머물렀던 활동이 최근에 와서는 전문적인 단체 및 조직들의 등장과 함께 점차 체계화되고 전문화되어 가는 추세이다. 그러나 아직 그 활동내용 면에서 단순한 일회성 행사나 물질적 지원의 형태에 머무는 경우가 없지 않으며, 인력 면에서 사회복지실천에 대한 충분한 교육과 훈련을 받고 전문적 능력을 갖춘 인재가 매우 부족한 현실이다. 따라서 불교계 관련단체의 활동을 활성화하는 데 있어서, 불교교정사회사업의 특징적인 프로그램이 무엇보다 필요하며 이를 개발하고 실행할 수 있는 전문인력을 발굴하는 것이 필요하다.

나아가 교정시설과 같은 특수분야에 있어 전문가 양성을 위한 교육프로그램을 개발하고, 지속적인 활동을 위한 지원이 필요하다. 또한 교정복지를 위한 활동에 참가할 수 있는 자원봉사자의 개발과 관리, 후원자의 개발이 필요하다. 자원봉사자와 후원자의 개발은 불교교정복지 전문인력이 보다 전문화된 교정서비스를 제공하는 데 크게 기여할 것이다.

3) 불교교정복지단체의 조직화 및 연계강화

불교교정복지활동에 참여하고 있는 기관 및 인력들을 조직화하며 연결망을 구축함으로써 재소자와 그 가족의 복합적 욕구에 포괄적인 대응이 가능하도록 네트워크를 강화시켜나가는 것이 필요하다. 특히 교정현장에서 불교를 포함한 종교위원들에 의한 교화활동은 꾸준히 진행되고 있는 반면, 출소자나 수용자 가족을 위한 불교계 지원은 미약한 실정이므로 각 출소자와 가족의 특성을 고려한 개입과 지원을 위해서는 불교교정복지단체 및 관련 기관의 연계의 강화가 필요하다.

불교사회복지재단과 불교사회복지법인, 불교산하 사회단체, 사찰 등의 조직은 불교적 이념과 정신을 바탕으로 각각 조직의 특수성과 인적자원의 측면에서 상호 장점을 연계하고 단점을 보완해나감으로써 많은 이점을 극대화할 수 있다.

4) 범죄의 원인에 대한 이해

교정복지활동에 있어서 가장 어려운 장애요소 가운데 하나는 범죄인에 대한 사회의 왜곡된 시각과 그들을 낙인화하여 부정적으로 여기는 일반인의 인식이라 할 수 있다. 불교적 관점에 있어서도 업과 관련하여 부정적으로 인식될 소지의 위험성이 많다.

범죄에 대한 올바른 이해를 위해서는 인간의 성격과 개인의 독특한 양육과 성장배경 등 인간행동에 관한 이해와 더불어 범죄인이 처해 있는 환경 요인에 대한 이해가 필요하다. 즉 범죄의 원인은 개인적인 것과 사회적인 원인, 즉 공업共業적인 요인이 있음을 널리 인식시켜 보다 많은 사람들이 불교교정복지활동에 참여할 수 있도록 동기화하는 것이 필요하다. 또한 사회의 그릇된 인식을 바로잡고 범죄인에 대한 사회의 따뜻한 관심과 이해를 이끌어내는 데 앞장서야 할 것이다.

제7절 불교의료복지

1. 불교의료복지의 개념

1) 병의 원인에 대한 경전적 근거
『금광명최승왕경金光明最勝王經』에서는 인도의학의 병인론病因論에 따라 기후불순과 음식의 부조화 또는 지수화풍地水和風 4대 부조화에 의해 병이 생긴다고 기술하고 있다.

『대지도론大智度論』에는 84,000가지의 병이 있는데 그 근본은 식食·진瞋·치痴·등분等分에 있다고 한다. 탐욕인 음욕, 분노인 진환瞋患, 어리석음인 우치愚痴와 탐진치가 동시에 일어나는 상태인 등분에 각각 21,000가지의 병이 있다고 한다. 이러한 병은 "하나는 밖의 인연에 의하여, 또 다른 하나는 내부의 인연에 의하여 생겨난다"고 밝히고 있는데, 즉 외상, 한랭, 열기, 굶주림에 의하여 생겨나는 병을 밖의 인연이라 하고, 내부의 인연이란 음식의 부조절, 자고 일어남의 부조절, 4대의 부조절 때문에 생겨나는 병이라고 규정하고 있다. 이것은 병인을 외부의 영향에 의한 것과 신체 내장기관의 이상에 의한 것으로

240

규정한 것이다.

『마하승기율摩訶僧祇律』에서는 병을 전생의 업보에서 비롯된 병과 현생에서 생겨나는 병 두 가지로 구분하고, 현생의 병인을 오장五臟의 부조화에서 생기는 내과병內科病, 부상 등으로 인한 외과병外科病 두 가지로 구분하고 있다.

『불의경佛醫經』은 부처님이 제자들에게 설법하신 것으로, 사람의 몸은 각각 지수화풍地水和風의 4대 부조화에 의해 병이 생긴다. 즉 정월부터 3월에 걸친 봄에는 한寒이 강하게 되고, 여름에는 풍風이 강하고 음양이 조화를 이루어 만물이 무성하게 되고, 가을은 만물이 성숙하는 때로 열기熱氣가 많아지고, 겨울은 풍한風寒이 많아진다고 설하여 4계절의 변화와 사람의 병의 관계를 설명하여 4대의 부조화로 인해 병이 생겨난다고 설하고 있다.

이러한 지수풍화의 4대에는 각각 101개씩의 병이 있어 404가지의 상병이 있으며, 병의 원인은 자신의 의지와 상관없이 일어나는 외과병과 무절제 등으로 자신의 의지 여부와 연관을 맺고 있는 내과병으로 구분된다. 그리고 마음에 의해서 일어나는 심병心病이 있다(유상배, 1999: 66~70).

이 경전에서 사람이 병에 걸리는 10가지 원인을 열거하고 있는데 그것은 ① 오래 앉아 있고 눕지 않는 일, ② 식사가 완전하지 않는 일, ③ 정신적 근심걱정, ④ 심한 피로, ⑤ 과도한 남녀관계, ⑥ 화냄, ⑦ 대변의 불통, ⑧ 소변의 불통, ⑨ 숨을 억제함, ⑩ 방귀를 억제함이라고 한다(이원섭 역, 1980: 703).

불교에서 독자적으로 설정한 병인론으로서 전세의 업, 즉 '행위에 의한 것'이 있다. 전세의 업뿐만 아니라 현세의 악행이 전세의 업을 움직여서 그 업의 힘에 의하여 병에 걸린다고 하는 것이다. 따라서 단지 전세의 업뿐만 아니라 거기에다 현세의 악행의 추가되어 병을 일으키는 결과가 되는 것을 말한다. 예컨대, 안이비설신眼耳鼻舌身의 5가지의 근본기관에 관한 병을 보면, 살생의 죄를 범한 업에 의하여 간장병이나 안병이 되고, 음주에 의한 죄를 범한 자는 심장이나 입의 병이 되고, 음욕에 의한 죄를 범한 자는 신장이나 귀의 병이 되고, 거짓말인 망어妄語를 한 죄를 범한 자는 비장이나 혀의 병이 되고, 도둑질의 죄를 범한 자는 폐나 코의 병이 된다. 다시 말해서 5계를 부정하거나 훼손하는 죄를 범하면 오장오근五臟五根의 병이 일어난다고 하는 것이다(박경훈 역, 1993: 173~184).

　이러한 업병은 명의도 고칠 수 없다고 한다. 그러나 대승불교에 와서는 지계와 참회로써 업병을 치료한다고 본다. 『천태소지관』에서 계를 받고도 계를 많이 파계한 하품지계인下品持戒人이라도 열심히 참회하면 마치 찢어지고 때가 많이 묻은 옷도 깁고 세탁을 하면 깨끗하게 염색이 되는 것과 같다고 한다. 파계나 죄라고 하는 것이 참회함으로써 수행할 수 있다는 논거는 누구나 불성을 갖고 있다는 대승적인 인간관에 있다(진각종보, 1998.1.1).

　『천태소지관』에서 말하는 천태의 독자적인 몇 가지 참회 방법은 다음과 같다. '확실하게 인과의 법칙을 믿을 것, 죄에 대한 두려움을 가질 것, 부끄러움과 뉘우침을 깊이 일으킬 것, 죄를 소멸시키는 방법을 배울 것, 죄를 고백할 것, 지속되는 악업을 일으키는 마음을 단절할 것, 불법을 지킬 마음을 일으킬 것, 중생을 제도하겠다는 서원을 일으킬 것, 항상 모든 부처님을 생각할 것, 죄의 본성이 공함을 관할 것.'

　이와 같이 업병의 치료와 소멸은 '자신의 행위에 대한 끊임없는

참회와 보시로 출발한다'고 한다. 결국 업병은 '자신이 한 바대로 받는다'
는 논리에서, 결국 모든 질병은 업병이라 할 수 있다(유상배, 1999:
72~74).

2) 의료복지의 개념과 불교적 치료학의 목표

의료사회복지의 목적은 전인적인 의료서비스를 제공하고 환자와 가족
이 보건 및 의료서비스를 가장 효과적으로 활용할 수 있도록 원조함으로
써 의료복지를 실현하는 것이다. 그리고 질병이나 장애로 인해 환자들
이 경험하는 심리·사회적 문제를 해결하고 사회적 기능을 회복하는
것 외에도 환자와 의료환경과의 원활한 상호작용에 초점을 맞춘다.
이러한 목적을 달성하기 위해 의료사회사업은 다른 의료팀이 환자의
사회적, 경제적, 정서적 요소들을 이해하도록 돕고, 환자와 가족이
의료서비스를 적극적으로 이용하도록 돕는다. 또한 그들의 복지와
윤리를 증진시키도록 돕고, 환자에게 더 좋은 치료를 제공하도록 병원
을 도우며, 가족들이 대처행동을 유지하도록 돕는다(한인영·최현미,
2000: 10~11).

　따라서 의료사회복지의 개념은 질병을 가진 환자와 그 가족, 지역사
회를 대상으로 의료진 및 관련자와 공동 협의하에 그들의 심리·사회적,
정서적, 환경적 문제를 해결하도록 돕고, 입원 시뿐만 아니라 입원
전과 퇴원한 후에도 사회적 기능을 원활히 수행할 수 있도록 질병의
예방과 회복, 사후 관리에 이르는 연속적인 과정에서 개인에 대한
접근뿐 아니라 의료 제도와 정책 차원에서 접근을 통하여 의료사회복지
실천의 목적을 달성토록 돕는 사회복지의 전문적 실천활동이다(강홍
구, 2005: 52).

한편 불교에서의 치료법은 병원균을 퇴치하는 데 목표가 있는 것이 아니라 인간을 구제하는 것에 목적이 있다. 따라서 환자를 간호한다는 일이 불교의학의 가장 중요한 일로 생각되었으며, 8가지 복전福田 중에서 간호복전이 제일이라고 하였다. '일체의 사람을 보면 이 모두가 나의 부모이고 나의 형제이다'라는 불교의 인간관과 세계관은 어떠한 사람이라도 타인이라고 생각하지 않고, 항상 나의 부모나 형제와 같이 보고 간병하는 것이 보살행인 것이다(유상배, 1999: 90).

한편 불교는 인간의 가장 직접적이고 근원적인 고(생로병사)의 문제를 해결하고자 출발하고 그 완성을 목적으로 하고 있다. 그렇기 때문에 불교적 치료의학은 단순히 과학에 바탕을 둔 생물학적 치료가 아니다. 종교적인 윤리와 가치를 토대로 고통받는 중생을 자비로 구제한다는 종교적 실천이 전제되어 있다(진각종보, 1998.10.1). 불교의 치료학적 입장에서 볼 때, 대승불교의 모든 고통받는 중생을 구제하고자 하는 보살사상이 가장 의학적 입장을 취하고 있다. 그중에서도 중생의 모든 병을 없애겠다는 대원大願으로 하는 약사여래 사상이 불교의 의료정신을 대표적으로 나타내고 있다. 『약사본원경』에 담긴 약사여래의 사상은 "이 경전을 단순히 독송하는 것만으로도 죽음에 처한 환자가 다시 살아난다"고 한다.

2. 불교의료복지의 이념

의학이 육신의 병을 다스린다고 하면, 불교는 마음의 병을 다스린다고 할 수 있다. 불교에서 병을 다스리는 근본 재료는 자비심이다. 불교에서는 탐욕스러운 마음과 화내는 마음과 어리석은 마음이 병의 원인이

244

되어 나타나는데, 자비심은 이러한 사악한 마음을 다스려 근본적으로 병의 원인을 제거해 버림으로써 다음 생에서도 건강한 육신과 정신을 갖고 태어날 수 있게 하는 것이다(불교신문 제1639호, 1997).

불교적인 입장에서는 인간에게 나타나는 병은 모두 집착에서 비롯된다고 한다. 『증일아함경』에서는 그 집착에 대하여 "이 세상에는 사람들이 좋아하고 탐내는 것이 3가지가 있다. 젊음과 건강과 목숨이다. 비록 한때는 젊다 하더라도 반드시 늙음이 오리니 젊음은 애착할 것이 못 된다. 비록 건강하다 하더라도 언젠가 병들 때가 있으리니 건강 역시 뽐낼 것이 못 된다. 비록 현재는 목숨이 있더라도 언젠가는 죽게 될 것이니 매달리고 집착할 것이 못 되느니라"고 하고 있다(『증일아함경』 제12권).

또한 그 집착은 우리들의 몸에는 고정 불멸의 아我가 없음에도 육체의 유한성을 인정하지 않으려는 자세에서 비롯되며, 이 집착에서 병이 생기게 된다고 하였다. 나아가 인간의 근본적인 병인病因인 죽음에 대하여 『대지도론大智度論』에서는 "인간의 죽음은 부귀, 귀천, 상하의 차별 없이 노소를 막론하고 반드시 찾아온다. 아무리 기도하여도 또는 권력을 써도 도저히 면할 수 없는 것이다. 또 이 세상은 악업에 꽉 차 있어서 설사 장수의 인연을 가졌다 하더라도 수명은 짧아지게 마련이다"고 설하고 있다.

따라서 육체의 병보다 마음에서 일어나는 병이 인간을 더 괴롭힌다는 불교적 병리학의 특징을 나타내고 있다.

『금광명최승왕경金光明最勝王經』에는 의료인이나 환자든 "모든 병의 근본을 식별하는 일이 중요하다는 것"을 강조하고 있다(한글대장경, 經部 12권, 『금광명최승왕경』). 또 『대지도론』에는 "오로지 병을 알고 병의 원인을 알고 병을 고칠 줄 알고 병을 고치는 약을 알아야 한다. 그러나 일체의 병을 알아야 하고 일체의 병의 원인을 알아야 하고 일체의 병을 고칠 줄 알아야 한다"(한글대장경, 『대지도론』 24권)』고 기록되어 있다.

불교의 의학적인 내용은 '독화살의 비유'에서 나타나는, 붓다의 계율에 얽매이지 않은 실용주의적 면에서 나타난다. "만약에 누가 독화살을 맞았다면, 먼저 해야 할 일은 독화살을 뽑아내고 상처를 치료하는 것이지 그 화살에 독이 묻었는지 아니면 누가 쏜 사람인지는 추후의 문제이다"라고 무아설無我說에 바탕을 두고 무집착과 자비정신을 강조하였다.

또한 수행자들에게 필요한 건강을 절대적으로 유지하기 위하여 실천적 방법으로 '선정 수행법'을 사용했다. 이 수행법은 불교의 모든 종파에서 사용하는 방법으로 심리적 '적멸寂滅'을 통해 심신의 건강을 유지하도록 하고, 불교에서 추구하는 목적을 달성하는 최고의 방법으로 제공하였다(유상배, 1999: 64).

3. 불교의료복지의 원칙

현대의 심신 일원론적 의학의 입장에서 불교는 먼저 마음의 병을 치료하고 육체의 병을 치료하게 하는 의학이다. 그리고 현재 나타난 질병뿐만 아니라 잠재되어 발병할 수 있는 상병까지도 치료하게 한다. 붓다를 대의왕大醫王이라고 칭하는 것도 이러한 관점에서 비롯되었다고 할 수 있다(진각종보, 1997. 8.1)

이것은 오늘날의 예방의학의 일종이며, 정신적인 치료를 통하여 육체의 건강을 유지하고 이롭게 하는 것이다.

붓다는 오늘날 예방의학과 대비할 수 있는 완벽한 위생사항을 지시하고, 종교의 지도자로서 의사의 윤리를 강조하여 의사가 의도醫道를 지킬 것을 엄격하게 지적하고, 동시에 간호하는 사람과 환자에 대해서 각기 지켜야 할 도리를 훈계하고 있다. 붓다는 항상 질병은 의사의 힘만으로 치료되는 것이 아니라 의사와 간호인과 환자의 3자가 일체가 되어 서로 그 책임을 지키고 협조하는 데에서만 병은 고칠 수 있다고 하였다(이경훈, 1987: 51~52).

붓다는 당시부터 의도醫道의 윤리를 엄격하게 가르치고, 의사의 윤리(醫戒)와 간호인의 윤리(看病人戒), 그리고 환자의 윤리(病人戒)를 제시하였다.

의료에 대한 부처님의 근본정신은 『약사여래본원경藥師如來本願經』에 잘 나타나 있는데, 즉 약사여래 부처님은 중생을 구제하기 위하여 12가지 대원을 세워 이 세상으로부터 일체의 병이나 나쁜 일, 흉한 일을 모두 제거하여 지상극락을 염원하고 있다. 그리고 부처님은 병을 고치는 데 있어서는 의사, 간호인, 환자의 3자가 마음을 잘 합쳐서 일체가 되어 치료에 노력해야만 비로소 병은 고쳐지는 것이라고 가르치고, 이를 위해 의사, 간호인, 환자가 각각 지켜야 할 도리를 엄격하게 경고하고 있다.

『금광명최승왕경』의 「제병품除病品」에는, 의사는 기후의 변화를 잘 관찰하여 병의 종류, 병의 증상을 알고 그 치료방법을 이해하지 않으면 안 된다. 그리고 그에 따라 약이나 식품을 주고 또 여러 가지 의술처방을 습득하며 이를 위하여 항상 의술의 수련에 매진하라고 하였다. 또 어떠한 경우라도 자비와 연민의 마음으로 환자를 대하고 절대로 재물을 탐하는 마음을 가져서는 안 된다고 가르치고 있다.

『선생경善生經』에는 "만약 환자가 가난하고 재물이 없으면 의사는 의학 처방의 여러 가지 주술呪術을 외우고 열심히 간호하고 영양을 제공하고 치료하라. 만약 환자가 재산이 있으면 권장하여 여러 가지 탕약을 혼합하여, 가서 환자를 보고 의학의 처방을 강구하고 진찰로 병의 소재를 알고 그 병의 소재에 따라 치료를 가하라. 병을 치료할 때 방편을 잘 알아서 더러운 곳에 있더라도 싫어하는 눈치를 보이지 말라. 병이 증대하면 그 증대한 것을 알고 병이 손상되면 그 손상된 것을 알고, 또 이런 약이나 식품은 병고를 증가시키고 이러한 약과 식품은 병고를 덜어줌을 알고, 환자가 만약에 병을 증대시키는 약이나 식품을 요구할 때는 방편을 취하여 잘 타일러야 한다. 퉁명스럽게 없다고만 말하지 말라, 만약 없다고만 말하면 병고를 더할지도 모른다"라고 설하고 있다(이경훈, 1987: 213~217).

의사의 활동이 인술仁術이라고 하듯이 의사가 종교적인 따뜻한 돌봄으로 병고를 완화시킬 필요성을 지적한 것이며, 또한 빈부의 기준으로 환자를 판단하거나 치료하지 말고 그 정도에 맞추어 치료를 하라는 것이다. 이것은 분에 넘치는 치료로 가난한 환자나 가족에게 부담을 느끼게 하는 것보다는 진심으로 간호하고 치료하는 것이 더욱 중요하다는 것이다. 또 환자가 증상을 악화시키는 약이나 식품을 요구할 때 그 이유를 잘 이해시키라는 것은 환자의 심경을 자극하여 병세를 악화시키는 일을 예방하고자 한 것이다(유상배, 1999: 99).

또한 부처님은 의사에 대해서 의술을 연마하고 의학에 정진하도록 가르치고 동시에 의사 및 간호인에 대해서는 자비의 마음을 근본 정신으로 하고 환자의 약점을 기화로 하여 사리를 취하는 일이 없도록 엄중히

경고하고 있다(이경훈, 1987: 213~214). 부처님이 요구하는 의사는
『대지도론』에서 한 사람이 만인을 고칠 수 있는 의사가 대의大醫이고,
혼자서 몇 가지 정도의 병을 고칠 수 있는 의사는 중의中醫에 불과하다고
했다.

한편 간호인이 진심으로 환자를 간호하고 돌봐주는 일도 중요한
의료이다. 만약 의사가 고칠 수 있는 병도 간호에 소홀하면 환자가
구제되지 않는 경우가 있다는 것이 부처님이 제시하는 간호인의 윤리관
이다. 따라서 불교에서 말하는 간호는 곧 자비심의 실천으로 그 자체로
종교적 발현이 된다.

『사분율四分律』에는 "비구들아, 지금 가서 병든 비구의 간호를 하라,
간호를 하지 않으면 안 된다. 간호하는 사람이 되라. 간호하는 사람이
되지 않으면 안 된다. 만약에 나(부처님 자신)를 공양하고자 하는 마음이
있으면 그 마음으로 환자를 공양하라"라고 했다.

『범망경梵網經』에는 "만약에 불자가 일체의 앓는 사람을 볼 때에는
언제나 정성껏 공양할 것이 부처님과 똑같아야 하고 달라서는 안 된다.
여덟 가지 복전 중에는 병을 간호하는 간병복전看病福田이 제1의 복전이
다"라고 적혀 있다. 이와 같이 환자를 간호하는 것은 대승보살의 중요한
실천 덕목으로 반드시 지켜야 할 중요한 계율로 정하고 있다.

부처님은 경전 곳곳에서 간호인의 주의사항을 적어 환자에 대해서는
사소한 게으른 마음이나 혐오의 마음을 품지 말고 항상 자비심으로
간호에 힘쓸 것을 강조하고 있다. 이것은 불교의 생명존중 사상에
입각한 불교의 의료정신이 담겨 있음을 보여준다. 그래서 『사분율』,
『마하승기율』, 『십송율十誦律』 등의 초기 율장에서부터 간호의 중요성
을 강조하고 있다. 특히 이들 경전에는 "다섯 가지 결함이 있는 자는

환자를 간호할 수 없다"라고 명확하게 규정하고 있다(이경훈, 1987: 221~223).

『십송율』에서 살펴보면, 첫째는 성질이 나빠서 같이 말을 나눌 수 없는 자, 둘째는 환자가 가르쳐주는 말에 귀 기울이지 않는 자, 셋째는 병에 따라 먹어야 할 식품과 먹지 말아야 할 식품을 구별하지 못하는 자, 넷째는 환자를 위하여 다른 곳에 가서 약을 구할 수 없는 자, 다섯째는 참을성이 없는 자를 말한다.

『십송율』에서 강조한 간호의 중요성을 보면, 첫째는 자비심과 연민심으로 환자를 대할 것, 둘째는 탕약을 조합, 안배하여 줄 것, 셋째는 환자가 좋아하고 싫어하는 것을 알아차려서 환자에게 적합한 음식물을 제공할 것, 넷째는 환자의 오물을 싫어하지 말고 취급할 것, 다섯째는 환자를 위하여 법을 설하고 환자가 법에 환희하도록 노력할 것, 여섯째는 환자에게 욕심 많은 태도를 보이지 말 것, 일곱째는 이기심에 사로잡혀서 힘을 아끼거나 게으름을 피우지 말 것 등을 설하고 있다(유상배, 1999: 101).

의사나 간호인의 노력으로 환자를 치료한다고 해도 가장 중요한 사람은 바로 환자 자신에게 달려 있다. 의료인들이 환자에 대한 좋은 치료를 한다고 해도 당사자인 환자가 의료인의 지시를 따르지 않거나 방종한 행동을 한다면 병을 고칠 수 없을 것이다. 이러한 이유로 부처님은 의사나 간호인이 지켜야 할 윤리를 제시함과 동시에 환자에게도 지켜야 할 것을 계율로서 정하고 있다.

『마하승기율』에는 환자는 다섯 가지 결점이 있을 때는 간호하기 어렵다고 한다. 그것은 "첫째는 병에 따른 약과 병에 따른 식품을 복용할 줄 모른다. 둘째는 병이 증대하고 손상되는 줄 모른다. 셋째는 간호인의 말을 듣지 않는다. 넷째는 고통을 참을 줄 모른다. 다섯째는 게으르고 지혜롭지 못하다"로, 간호하기 어려운 환자의 유형을 제시하고 있다(이경훈, 1987: 227).

또한 환자가 다음과 같은 결점이 있으면 병이 다하기 전에 반드시 횡사橫死한다고 한다.

첫째는 이익 되는 음식이 아님을 알면서 포식한다. 둘째는 절제를 모른다, 셋째는 식사한 것이 소화되기 전에 또 식사를 한다. 넷째는 식사한 것이 소화되기 전에 토해낸다. 다섯째는 변을 억지로 참는다. 여섯째는 병에 따른 음식을 먹지 않는다. 일곱째는 병에 따른 음식이라도 절제하지 않는다. 여덟째는 게으르다. 아홉째로는 지혜롭지 못하다는 것을 지적하고 있다(진각종보, 1998.12.1).

병은 의사의 치료만으로 고쳐지는 것은 아니고 의사와 간호인과 환자가 상호 일체가 되어야만 고칠 수 있다는 것을 강조하고 있다.

4. 불교의료복지의 현황

1) 불교의료복지의 발전

불교의료복지시설은 아직 그 수도 부족하고 사업유형도 다양하지 못하고 호스피스 활동 위주로 이루어지고 있다. 주로 병원 내 법당을 중심으로, 혹은 자원봉사자인 스님과 불자들이 활동하고 있다. 따라서 호스피스 활동[17]을 중심으로 불교의료복지의 발전을 살펴보면 다음과 같다.

---

[17] 호스피스활동이란 노인이나 죽음에 직면한 환자를 대상으로 병의 고통을 완화하려는 목적으로 보살피는 것이다. 그 가족의 정신적 불안과 고통을 완화하기 위해서 심리사회적·종교적 측면에서 총괄적인 케어(care)활동을 도입한 시설을 말한다(권

'대한불교조계종 자원봉사센터'의 산하에 1992년 10월에 '간병봉사단'이 조직되어, 1980년대부터 병원 내에 설치되었던 병원법당을 중심으로 해서 스님 및 불자들이 해온 간병활동을 교단차원에서 관리·지원하고 있다. 그리고 1995년에 발족한 '장의예식봉사단'은 불교장의예식 절차 지도, 상가喪家 자원봉사 등을 하고 있다(윤현숙, 2006: 373 참조).

정토마을 아미타 호스피스는 1994년 대한 불교조계종 청주포원 지장정사 개원 및 조계종자원봉사단 충북지회 지장봉사회 설립 이래, 1995년 불교전문호스피스 교육을 실시하여 전국적 호스피스 봉사활동을 시작하였다. 2000년 불교호스피스요양센터 정토마을을 개원한 이래 오늘에 이르고 있다(윤현숙, 2006: 380).

2003년부터 천태종복지재단에서는 니르바나 호스피스 교육을 전국 15개 사찰에서 기본교육과 심화교육으로 나누어 실시하며, 전남 보성에 있는 대원사에는 2004년 5월부터 '한꽃 호스피스' 자원봉사자단을 조직하여 죽음에 대한 교육을 실시하고 있다. 이 외에 서울 불교자원봉사연합회, 부산 불심 봉사단, 경남 양산의 통도사 자비원, 광주 자비신행회, 경주 동국대 경주병원 불교회, 능인사회복지법인, 서울 수효사, 경기도 군포 법해사, 대구 관음사 영남불교대학 등이 있다(박영희, 2004: 347).

이후 산발적으로 활동해온 호스피스 활동은 2009년 조직화하여 한국불교호스피스협회를 발족하였으며, 기존의 호스피스 활동 외에 호스피스 임상전문인 양성교육, 불교임종의식 연구사업, 학술세미나 및 임상사례연구 등의 분야에서도 활동을 벌이고 있다. 또한 호스피스

경임, 2004: 220-221).

252

봉사단체와 긴밀한 협력 네트워크를 구축하고 회원 및 후원자, 봉사자
들의 현황을 체계적으로 관리할 시스템 구축에 주력하고 있다. 가톨릭
교계의 활동에 비하면 불교계는 아직 미약한 실정이지만 최근 호스피스
에 대한 교계 및 불자들의 관심이 증가하면서 활발한 움직임이 일고
있다(서병진, 2010: 515).

2) 불교의료복지시설의 현황

고경환(2010)의 2009년 조사에 따르면 불교계 사회복지시설 총 958개
소 중 의료복지시설에 해당하는 정신보건시설은 8개소로 전체의 0.8%
에 해당하여 그 수가 가장 적음을 알 수 있다.

표 32 불교계 사회복지시설의 현황

(단위: 개소, %)

지역사회복지	노인복지	아동복지	장애인복지	청소년복지	영유아
67	385	71	87	47	229
7.0	40.2	7.4	9.1	4.9	23.9
여성가족복지	부랑인 및 노숙인 복지	결혼이민자 외국인노동자	정신보건시설	기타	합계
11	12	27	8	14	958
1.1	1.3	1.3	0.8	1.5	100.0

출처: 고경환(2010: 6)을 재구성함

정신보건시설의 이용유형에 있어서는 생활시설이 75.0%이며, 이용
시설이 25.0%로 생활시설이 이용시설의 3배 정도 많다. 이는 아직
정신보건시설의 이용대상자들에 대한 서비스제공이 지역사회에서의
재가보호보다는 시설보호 중심으로 이루어지기 때문이다. 직영시설도

75.0%로 위탁시설의 25.0%보다 3배 많다.

표 33 의료복지시설(정신보건시설) 이용유형과 운영형태별 현황

(단위: %, 개소)

이용유형			운영형태		합계
생활시설	이용시설	이용+생활	직영	위탁	
75.0	25.0	–	75.0	25.0	8(100.0)

출처: 고경환(2010: 6)을 재구성함

지역적으로는 경북이 가장 많아 42.9%이며, 다음으로 대전이 28.6%이며, 광주와 전남이 각각 14.3%이며, 나머지 지역은 1개소도 없는 것으로 나타나 전체적으로 시설 수가 부족하다.

표 34 지역별 불교의료복지시설(정신보건시설) 현황(2009)

(단위: %, 개소)

서울특별시	부산광역시	인천광역시	대구광역시	대전광역시	광주광역시	울산광역시	경기도	강원도
–	–	–	–	28.6	14.3	–	–	–

충청남도	충청북도	전라남도	전라북도	경상남도	경상북도	제주도	합계	
–	–	14.3	–	–	42.9	–	8(100)	

출처: 고경환(2010: 6)을 재구성함

그러나 2008년 조계종 종단통계자료집(대한불교조계종 총무원 기획실, 2009. 5)에 의하면 불교의료복지시설 중 호스피스가 차지하는 비율이 크다고 할 수 있다. 즉 〈표 35〉에 나타나고 있는 것처럼 불교의료복지시설의 사업유형 중 호스피스요양원이 28.6%(4개소), 가정호스피스가 7.1%(1개소)로 기타를 제외하면 가장 비중이 크다. 다음으로 소공동

체/쉼터가 21.5%(3개소)이며, 병원과 병원사회사업실이 각각 7.1%
로 1개소이다(임해영, 2006: 34~35).

표 35 불교계 의료복지 사업유형

(단위: %, 개소)

병원	병원 사회사업실	가정 호스피스	호스피스 요양원	소공동체/ 쉼터	기타	합계
1	1	1	4	3	4	14
7.1	7.1	7.1	28.6	21.5	28.6	100.0

출처: 임해영(2006: 35)을 재구성함

5. 불교의료복지의 과제

매일매일 生과 死를 직면하는 병원의료 현장에서나 환자가 있는
가정에게는 환자와 가족들이 고통에서 벗어날 수 있도록 하는 희망이나
구원의 손길이 절실하며, 환자와 가족들을 돕고 배려하는 의료사회복
지활동 특히 불교의료사회복지의 역할이 매우 중요하다.

불교는 의료복지에 있어 환자와 가족의 심신 안정과 건강을 위한
활동을 하면서 종교적인 이상을 실현할 수 있는 중요한 기능을 수행한
다. 그러나 앞에서 검토해본 것처럼 불교계는 다른 종교에 비해서도
실제 병원의 운영이나 의료복지활동의 참여가 활발하지 못하며 의료복
지활동에 대한 제도적, 이론적 체계가 아직 정립되어 있지 않다.

이하에서는 불교의료복지의 활동이 아직 활발하지 못한 상황 속에서
비교적 다른 활동에 비해 불교의 참여가 많은 불교호스피스를 중심으로
과제를 살펴보고자 한다.

1) 불교의료복지시설의 확대와 전문인력의 양성

현대의학의 발달로 환자의 연명치료가 가능해짐에 따라 한편으로는 연명치료에 의한 환자들의 고통이 가중되고 있다. 이러한 사회적 배경 속에서 환자의 삶의 질이라는 측면에서 호스피스의 역할이 중요해지고 있으며, 가장 우선적으로 시급한 문제는 불교의료복지시설의 증가와 불교계의 활발한 참여가 필요하다 할 수 있다.

현재 불교호스피스 교육기관에서 단기간의 교육을 통해 호스피스 교육이 이루어지고 있지만 그 수와 참가 정도가 부족하며, 호스피스에 대해 보다 관심을 갖고 학문적으로 체계적으로 연구할 수 있는 교육기관으로서는 한계가 있다.

호스피스에 대한 체계적인 교육을 위해서는 불교의 철학 및 사상에 바탕을 둔 생사관, 죽음의 교육, 간병, 터미널 케어 교육의 실천 및 봉사활동, 죽음에 대한 마음의 준비, 죽음에 대한 간호, 사후 가족들이 케어와 일상생활로의 복귀 지원 등에 대한 전문적인 교육의 시스템을 갖추어야 한다. 또한 필요에 따라서는 가정호스피스, 병동형, 시설형 등으로 호스피스 활동영역을 선정하고, 종사자의 특성별로 교육을 실시하는 프로그램을 갖추는 것도 필요하다.

2) 불교의료복지시설 간의 정보제공과 네트워크의 활성화

병원의 법당이나 불교단체에 의한 호스피스 활동에 관련된 정보와 조직에 대한 네트워크의 활성화가 필요하다. 대개의 경우 병원법당을 중심으로 자원봉사자 스님과 불자들이 간병 및 호스피스활동을 하고 있다.

그러나 병원법당에 관한 체계적인 자료조차 파악되지 않으며, 해당

병원조차 법당의 위치도 잘 알려져 있지 않은 것이 사실이다. 또한 법당에 따라서는 자원봉사자인 스님의 일정에 따라 원만하게 이용되지 못하는 때도 있어서 환자가 갑자기 스님을 청할 때에 어려운 점이 있기도 하다.

그러므로 병원법당에 관한 정보와 조직을 네트워크화해 가까운 거리에 있는 각 병원법당 간에 서로 돕는 관계를 유지할 필요성이 있다(윤현숙, 2006: 388).

3) 자원봉사자의 양성과 교육의 활성화

불교자원봉사자의 활동은 불교의 생명존중 이념과 부처님의 대자대비 사상에 입각한 실천행의 하나이며, 나아가서는 종교를 초월한 모든 사람들에게 행해져야 한다. 불교호스피스는 불교적인 신앙심을 바탕으로 환자와 그 가족에 대한 세심한 배려와 돌봄이 필요한 활동이다. 불교호스피스의 활성화를 위해서는 보다 많은 사람들이 호스피스활동의 참여가 필요하다. 불교호스피스의 인재양성이라는 측면에서도 잠재적인 인력인 자원봉사자를 양성하고 불교호스피스에 대한 교육을 바탕으로 체계적인 지원이 필요하다.

제8절 불교자원봉사

1. 자원봉사에 대한 기초적 이해

1) 자원봉사의 개념과 정의

자원봉사는 문자 그대로 自(스스로 자) 願(바랄 원) 奉(받들 봉) 仕(섬길사), 즉 스스로 원해서 하는 행동을 말한다. 즉 생명의 존엄성을 인정하면서 다른 사람의 권리와 인격을 존중하고 그들에게 필요한 도움을 무상으로 제공할 때 이를 자원봉사라 한다. 근래 사용하고 있는 자원봉사자라는 말은 volunteer(자원봉사자), volunteeism(자원봉사활동) 등에서 따온 것으로 볼 수 있다. 이 자원봉사란 용어는 라틴어의 voluntas(자유의지)와 사람을 나타내는 접미사 '-eer'를 붙여 된 개념으로서 사전적 의미는 ① 독지가, 지원자, 의용병, 지원병(제1차 세계대전 시 사용), ② 임의 대위자, 무상봉사자(법적인 의미로 사용), ③ 지원의, 유지의, 자발적인(형용사적 용어로 표현), ④ ~를 자진해서 하다 등 다양하게 사용되어 왔다.

또한 "volunteer"는 인간의 자발적인 의지(will)와 욕망(desire)을 나타내는 자유의지에서 유래한 것으로, 프랑스어로는 '기쁨의 정신' 영어 명사로는 '지원자', 일본에서는 '자발적인 의지에 바탕을 두고 타인이나 사회에 공헌하는 행위'를 뜻한다(배기효 외, 2008).

자원봉사자들은 아무런 보상을 기대하지 않고 자신의 시간, 재능, 재산 등을 바쳐 인간과 자연을 포함한 모든 생태계가 더불어 잘 사는 복지사회를 구현하기 위해 헌신 노력하는 사람을 일컫는 개념으로서 의미를 가진다.

미국 사회사업백과사전에는 자원봉사를 '개인·집단·지역사회에서 발생하는 다양한 사회문제의 영역을 예방, 통제, 개선하기 위하여 다양한 활동에 보수 없이 자발적으로 참여하는 행위'라고 규정하고 있다. 일본의 사회복지사업 사전에는 자원봉사자를 '사회복지에 관련된 일을 한 후에 반대급부(보수, 지위, 명예 등의 교환)를 요구함이 없이 자의로 사회복지를 향상시켜 나가는 사람'이라고 정의하고 있다.

이상과 같은 여러 정의를 종합하여 보면, 자원봉사란 물질적 보상이나 대가를 요구하지 않고 봉사자의 시간, 재능, 재물 등을 제공하여 지역사회 문제해결과 지역주민의 삶의 질을 향상시키기 위한 시민들의 자발적인 행동이라고 할 수 있다(고양곤·모선희·원영희·이금룡, 2003; 조휘일·정재훈·원미순·박윤숙, 2009).

한국사회복지협의회(1997)에서는 자원봉사활동에 대해 "사회문제의 예방 및 해결 또는 국가의 공익사업을 수행하고 있는 공사의 공식조직에 자발적으로 참여하여 영리적 반대급부를 받지 않고서도 인간존중의 정신과 민주주의 원칙에 입각하여 낯선 타인들을 상대로 필요한 서비스를 제공함으로써 사회의 공동선을 높이고 동시에 각 개인의 이타심의 표현을 통해 자기실현을 성취하고자 하는 활동"으로 정의하고 있다.

2005년 법률 7669호로 제정된 우리나라의 자원봉사활동 기본법에서는 "자원봉사활동을 개인 또는 단체가 지역사회, 국가 및 인류사회를 위하여 대가 없이 자발적으로 시간과 노력을 제공하는 행위를 말한다"고 정의하고 있다. 또한 "자원봉사자"는 자원봉사활동을 행하는 자, "자원봉사단체"는 자원봉사활동을 주된 사업으로 행하거나 이를 지원하기 위하여 설립된 비영리 법인 또는 단체로 규정하고 있다.

엘리스Ellys와 노일리스(Noyles, 1990)는 자원봉사의 개념을 명확히 하기 위해 자원봉사활동의 구성요소를 자발적 선택, 사회적 책임, 경제적 이익의 배제, 기본적 의무의 초월이라는 네 가지로 설명하고 있다(남기철, 2007).

자원봉사의 개념은 선진국에서는 일반화된 개념으로 사용되고 있으나, 한국에서는 아직도 사회복지 관련 이외의 분야에서는 일반화되어 있지 않은 것으로 볼 수 있다. 따라서 미국『사회사업백과사전』(1977)에 있는 다음의 정의가 널리 쓰이고 있다. 즉 자원봉사란 모든 형태의 사회복지활동에 관여하고 있는 공적 또는 민간기관들을 위해 보상이 없이 그들의 서비스를 자유롭게 제공하는 개인들이라고 할 수 있다. 이러한 서비스 분야는 가정과 아동복지 분야, 지역사회개발, 주택과 도시재개발, 그리고 교정사업 등이다.

트렉커(H. B. Trecker)는 "자원봉사란 지역사회의 복지향상에 관여하는 사회기관으로서 무보수로 자발적인 노력을 하는 개인"이라 했으며, 미국 공동모금복지협의회 연합 볼런티어 서비스자문위원회에서는 자원봉사자를, 인간의 복지증진에 기여하는 민주적인 여러 제도·시설의 업무를 공동으로 부조하는 의지 있는 지역사회의 일원으로서 무보수로 봉사하는 사람이라고 정의하고 있다. 또한 우리나라 사회복지총람에 의하면, 자원봉사자란 지역사회의 복지증진을 위해 일하는 집단이나 기관의 책임 일부를 감당하는 자로서 노력의 대가를 받지 않고 자발적으로 봉사하는 사람이라고 밝히고 있다.

한국사회복지협의회(1987)에 의하면 자원봉사활동이란 사회문제의 예방 및 해결 또는 국가의 공익사업을 수행하고 있는 공사의 공식조직에 자발적으로 참여하여 영리적 반대급부를 받지 않고서도 인간존중의 정신과 민주주의 원칙에 입각하여 낯선 타인들을 상대로 필요한 서비스를 제공함으로써 사회의 공동선을 고양시킴과 동시에 이타심의 구현을 통해 자기실현을 성취하고자 하는 활동이다(조휘일, 2009).

현재 자원봉사의 개념을 정의할 때 실제로는 다양한 의견 차이가 있으며, 최근 용어의 정의를 둘러싸고 심각한 논의가 제기되지만 단일의 정의에 대한 동의가 이루어지지 않고 있다.

즉 여러 가지 새로운 요소들 또는 측면들이 고려의 대상이 되고 있다. 이들은 금전적 보상의 문제, 사회적 책임의 문제, 자발성과 강제성의 문제들이다.

최근 통용되는 자원봉사라는 용어는 적극적인 사회적 행동을 의미한다. 그러나 자원봉사행동이 올바르다거나 훌륭하다는 판단이 다른 사람들에 의한 것인가 아니면 행동의 주체가 되는 개인의 동기 때문인가라는 이슈는 논란의 대상이 될 수 있다. 최근에 와서 자원봉사의 개념규정에 금전적 보상의 기준만을 적용하는 것이 지나치게 제한적이라고 하는 이유들이 많이 나타나고 있다.

자원봉사는 시민사회에 능동적으로 참여하여 사회문제를 해결하고 지역사회 삶의 질을 증진하고자 하는 자발적 활동을 의미하는 것이다. 결국 자원봉사와 자원봉사자의 개념에는 개인적 선善의지의 속성도 중요한 것이지만 이보다는 사회적 존재로서 시민의식의 발현이라는 속성이 더 본질적 내용을 구성한다고 할 수 있다(남기철, 2007).

2) 자원봉사의 발달과정

남을 돕고 상부상조한다는 단순한 의미의 자원봉사활동은 인류의 역사와 함께 존재해 왔다고 말할 수 있다. 초기에는 전통적인 상부상조의 형태였으나, 중세의 종교적 자선활동, 근대의 인간존중과 박애정신에 기초한 인도주의적 구빈활동, 현대의 상호부조, 시민참여 등 사회적 연대성을 강조하는 조직적인 사회복지활동의 형태로 발전되어 왔다. 이와 같이 20세기 이후 전문화, 제도화된 자원봉사활동은 국가차원의 사회복지를 보완, 강화하는 중요한 역할을 담당하게 되었다.

우리나라 자원봉사활동의 기원은 마을단위로 농사철, 관혼상제 등이웃에 큰일이 있거나 곤란할 때 서로 돕는 두레, 향약, 계, 품앗이 등의 고유 전통이 있으나, 무보수성이라기보다는 경제적 보상을 전제로 한 상호부조이므로 자원봉사활동으로 보기에는 논란의 여지가 있다. 우리나라에서 사회적 연대를 강조하는 현대적 의미의 자원봉사활동은 1903년의 YMCA(한국기독교청년회)의 창립 이후로 보고 있다.

초기의 자원봉사활동은 주로 아동건강 증진, 여성계몽을 중심으로 전개되었다. 선교사들에 의해 인보관隣保館운동이 도입되면서 자선, 박애, 구국운동의 일환으로 학생이 중심이 되어 야학, 농촌봉사, 질병구제 등의 농촌계몽운동이 전개되었고, 해방 후에도 계속되었다.

1960년대와 70년대 적십자운동, 사회복지관운동을 통해 보다 조직적인 자원봉사활동이 자리 잡게 되었다. 봉사활동 영역도 기존의 활동 외에 대학생 계몽운동, 새마을운동 등으로 점차 확대되었고 민간단체에서의 자원봉사자 교육 및 훈련실시, 대학 내 자원봉사관련 교과목 개설 등 자원봉사활동은 질적으로도 향상되어 갔다.

자원봉사활동에 대한 사회적 관심이 조성되기 시작한 것은 1980년대 이후이며, 특히 1986년 아시안게임과 1988년 올림픽은 자원봉사활동이 확산되는 분기점이 되었다. 1990년대에 들어서면서 민주화운동, 시민운동, 지방자치제 실시 등의 영향으로 지역사회주민을 중심으로 한 자원봉사활동이 확대되었다. 특히 학교에서 자원봉사의 중요성을 인식하여 학생자원봉사활동을 권장하고 있으며, 기업체 내에서 진급 시 자원봉사에 대한 고려 및 기업체 내에서도 자원봉사단체가 생기게 되었다. 또한 복지 관련기관의 증대는 지역사회 내 자원봉사활동을 필요로 하는 대상층을 쉽게 접하는 계기를 제공하게 하였다. 2001년은 UN이 정한 '세계 자원봉사의 해'였고, 2002년에는 월드컵 축구대회

및 부산 아시안게임이 개최되어 우리사회에서 자원봉사활동에 대한
관심이 더더욱 높아졌다고 할 수 있다.

이러한 자원봉사자 활용과 관련된 추세를 살펴보면 사회 각 분야에서
자원봉사의 중요성이 광범위하게 논의되고 있음을 알 수 있다. 블런티
어 21에서 조사한 연구(이강현·김성경, 1999)에서 지난 1년간 20세
이상 성인의 14%가 평균 주당 2.2시간의 자원봉사활동을 하였고,
390만 명의 성인이 총 4억 5,119만 시간의 자원봉사활동을 하였다고
밝히고 있다. 또한 이에 상응하는 금전적 가치는 2조 4,500억 원으로
추산되어, 1997년의 경우 GDP의 0.58%에 해당된다고 한다.

정부차원에서의 자원봉사활동은 여러 부처에서 경쟁적으로 실시되
고 있다. 구체적으로 살펴보면, 1992년 보건복지부는 한국사회복지협
의회 부설 '사회복지 자원봉사 정보안내센터'와 한국사회복지관협회
부설 '재가복지봉사센터', '자원봉사알선센터'를 지원하고, 행정안전
부는 '자원봉사센터'를, 문화체육관광부는 '청소년 자원봉사센터'를,
여성가족부는 각 시·군·구 여성가족복지계에 '여성자원활동센터'를,
법무부는 '범죄예방자원봉사단체협의회'를 중심으로 자원봉사활동을
실시하고 있다. 그러나 정부 부처 간 협조가 미흡하여 부처 간 갈등,
재정의 낭비, 비슷한 활동의 중복, 자원봉사자 확보 경쟁 등이 문제점으
로 지적되고 있다.

1994년에 한국자원봉사단체협의회가 조직되었고, 1995년에는 학
계·정부·기업·사회복지관 등 각계 자원봉사 전문가들이 한국자원봉
사포럼을 구성하였다. 한편 2005년 자원봉사활동기본법, 2006년에
동 시행령이 제정되어 우리나라도 자원봉사활동 진흥에 대한 독립적
법안을 가지게 되었다. 이와 같이 우리나라의 자원봉사활동은 실시하

는 기관 및 단체가 산만하며, 이를 조정·연계하는 기구가 없고, 아직은 법적·제도적 지원이 미흡한 실정으로 해결하여야 할 과제가 많다(고양 곤 외, 2003).

3) 자원봉사의 필요성

오늘날은 기술혁신에 따른 사회변동으로 생기는 여가의 증대, 기계화로 인한 인간의 가치관 동요나 감퇴와 같은 사회문제를 해결하기 위하여 필연적으로 자원봉사활동을 지향하게 되고 있다. 가족과 친척에 대한 무관심·냉담은 이웃과 사회로 이어지고 있으며, 무관심과 냉담이 만연한 사회에서 개인은 무기력한 존재가 될 수밖에 없다.

이러한 상황에서 시민 모두가 함께 어울려 사회의 참 주인으로 스스로 설 수 있는 시민 공동체사회를 만들기 위해서는 자원봉사활동이 반드시 필요하다.

자원봉사활동은 사회복지를 향한 시민참여의 한 형태로서 그 활동 과정을 통해 공동체 의식을 높이고, 사회계층의 폭넓은 참여를 유도함으로써 사회연대의식과 책임의식을 바탕으로 한 민주주의의 기반이 될 것이다. 따라서 복지사회 건설을 위해서는 자원봉사자의 활용이 선행조건이며 필수조건이다(사회복지법인 연꽃마을 자원봉사자활동보고서, 2008).

2. 불교 자원봉사의 개념 및 실천원리

1) 불교자원봉사의 개념

『대지도론』 제4권 초품에 의하면 보살에 대해 다음과 같이 설하고 있다.

"보리는 모든 붓다의 도(佛道)를 이름한다. 살타란 중생 혹은 대심大心이라 불리니, 이 사람은 붓다들의 공덕을 모두 다 얻고자 하되 그 마음을 끊을 수 없고 깨뜨릴 수 없음이 마치 금강의 산과 같기 때문이다. 이를 대심이라 한다. 게송으로 말하리라.

　모든 붓다의 법과 지혜와 계율과 선정으로
　일체 중생을 이롭게 하니 일컬어 보리라 하네.
　그 마음 움직일 수 없어 능히 참고 도를 이루려 하되
　끊이지도 깨지지도 않기에 그 마음을 살타라 부르네.

　또한 좋은 법을 찬탄하는 것을 살이라 하고, 좋은 법의 특징(體相)을 타라 하나니, 보살의 마음은 자리自利와 이타利他가 있기 때문이고, 일체 중생을 제도하기 때문이고, 일체법의 진실한 성품을 알기 때문이고, 아뇩다라삼먁삼보리를 행하기 때문이고, 일체 성현들이 칭찬하는 바이기 때문에 이를 보리살타라 한다. 그것은 왜냐하면 모든 법 가운데서는 불법이 으뜸인데, 이 사람이 그 법을 취하고자 하기 때문에 모든 성현들의 찬탄을 받는 것이다.
　또한 이와 같은 사람은 모든 중생들이 생·노·병·사에서 해탈케 하기 위하여 불도를 구하니 이를 보리살타라 한다."

　이와 같이 불교 자원봉사는 부처님의 법과 지혜와 계율과 선정으로 일체 중생을 이롭게 하는 자리의 마음과 일체 중생을 구제하려는 이타행을 서원하는, 즉 상구보리 하화중생의 가르침을 실천에 옮기는 대사회적인 보살행이다(서병진, 2010).

2) 불교 자원봉사의 실천원리

(1) 사무량심四無量心

불교의 실천적 핵심 사상으로 자慈·비悲·희喜·사捨의 4가지 무량한 마음은 타인에게 베풀고자 할 때 갖는 한없는 사랑의 마음이며, 모든 중생들에게 즐거움을 주고자 하는 한량없는 마음가짐이고 자원봉사자들이 실천해야 될 행동강령이다.

①자무량심慈無量心은 중생을 사랑하는 마음으로 언제나 안녕과 안락을 구원하여 중생을 이익 되게 하는 것이요, 중생을 내 몸과 같이 생각하여 즐거움을 주려는 마음이다.

②비무량심悲無量心은 중생을 연민하는 마음이며 그 고통을 벗겨 주려는 간절한 마음이다.

③희무량심喜無量心은 모든 중생을 대할 때 마음으로부터 기뻐하며 남의 즐거움을 나의 즐거움으로 생각하는 마음이다.

④사무량심捨無量心은 모든 집착을 다 버리고 모든 중생을 평등하게 대하는 마음이다.

(2) 사섭법四攝法

불교 자원봉사는 상구보리 하화중생의 가르침을 실천에 옮기는 대사회적인 보살행이며, 고통받는 중생을 구제하기 위해서 취하는 지도이념이다. 불교에서의 5계가 개인의 윤리라면, 『중아함경』 제33권에 나오는 사섭법은 사회윤리인데, 보시布施·애어愛語·이행利行·동사同事를 말한다. 사섭법은 보살이 고통세계의 중생을 교화시키기 위해 사용하는 네 가지 방편으로 자원봉사활동에 있어 불교가 주체적으로 실천할 수 있는 이타행을 제시하고 있다(서병진, 2010).

①보시섭은 내가 가지고 있는 모든 것을 아낌없이 주어 상대방에게 이익을 주는 것이다. 보시의 종류로는 일반적으로 법보시法布施, 재물보시財物布施, 무외보시無畏布施가 있고 무재칠시無財七施라고 하여 아무것도 가진 것이 없어도 타인을 사랑하는 인간애만 있다면 누구든지 베풀 수 있다고 하여, 봉사는 가진 자만이 행하는 것이 아니라 아무것도 가진 것이 없어도 베풀 수 있는 행위라고 한다. 이와 같이 보시 사상은 불교의 가장 중요한 실천 덕목이며 자원봉사자의 기본 이념이다.

②애어섭은 중생에게 친절하고 부드럽고 기분 좋게 함으로써 상대의 마음을 따뜻하게 하는 방법이다.

③이행섭은 중생에게 이익을 주기 위하여 몸과 입과 뜻으로 헌신하고 도와주는 행위이다.

④동사섭은 내가 중생과 함께 희·비·애·락을 나누고 동고동락하는 정신, 즉 중생과 함께 하는 보살의 마음이다.

『불설분별보시경佛說分別布施經』에서는 보시행을 14가지로 분류하여 설한 부처님의 가르침을 상세히 전하고 있는데, 이는 대상자가 필요로 하고 원하는 것을 아낌없이 평등하게 베푸는 이타행이다. "아난아, 열네 가지 비교되는 보시가 있다. 열네 가지란, 첫째는 병으로 고생하는 이에게 보시하는 것이요, 둘째는 계율을 범한 이에게 보시하는 것이며, 셋째는 계율을 지키는 이에게 보시하는 것이요, 넷째는 더러움을 떠난 이에게 보시하는 것이며, 다섯째는 수다원으로 향하는 이에게 보시하는 것이요, 여섯째는 수다원의 결과를 얻은 이에게 보시하는 것이다. 일곱째는 사다함으로 향하는 이에게 보시하는 것이요, 여덟째는 사다함의 결과를 얻은 이에게 보시하는 것이며, 아홉째는 아나함으로 향하는 이에게 보시하는 것이요, 열째는 아나함의 결과를 얻은 이에게 보시하는 것이며, 열한째는 아라한으로 향하는 이에게 보시하는 것이요, 열두째는 아라한의 결과를 얻은 이에게 보시하는 것이며, 열셋째는 여러 연각에게 보시하는 것이요, 열넷째는 여래·응공·등정각에게 보시하는 것이니라."

(3) 복전사상福田思想

『무량수경』에 의하면 아미타불께서는 "내가 무량겁에 걸쳐 대시주가 되어 널리 가난과 고통을 구하지 못한다면 맹세코 부처가 되지 않으리라"고 하셨다. 복전의 종류는 1복전, 3복전, 4복전, 7복전, 8복전 등이 있다. 자비의 실천인 복전이란 사람들이 공덕을 심는 장소요 행복을 생산하는 밭이라는 뜻이다. 처음에는 부처님을 최고의 복을 심는 밭으로 여겨 공양하였으나 대승불교가 발달하면서 삼보, 부모, 스승에서 일반 민중, 특히 사회적인 약자인 노인, 빈곤자, 병자, 축생에게까지 확대되어 결국에는 미래의 행복의 요인이 될 수 있는 모든 이타적 행위, 활동, 공익적인 모두가 복전이 되고 있다.

　『우바새경』에 의하면 "만약 과보를 바라고 보시한다면 시장에서 물건을 매매하는 상행위와 무엇이 다르랴" 하여 복전의 참 정신을 잘 나타내고 있다. 이 복전의 정신은 빈곤자, 병자, 소외된 자 등 사회적인 약자, 축생 등으로 확대되어 자선적, 공익적 성격을 띤 사회복지증진 사상으로 발전하여 불교가 인간의 고통과 사회의 고통을 해방시켜 복지사회를 건설하는 이념적인 바탕이 되는 것이다(김각현, 2001,

73). 이러한 복전사상은 초기불교에서 대승불교에 이르기까지 국가의 공공복지정책의 형태로 시설복전사업으로 발전되었는데, 아소카 Aśoka왕의 복지정책에서부터 용수龍樹의『보행왕정론』에서 왕에게 설한 정도론政道論에 이르기까지 복전사업을 국가적인 차원에서 공공 복지정책으로 시행한 것을 살펴볼 수 있다(권경임, 2004: 77).

(4) 보은사상報恩思想

보은이란 은혜에 보답한다는 의미인데 불교에서의 보은은 상의상관의 연기론적인 연관성을 중시하는 불교적 사회연대주의에 바탕을 둔다.

보은사상은 대승불교의 보살도 가운데 중요한 사상의 하나로 보은이 란 은혜를 알아서 갚는다는 의미이다. 특히 대승불교에 이르러서는 갖가지로 설하고 있는데『대방등대집경』,『대보적경』,『사리불문경』, 『대방편불보은경』등에서 그 면모를 찾아볼 수 있다.

『대승본생심지관경』에 의하면 "은혜를 알고 이에 보답하려는 마음 이란 자그마한 은혜라 하더라도 잊지 않고 보답해야 한다는 뜻이니 커다란 은혜에 있어서랴"라고 하여 은혜를 강조하고 있다. 특히 이 경에서는 부모은, 중생은, 국왕은, 삼보은의 사은四恩을 들고 있는데 이 네 가지 보은을 행하라는 가르침은 불자들에게 널리 강조되고 있는 윤리적 원리이다.

그리고『정법염처경』에서는 모은, 부은, 여래은, 설법법사은의 사은 을 설하고 있으며,『대방편불보은경』은 부모에게 효도 봉양함으로써 무상정등정각을 속히 성취할 수 있다고 보은의 공덕을 설하고 있다(권 경임, 2004, 79).

3. 불교자원봉사의 이념

1) 보살사상

보살사상을 설한 경전은 『대품반야경』, 『대무량수경』, 『법화경』, 『화
엄경』, 『승만경』, 『열반경』, 『유마경』, 『육도집경』, 『보살본연경』, 『보
살본생경』 등 대승경전이 많은데, 불교에서는 가장 이상적 인간상을
보살이라고 칭한다. 한편으로는 깨달음을 추구하며 또 한편으로는
가없는 중생을 제도(上求菩提 下化衆生)하겠다는 서원을 실천하기 위하
여 구체적인 노력을 펼치는 인간 최고 이상향의 인간, 즉 보살은 사바세
계를 정토사회로 바꾸는 역군이며, 보살의 헌신과 베풂, 구도열은
사회복지 사상의 극치이며 자원봉사활동의 이념이다.

　『대품반야경』에 의하면 "보살은 열반에 들 수 있음에도 열반에 들지
않고 중생의 이익을 위하여 중생을 따라 몸을 받고 그 몸으로써 그들을
이익 되게 하며 대자비심을 구족하고 중생을 불쌍히 여겨 이익을 주기
위해 축생의 몸을 받는다"고 하였다.

2) 자비사상

『대지도론』에 의하면 자비는 불교의 본분이며 목표이고 생명존중의
기본이념이다. 자慈는 중생을 사랑하고 염려해서 항상 평온하고 즐거
운 일을 구하여 풍요롭게 해주는 것이요, 비悲는 중생을 가엾게 여겨
갖가지 몸을 받아서 몸과 마음으로 괴로워하는 것을 기꺼이 받아들이는
것이다.

　자비라는 불교적 사랑은 절대적 사랑을 의미하는 것으로써 일체
중생을 고통에서 구제하고 행복하게 하려는 부처님의 마음이다. 자원

봉사자도 이와 같은 마음가짐이어야 한다.

3) 연기사상

연기사상은 불교의 기본적인 세계관이다. 연기는 자신과 다른 생명체를 대립과 갈등의 관계가 아니라 상호 협력의 관계로 보며, 이는 공동체 사회를 이룩해야 하는 당위성을 제시하는 사회관이기도 하다. 이 세상에 존재하는 모든 것은 서로 상의 상존 관계에 있기 때문에 타인의 문제가 자기 자신과 모두 연결되어 있는 것이다. 따라서 타인의 고통이 곧 나의 고통이며 우리 모두의 고통이 되는 것이다. 일체 중생은 모두가 한 가족이며 동일 생명이니 남을 돕는 것이 곧 자신을 돕는 것이 되는 것이다.

4. 불교 자원봉사의 특성과 기본자세

1) 불교 자원봉사의 특성

한국사회복지협의회(1997)에서는 자원봉사의 철학적 배경을 통해 자원봉사활동의 특성을 유추하고 있다.

첫째는 종교적 윤리의 속성이다. 둘째는 박애정신이다. 셋째는 상호부조정신이다. 넷째는 시민참여정신이다. 다섯째는 자발적 참여주의이다(남기철, 2007).

자원봉사는 민주주의에 뿌리를 두고 있으며 민주주의의 기본적 전제는 인간의 존엄성을 인정하고, 모든 인간에게 평등한 권리를 부여하며, 그 권리를 보호하기 위하여 정당한 절차에 따른 결정과 분배를 보장하는 일이다. 그러므로 자원봉사는 민주사회를 건설하기 위하여 민주시민이 기본적으로 갖추어야 할 사회공동체적 행동으로 볼 수 있다. 어느 나라의 민주주의가 어느 정도 발전되어 있는가를 판단하기 위해서는 그 나라의 자원봉사자와 그들을 활용하는 자원봉사기관이 얼마나 있느냐에 따라 측정할 수도 있을 것이다. 민주주의 철학에 뿌리를 둔 자원봉사정신은 자발성, 무보수성, 사회복지성, 변화성, 연대성, 책임성, 지속성, 창의성, 여가활동, 민간활동 등의 특성을 가지고 있다(고양곤 외, 2003).

자발성이란 자원봉사자가 자신의 자유로운 선택에 의하여 봉사활동을 하는 것으로 타인에 의해서 강제로 활동하는 것이 아님을 말한다. 이러한 자발성은 일체 중생을 구제하려는 보살의 서원이라고 볼 수 있다. 중생의 고통을 자신의 아픔으로 여기는 자비심에서 발로하여 그들을 고통에서 구제하고자 하는 발심이기 때문이다(서병진, 2010).

무보수성이란 금전적 보수나 물질적 보상 등을 받지 않고 무상으로 봉사행동을 제공한다는 의미이다. 자원봉사자 자신의 시간과 재능, 그리고 비용까지를 대상자에게 베풀면서 정신적인 보람 내지 만족을 느끼는 것이다. 이는 불교에서 행하는 보시에 해당한다고 볼 수 있다. 이러한 보시는 보살행의 실천덕목인 육바라밀六波羅蜜과 사섭법四攝法 중의 으뜸이기도 하다(서병진, 2010). 그러나 실제적으로는 봉사활동에 필요한 최소한의 경비로 교통비와 식비 등을 지급하는 경우가 많다.

사회복지성은 자원봉사의 목적이 사회문제의 예방이나 해결에 필요한 서비스를 제공함으로써 사회의 공동선을 높이고 결과적으로 사회통합과 국가발전에 공헌하는 활동을 말한다. 이 사회복지성은 불교의 연기법에서 찾아볼 수 있는데 개인, 가족, 이웃, 지역사회, 국가 그리고 법과 제도, 사회문화적 현상 모두는 직·간접적인 인과관계에 의해서

272

성립되고 존재한다는 원리이다. 따라서 전 국민의 이익을 도모하는 동체대비의 정신이라고 할 수 있다(서병진, 2010).

변화성은 자원봉사의 제공자나 대상자가 변화될 수 있다는 것이다. 자원봉사 제공자가 때로는 자원봉사 대상자가 될 수 있고, 또한 자원봉사 대상자는 자원봉사 제공자로 변할 수 있는, 서로 주고받는 양면성을 가지고 있다. 연대성이란 자원봉사자가 이웃에 대한 책임감과 사회적인 연대의식을 가지고 있다는 것이다. 책임성이란 자원봉사자가 봉사활동에 대한 책임을 갖고 있음을 말한다. 지속성은 자원봉사가 지속적으로 할 수 있는 활동임을 나타내며, 창의성은 자원봉사가 자기창조와 자아를 실현하는 행동임을 말한다. 여가활동은 자원봉사가 대부분 봉사자의 여가시간을 이용한 행동임을 의미하고, 민간활동으로서의 자원봉사는 시민참여가 봉사활동의 주종을 이루고 있음을 나타낸다.

"세계자원봉사활동의 아버지"라고 불리고 영국 학교교육에 자원봉사학습 도입에 성공한 자원봉사회(CSV.Community Service Volunteers)의 명예회장 알렉 딕슨 박사는 "물에 들어가지 않으면 수영을 배우는 것은 불가능하다"라는 속담을 인용하면서 자원봉사 학습의 의의를 다음과 같이 표현하고 있다.

"소년은 자신이 필요한 존재라고 느낄 때 비로소 어른이 된다"(고양곤 외, 2003).

2) 불교 자원봉사자의 기본자세

세계자원봉사연합회(IAVE: International Association for Volunteer Effort)에서 1990년에 채택한 세계자원봉사자 선언문에서는 자원봉사활동은 '창조적이고 화해하는 힘'이라 규정하고 자원봉사자들이 자원봉사활동을 통하여 모든 인간의 존엄성 존중, 인간의 삶의 질을 향상시키고 시민으로서의 권리를 행사할 잠재능력 개발, 여러 가지 사회문제 해결 지원, 보다 인간적이고 정의로운 세계의 건설과 국제적 협력 강화에 노력할 것을 선언하였다. 이를 토대로 자원봉사활동을 수행하는 데 필요한 기본원칙을 제시하면 다음과 같다.

①인간의 가치와 존엄성에 대한 확신을 토대로 봉사대상자의 존엄성과 개성을 존중하여야 한다.

②인간의 잠재적 가능성에 대한 신념에 입각하여 봉사대상자로 하여금 자신의 문제를 스스로 해결할 수 있도록 돕는다.

③인간의 자유권과 자기결정권에 의거하여 봉사대상자의 자주성과 독립성을 인정하고 존중하여야 한다.

④인간의 사회적 책임에 입각하여 봉사대상자로 하여금 자기의 문제에 대해 자립적으로 책임과 의무를 다할 수 있도록 돕는다.

⑤인간의 평등과 기회균등의 원리를 토대로 하여 사회정의의 실현과 공공성·공익성을 추구해야 한다.

⑥인간에 대한 믿음과 사랑을 갖고 더불어 사는 사회를 위해 공동으로 노력하는 자세를 갖는다.

자원봉사자의 기본적 역할은 봉사의 제공이지만 특정 시대, 기관 등에 따라 필요로 하는 자원봉사 영역도 변할 수 있고, 자원봉사 유형에 따라 역할도 다양해질 수 있다. 미국의 경우『사회사업백과사전』1987년 18판에서는 자원봉사자의 역할을 ①남을 돕는 전통적인 개인활동으로서의 서비스활동, ②변화와 권익대변활동, ③시민참여활동, ④관리하는 활동, ⑤기금조성활동으로 구분하였다(고양곤 외, 2003).

불교자원봉사는 상구보리 하화중생의 가르침을 실천에 옮기는 사회적인 보살행으로서 보살이 중생을 구제하기 위해 어떻게 이타행을 실천하는지에 대한 구체적인 이념이 『화엄경』「공덕화취보살십행품德華聚菩薩十行品」에 나타나 있다.

십행이란 보살이 수행하는 계위階位를 52위로 한 것 중에서 10신信·10주住 다음의 계위로서, 묘각妙覺 이타利他의 수행을 완수하기 위하여 중생제도에 노력하는 지위를 10으로 나눈 것이다. 이는 또한 이타행을 실천하는 10가지 방법으로 사회복지사나 자원봉사자의 실천적 자세로도 볼 수 있다. 십행은 ①기뻐하는 환희행歡喜行, ②이롭게 하는 요익행饒益行, ③성냄과 원한이 없는 무진한행無瞋恨行, ④다함이 없는 무진행無盡行, ⑤우치와 산란을 떠난 이치란행離癡亂行, ⑥잘 나타나는 선현행善現行, ⑦집착이 없는 무착행無著行, ⑧존중하는 존중행尊重行, ⑨좋은 법의 선법행善法行, ⑩진실한 진실행眞實行을 말한다(서병진, 2010: 486~489참조).

사회복지법인 연꽃마을의 2008년도 자원봉사 활동보고서에 의하면 자원봉사자의 기본자세는 다음과 같다.

①책임감: 자발적으로 하는 활동이므로 스스로 책임감을 가지고 주어진 일에 최선을 다한다.

②성실성: 효율과 효과적인 활동 결과를 가져오도록 업무를 수행한다. 이를 위해 각 활동내용을 미리 점검하고 활동내용은 기록해 두는 습관을 가진다.

③약속이행: 자원봉사활동이란 자원봉사자와 봉사를 받는 사람, 담당시설이나 기관과의 약속이라 할 수 있는데, 이는 책임의 문제와도 연결된다.

④상대방의 입장에서 보는 관점: 겸손, 포용, 이해하는 마음을

가지고 상대방의 말을 경청한다.

⑤배우려는 자세: 자신의 기술이나 인격의 지속적인 성장으로 추구하며 봉사하고 있는 사회문제와 서비스를 받는 대상자로부터 배우고 이해를 넓히려고 노력한다.

⑥책임과 권한의 한계 설정: 자원봉사자와 활용기관의 담당자, 활동 대상자, 자원봉사자와의 관계에서 일의 한계를 분명히 한다. 활동하는 기관의 안내에 따라 활동하되, 활동 대상자와 기관이 요구하는 바와 그 가운데 자신이 할 수 있는 것이 무엇인지 적절한 조율을 거쳐 활동해야 한다.

⑦비밀준수: 활동하는 기관이나 대상자에 대한 비밀을 지킨다.

⑧협력: 문제해결을 위해 기관, 활동 대상자, 자원봉사자와 협력한다(사회복지법인 연꽃마을 자원봉사자 활동보고서, 2008).

5. 불교 자원봉사활동의 현황과 실천사례

1) 불교 자원봉사활동의 현황

불교계에서 사회복지사업에 적극적으로 참여하기 시작한 것은 1980년대부터이며, 자원봉사활동은 1990년대 이후 활발하게 진행되었다. 1993년 사회복지법인 연꽃마을에서 자원봉사단체인 간병인회를 설립하였으며, 1995년 8월 사회복지법인 대한불교조계종사회복지재단 자원봉사센터의 설립을 시작으로 조계종단 내에서 1995년 사회복지법인 불국토, 1996년 사회복지법인 승가원과 사회복지법인 신흥사복지원 등이 설립되어 자원봉사활동을 수행하고 있다.

2009년 12월 현재, 자원봉사전담시설은 사회복지법인 대한불교조계종사회복지재단 자원봉사단을 비롯하여 사회복지법인 연꽃마을 자원봉사단, 사단법인 천수천안 자원봉사단, 대한불교조계종 불국사 자원봉사단, 사단법인 정토회 자원봉사센터, 공주청교련청소년자원봉사센터, 대구광역시 남구자원봉사센터, 대전청소년자원봉사센터, 광주자비신행회 등이 활동하고 있다. 대한불교청소년교화연합회는 중앙에 불교청소년자원봉사센터를 설치하고 각 지부 및 지방별로 자원봉사센터를 지정하여 자원봉사활동을 네트워크로 조직하고 있다(서병진, 2010).

또한 중앙승가대학교 학인(졸업생 포함)들이 중심이 되어 니르바나 자원봉사단이 발족되었으며, 현재 재학중인 학인스님들을 중심으로 자비나눔 자원봉사단이 활동 중이다. 각 시민단체 중 경제정의실천불교연합은 결식아동, 독거노인, 실직자, 외국인 노동자들을 위한 자원봉사활동을, 재가연대는 종회발전재가봉사단을, 한국여성불교연합회, 대한불교부인회, 여성불교회 등은 교도소와 노인요양원에 자원봉사활동을, 불교간병인연합회와 자비의 전화 등에서도 자원봉사활동을 전개하고 있다.

대한불교조계종 사회복지재단 창립 15주년 기념 특별세미나에서 조성희가 발표한 불교계 사회복지시설의 자원봉사 관련 조사 결과(조사대상 시설 총 516개소)를 살펴보면 다음과 같다.

먼저 사회복지봉사활동 인증기관(VMS) 등록 여부를 조사한 결과 약 60%의 시설이 등록돼 있는 것으로 나타났다. 다음으로 불교계 사회복지시설에서 현재 활동하고 있는 자원봉사자는 평균 373명, 정기봉사자는 평균 161명, 비정기봉사자는 평균 210명이었다. 봉사자가 없는 경우는 약 18%를 차지하고 있는 것과 비교하여 약 25,000명의 봉사자가 활동하고 있는 시설까지 편차가 매우 크게 나타났다.

자원봉사단체를 살펴본 결과, 평균 12개의 봉사단체가 활동하고 있지만 500개의 봉사단체가 활동하는 시설이 있는 반면, 봉사단체가 없는 시설이 절반 가까이 차지(42.3%)할 정도로 편차가 크게 나타났다. 정기적으로 활동하는 봉사단체는 평균 약 8개 정도이고, 비정기적으로 활동하는 봉사단체는 약 5개 정도였다. 아직은 봉사단체가 활동하는 시설들이 많지 않은 것으로 볼 수 있다.

자원봉사자의 종교를 구분하는지의 여부를 조사한 결과 81.4%의 시설이 봉사자의 종교를 구분할 수 없는 것으로 응답하였다. 절반에 가까운 49.3%가 자원봉사자 관리 D/B를 사용하지 않고 있는 것과 관련성이 깊은 것으로 볼 수 있으며, 불교계에서 운영을 하고 있지만 봉사자의 종교에 대해서는 그다지 중요한 고려사항이 아니기 때문에 파악하지 않을 수 있다고 본다.

자원봉사자의 종교를 구분할 수 있는 시설(96개소)에 한해 봉사자와 봉사단체에서 불자가 차지하는 비율을 살펴본 결과, 봉사자는 평균 56.21%로 절반 이상이었고, 봉사단체는 평균 34.39%였다. 100% 모두 불자인 경우는 봉사자 중에서 9.8%, 봉사단체 중에서 9.2%를 차지한다.

자원봉사자관리와 위해 실시하는 프로그램을 확인한 결과, '봉사자 교육'이 79.5%로 가장 많고, '우수봉사자 시상'(52.7%), '봉사자 관리 D/B 사용'(50.7%), '야유회, 발표회, 송년행사 등의 봉사자 행사'(46.1%), '봉사자용 공간 제공'(39.5%) 등의 순으로 많이 하고 있었다. 우수봉사자 시상, 야유회나 발표회 등의 봉사자 행사, 봉사자용 공간 제공 등의 비경제적인 보상을 제공하여 봉사자들의 욕구를 충족시키고 있는 것으로 볼 수 있다. 그리고 사회복지봉사활동 인증기관으로 등록된 경우가 60.1%인 것을 고려하면 '봉사자 관리DB 사용'(50.7%)이 그에 미치지 못하고 있어 체계적인 봉사자 관리를 위해 확대되어야 할 것으로 보인다.

2) 불교 자원봉사자 통합관리 사례

(1) 사회복지법인 연꽃마을 자원봉사자 통합관리

「연꽃마을 자원봉사단」은 사회복지법인 연꽃마을의 설립이념인 '자비정신'과 '보살행'의 불교정신을 바탕으로 시민들의 다양하고 우수한 자원으로 이웃을 위해 봉사하고 더불어 살아가는 아름다운 세상을 만들겠다는 발원과 연꽃마을 산하 시설·기관에 소속되어 활동해오고 있는 자원봉사자 간 정보교류 및 네트워크화를 목적으로 발족하였다.

자원봉사자 통합관리란 사회복지법인 연꽃마을 각 시설에서 활동하고 있는 자원봉사자들을 대상으로 1999년 4월 1일부터 실시되고 있으며, 법인을 중심으로 각 시설 봉사자들의 봉사실적을 통합적이고 효율적인 방법으로 누적 관리하여 봉사자들이 봉사실적에 따라 포상 및 보상 등의 혜택을 받을 수 있도록 봉사실적을 관리하기 위해 마련된 제도이다.

자원봉사자 통합관리의 실시배경은 체계화, 일원화된 자원봉사자 관리방법의 도입으로 사회복지사업의 극대화방안을 강구하고, 적절한 인정과 보상제도의 도입으로 연꽃마을 자원봉사자로서의 소속감 및 책임감과 자긍심을 갖도록 유도하고, 시설 간의 상호협력관계 유지와 연대감을 조성하여 연꽃마을 사회복지사업의 활성화에 기여하고자 하는 것이다.

자원봉사자 통합관리의 적용기간은 1999년 4월 1일부터 통합관리 프로그램이 운영되었으며 자원봉사자의 활동현황은 연꽃마을 산하 각 시설에서 법인사무처로 매월 제출하는 봉사활동 기록부에 근거하여 활동내용을 반영하고 있으며, 적용대상은 연꽃마을 시설에 의해 법인 으로 등록된 자원봉사자는 2010년 12월 현재 25,000여 명이다.

자원봉사자 통합관리 적용시설로는 용인시 용인노인요양원, 용인 노인전문요양원, 평택시 노인전문요양원, 바라밀전문요양원, 대구 보살선원, 군포 매화종합사회복지관, 고양시 일산노인종합복지관, 부천시 원미구노인종합복지관, 평택 남부노인복지관, 평택 북부노인 복지관, 안산시 부곡종합사회복지관, 서울시 송파노인복지센터, 용인 가정봉사원파견센터, 서울시 아현노인복지센터, 안성시 노인주간보 호센터, 서울 서초구립방배노인종합복지관, 용인시 용인노인종합복 지관, 연천군 노인복지관, 수원 광명의원 등이 있다(사회복지법인 연꽃 마을 자원봉사자 활동보고서, 2008).

(2) 사회복지법인 연꽃마을 자원봉사자 통합관리 시스템

사회복지법인 연꽃마을의 자원봉사자 통합관리시스템에 따라 각 주 체, 즉 법인사무처, 산하시설, 자원봉사자의 업무내용은 다음과 같다.

280

법인사무처	산하시설	자원봉사자
⬇	⬇	⬇
① 자원봉사자 활동현황관리 ② 연말우수자원봉사자 시상 ③ 봉사활동 실적 입력 관리 ④ 자원봉사자 활동보고서 발간 ⑤ 시설전담직원 교육 ⑥ 생신카드 발송	① 자원봉사자 활동현황보고 ② 신규자원봉사자 현황보고 ③ 시설 자원봉사자 교육 ④ 자원봉사자증 제작 ⑤ 감사송년회 실시	① 자원봉사자 활동신청서 작성 ② 자원봉사자 관리카드 작성 ③ 봉사활동일지 작성 ④ 자원봉사자 활동

출처: 사회복지법인 연꽃마을 2008년도 자원봉사자 활동보고서

그림 7 자원봉사자 통합관리시스템에 따른 주체별 업무

(3) 사회복지법인 연꽃마을 자원봉사자 통합관리 지침

사회복지법인 연꽃마을 자원봉사자 통합관리 지침의 운영방법은 다음과 같다.

①연꽃마을의 모든 자원봉사자의 활동경력 인정은 자원봉사자 통합관리시스템이 실시되는 1999년 4월 1일을 기준으로 인정한다.

②활동 년 수 3년 이상, 봉사일수 120일 이상, 봉사시간 360시간 이상을 1호봉으로 인정하며 3가지 조건에 모두 충족되어야 1호봉으로 인정한다(봉사자 1인이 2개 이상의 시설에 소속되어 활동할 경우에는 활동일수 및 시간을 모두 합산 반영하여 경력으로 인정한다).

③기타 각 시설에서는 활동하고 있는 자원봉사자를 외부기관에 적극 추천하여 포상을 받을 수 있도록 한다.

표 36 자원봉사 보상제도

구분	봉사활동 경력			호봉	비고
	봉사년수	봉사일수	봉사시간		
법인 생활시설 무료 입방	30년 이상	960일 이상	3,240시간 이상	6	-
법인 생활시설 50% 할인	24년 이상	840일 이상	2,520시간 이상	5	-
활동비 지급 또는 해외연수 실시	18년 이상	720일 이상	2,160시간 이상	4	-
감사패 수여	9년 이상	360일 이상	1,080시간 이상	3	10만원 상당의 금품지원
감사메달 수여	6년 이상	240일 이상	720시간 이상	2	5만원 상당의 금품지원
감사장 수여	3년 이상	120일 이상	360시간 이상	1	3만원 상당의 금품지원

출처: 사회복지법인 연꽃마을, 『2008, 자원봉사 활동보고서』, 2008

3) 불교계의 자원봉사단체

(1) 대한불교조계종 자원봉사단

1995년 6월 삼풍백화점 붕괴사고 당시 봉사활동에 참여했던 불교계 자원봉사단체들이 조직적이고 체계적인 자원봉사활동을 위하여 1995년 8월 대한불교조계종사회복지재단 부설로 창립하여 운영하고 있는 자원봉사단이다. 창립 이후 2천여 명의 직할자원봉사단을 비롯하여 전국의 지부 및 지회봉사단을 포함하여 2만여 명이 각종 사회복지시설과 병원 및 공공기관 등에서 정기적으로 활동을 펼치고 있다. 불자들이 이웃과 나누고 베풀면서 살아갈 수 있도록 전국사찰 신도들을 대상으로 자원봉사교육을 실시하고 있으며, 양성된 자원봉사자들을 사회복지시설, 병원, 공공단체에 파견하고 있다(서병진, 2010).

자원봉사단으로 일반자원봉사단(1996. 3), 산악해난구조봉사단

(1996, 7), 가족봉사단(1996, 8), 간병봉사단(1992, 10), 장의의례봉사
단(1995, 12)이 설치되어 있다(윤현숙, 2005).

① 자원봉사단의 조직
조계종 자원봉사단의 조직을 살펴보면 조계종 총무원장을 총재로,
총무원 사회부장을 단장으로 하여 조계종 사회복지재단 법인사무국장
이 사무총장, 복지부장이 사무국을 맡고 있다.

　직할 봉사단은 8～10명 단위의 팀별로 구성된 자원봉사자들이 간병,
목욕, 이미용, 한방, 발반사 등의 활동내용으로 각종 사회복지시설에서
활동하고 있다. 지방조직은 각 광역시별 활동경험자를 중심으로 지부
와 지회를 개설 운영하게 하고 있으며, 지부나 지회는 각 지역의 특성에
맞는 활동내용을 갖는다. 교육프로그램의 운영은 중앙의 사무국과
협의를 하며, 수료증·단원증 교부, 복장 및 개인별 활동기록은 중앙사
무국과 동일하게 운영하고 있다.

② 자원봉사관리 및 운영
㉮ 자원봉사자 모집 및 교육
수료자에 한해 자원봉사활동 현장에 파견하는 것을 원칙으로 하고
있다. 자원봉사교육을 받지 않은 사람은 클라이언트 또는 자원봉사기
관에 대해 기대치가 높을 뿐만 아니라 자기중심적이기 쉽다. 기대치가
높으면 그 기대치가 충족되지 못할 때 중도에 탈락할 가능성이 높으며,
자원봉사활동 그 자체에 대해서도 좋지 않은 경험으로 남아 다시는
자원봉사활동을 하지 않거나 심지어 주변사람들에게 자원봉사를 하지
못하도록 하는 부정적인 요인으로 남을 수 있기 때문이다.

둘째, 조계종 자원봉사단은 불교신자로 구성되어 있어 신심과 보살행을 증장시킬 수 있는 교육 프로그램도 병행하고 있다. 2개월에 1회씩 실시하는 불교문화순례, 1배 100원의 3000배 자리 릴레이, 삼보일배 수행 프로그램과 법회 등이 그 예이다. 이로써 봉사자들은 수행과 자원봉사가 하나라는 인식을 제고하고 소속감을 강화하고 있다.

셋째, 임기 1년인 각 팀의 팀장은 팀원들이 돌아가면서 맡도록 하여 조직참여도를 높이고 있다. 1인 중심의 독선적인 팀 운영을 방지함으로써 팀원의 참여도를 높이고, 팀원들이 팀장의 역할을 자연스럽게 이해하여 팀의 운영을 원활하게 하고 결속력을 높이고자 함이다.

㉯ 자원봉사 모집 및 업무부여

늘어나는 봉사처의 요청을 수렴하는 것과 더불어 기본 자원봉사팀의 인원 보강을 위해서도 새로운 자원봉사자를 모집하여 배치하는 것은 봉사단 운영의 기본 출발점이라고 할 수 있다.

모집과 홍보는 교육안내 포스터 부착, 재단에서 운영 중인 불교사회복지정보지원센터 및 조계종과 각 사찰의 홈페이지를 통한 모집 홍보, 교계 언론사를 통한 기사화, 현수막 게시 등을 통해 이루어지고 있으며, 자원봉사자 모집은 교육프로그램과 연관되어 이루어진다. 직할자원봉사단 운영의 제1원칙에 의해 교육수료를 한 자에 한해 봉사처에 파견하고 있기 때문이다.

교육도 중요하지만 관리에도 중점을 두고, 단계별로 자원봉사자를 관리하는 시스템을 도입하고 있다. 중앙센터에서는 교육기수별로 생활권, 교육 시 친밀도가 높은 사찰신도 등을 고려하여 선발한 10명 이내의 팀을 구성하여 활동처를 배정한다. 그 다음 봉사처의 자원봉사

284

담당자에게 자원봉사자의 일반적인 관리를 부탁한다. 각 기수별로 신규 봉사팀이 구성되기도 하고 기존 봉사팀에 인원이 충원되기도 한다. 팀장에게는 매일매일의 자원봉사활동을 보고하도록 하여 지속적인 활동상황을 사무국에서 점검한다.

35개 정도에 이르는 이러한 자원봉사팀은 각각 감로회, 보현회, 관음회, 한마음회, 나눔회 등의 명칭을 가지고 있으며, 각 팀은 중앙과 봉사처에서의 활동분야와 활동시기 및 운영에 대해 지속적으로 의논한다. 중앙에서는 자원봉사교육 내용과 봉사처에서의 활동이 일치하도록 현장의 실무자와 지속적으로 협조를 한다.

③ 자원봉사자 교육 및 훈련

자원봉사자의 교육과 훈련은 세 가지 방향으로 이루어지고 있다.

첫째, 조계종 자원봉사단으로서의 정체성을 유지하고 제고하는 교육훈련의 방향이다. 이는 곧 자원봉사가 남을 위한 희생이 아니라 불자로서의 자기 수행이며, 자비를 실천하는 보살행이라는 것을 항상 공유하는 것이다.

둘째, 전문 지식과 기능을 함양하여 봉사처의 자원봉사 요구에 부합하도록 한다. 조계종 사회복지재단에서 실시하는 간병, 발반사요법, 한방요법 봉사자교육 등은 기간도 길고 전문기술을 습득하게 됨에 따라 자원봉사 활동처에서 파견요청이 많다.

셋째, 재교육과 각종 특강을 통해 자신이 돕게 되는 클라이언트에 대한 이해를 증진시키는 것과 더불어 자칫 소홀해질 수 있는 가족과의 관계를 바르게 형성하는 내용을 교육한다. 특히 자원봉사활동이 배우자와 자녀들의 격려와 성원이 없이는 지속적으로 이루어지기 어려운

관계로 자녀와 부부 간 원활한 의사소통을 위한 프로그램 등을 운영하고
있다.

④ 인정과 보상

자원봉사 관리의 중요한 과제 중 하나는 자원봉사자들을 어떻게 지속적
으로 활동할 수 있도록 하느냐이다. 이를 위해서는 각종 교육을 통해
자원봉사자들 스스로 활동의 의미를 자신과 일치시키는 것이 우선적으
로 중요하다고 할 수 있다. 또한 적절한 인정과 보상을 통해서도 그러한
효과를 가져올 수 있을 것이다. 보상에는 물질적 보상과 정신적 보상이
있는데, 대부분의 기관들이 그 필요성은 인정하더라도 재정적인 부담
때문에 정례화시키는 데는 어려움을 겪고 있다.

  정신적인 보상에 있어서는 봉사단원증, 조끼, 모자 등의 지급과
연말에 자원봉사자 시상(100일, 200일, 300일, 500일 봉사상)에 따른
상금 및 부상 지급, 우수 자원봉사자는 종단 내의 신문 및 방송 소개,
정부 및 사회단체에서 시행하는 포상을 추천(대통령, 국무총리, 행정자
치부장관, 보건복지부장관, 서울시장 등)하여 수상하게 한다. 그리고
국제불교교류대회, 모금행사, 봉축행사 등의 종단행사, 복지시설 종사
자 연수, 세미나, 기념공연 등의 행사에 진행요원으로 활용하는 등의
정신적 보상을 실시하고 있다.

(2) 사단법인 정토회

정토회는 연기법을 세계관으로 하여 부처님과 보살을 삶의 모범으로
삼아 무아·무소유·무아집을 수행의 지표로 삼고 있다. 좋은 사람,
좋은 사회, 좋은 환경을 이루고자 하는 모든 이들이 만나 정토실현을

위해 함께 수행하고 보시하며, 봉사하는 수행 및 실천 공동체로서 대중이 주인이 되는 대중주체운동이라고 천명하고 있다. 그리고 그 실천방법으로는 일과 수행의 통일, 대중주체의 공동체 실현, 전 인류적 운동의 전개, 정보의 공유, 무보수 자원봉사활동, 정토행자 만일결사 등이 있다.

(3) 사단법인 JTS(Join Together Society)
서로 돕는 인류공동체를 이루려는 국제·질병·문명퇴치 등을 목적으로 하는 민간단체이다. 1991년부터 국내에 국제민간구호단체인 한국 JTS 를 설립하여 활동하였으며, 1993년 인도 JTS 지원사업을 하였고, 미국 (1994)과 중국에서 JTS 지원사업을 실천하고 있다.

1996년 보건복지부로부터 사단법인 인가를 받았으며, 1997년 한국 국제협력단에 NGO로 등록하고 활동하고 있다.

JTS는 1994년 한국본부 및 미국지사가 창립된 이후 국제 봉사사업을 발원하고 학교를 세우고 병원을 지어 무료진료를 실시하고 있다.

또 인도 JTS, 아프간 JTS 등을 창립하여 북한, 인도, 필리핀, 캄보디아, 이란, 남아시아, 몽골, 인도네시아, 아프카니스탄, 파키스탄, 이라크, 아프리카 등 여러 나라에 긴급구호활동(생필품, 학교건립, 문구류, 의약품, 놀이기구, 무료급식, 기타 지원)을 펼치고 있다. 그리고 인도의 보드가야를 비롯 불교의 8대 성지를 중심으로 빈민아동교육과 부랑자들을 위한 무료급식소, 지역주민에 대한 의료봉사와 기술교육 등의 활동을 전개하고 있다.

1997년 9월부터 10월 사이에 7차례에 걸쳐 라진-선봉시 탁아소와 유치원의 전체 현황에 대한 조사작업을 실시하였다. 11월에 JTS와 북한의 라진-선봉시 행정경제위원회는 104개 탁아소와 유치원의 11,400여 명의 아동들에게 영양식품과 의약품 등을 무상지원하기로 하였다.

특히 2004년 북한 용천역 열차 폭발사고 피해 긴급구호사업으로 한국 JTS 2명을 파견하여 PAT의류 11,000벌, 밀가루 100톤, 이불 500채, 항생제 21만 6천 정, 페니실린 5대, 스트레토마이신 5만 대, 주사기 10만 대, 점적관(링켈줄) 1만 개, 체온계 5천 개, 혈압계 100개 등을 지원하였다.

JTS도 1998년에 함경북도 온성에 있는 농장에 비료, 농약 등 농업자재를 지원하여 시험적으로 벼농사를 지어본 결과 좋은 성과를 보임에 따라, 1999년에는 본격적인 대북 농업지원 사업을 펴기로 하고, 라진-선봉지역과 온성군에 있는 4곳의 농장에 농업자재와 영농기술을 지원하였다. 그리고 2005년도에는 평양 근교에 비료 300톤과 비닐박막을, 함경북도 온성군에 비료 720톤을 지원하였다.

2011년 5월 19일 북한 53개 고아원과 양로원 그리고 특수학교에 두유 36만개, 이유식 10톤, 분유 19톤, 각종 겨울용품 등을 북한 평양과 자강도를 제외한 9개 시, 도 12,000여 명의 아동 등 취약계층에게 전달하였다.

그리고 JTS가 53개 시설 취약계층에게 지원하려던 밀가루 300톤, 설탕 20톤, 소금 3톤, 콩기름 1만 1,880리터에 대해서는 정부 승인이 이뤄지지 않고 있는 상황이다. 이 밖에 JTS의 활동현황을 보면 다음과 같다.

① 통일돼지 키우기 모금활동 현황

기아·질병·문맹이 없는 세상을 만들어 나가기 위하여 유치원, 초,
중, 고등학생을 대상으로 통일저금통을 학교로 보낸 다음 전 학생들의
동참을 위해 방송수업을 해주기도 한다.

　　2000년: 33,093,160원, 2001년: 74,002,407원

　　2002년: 72,479,300원, 2003년: 85,886,852원

　　2004년: 66,998,918원, 2005년: 54,625,357원

② 거리모금 캠페인 현황

1996년 북한동포돕기운동을 기점으로 서울 명동과 부산역 광장에서
시작된 모금캠페인은 2001년 자원활동가의 작은 소망과 실천으로
전국적으로 크게 확산되었다. 당시 중국 국경 변에서 식량난으로 고통
받는 북한사람들을 직접 목격한 JTS 후원회원 유애경은 북한동포들을
돕기 위해 모금함을 들고 거리로 나가 시민들을 1대 1로 만나가며
성금을 기탁 받았다.

　특히 현재는 어린이날 전국모금, 100일 릴레이 거리모금으로 자리
잡고 있다.

　　2000년: 30,000,000원, 2001년: 100,000,000원

　　2003년: 115,325,360원, 2004년: 66,998,918원

　　2005년: 54,625,357원

③ 물품후원 캠페인 현황

물품후원 캠페인은 1999년 주부 자원활동가인 황영숙이 하루에 200여
통이 넘는 전화를 걸어 3세계 아동들을 위해 작은 정성을 모아줄

것을 호소하여 후원물품을 모은 것이 시작으로, 이것이 씨앗이 되어 현재는 제약회사나 약국의 운영자, 의류업체, 원단관련 사업자, 인도 수자타아카데미 수강자, 유치원이나 학교 또는 문구류업체, 대형서적, 사찰, 개인 등 보이지 않는 곳에서 나눔을 실천하는 사람들의 끊이지 않는 훈훈한 마음으로 이어지고 있다. 주로 북한, 인도, 필리핀, 아프카니스탄, 파키스탄, 인도네시아 등에 보내주고 있다.

 2002년: 791,188,140원, 2003년: 210,782,800원
 2004년: 344,197,504원, 2005년: 182,420,947원

④기획 캠페인 현황

2005년 2월과 12월에 진행한 배우 배종옥, 노희경 작가, 성준기 SBS PD 등 방송인이 참가한 '쓰나미 지진피해를 위한 긴급캠페인'과 인도 아동들 겨울나기를 위한 '사랑의 목도리' 캠페인 등 방송인과 함께하는 거리모금 캠페인을 지속적으로 진행하고 있다. 2006년에는 인도 모자보건사업지원과 인도 결핵퇴치를 위한 후원금 모으기와 북한 라선시 의약품 보내기, 문구류 보내기, 청진시 고아원 지원하기 등을 위한 각종 이벤트를 하였다.

제9절 불교지역복지

1. 지역사회와 불교

1) 지역사회의 의미

국내외를 막론하고 지역사회복지 관련 문헌 중에서 〈지역사회란 무엇

인가)를 명확하게 개념 정의하기가 어렵다는 점을 언급하고 있지 않는 경우는 드물다. 전공영역에 따라 서로 다른 의미로 사용되기도 하고, 전문적인 의미와 상식적인 의미가 다른 경우도 흔하다. 그러나 박태영 (2003: 12)이 지적하듯이 지역사회에 대한 올바른 이해는 지역사회를 기반으로 이루어지는 활동인 지역사회복지에 접근하기 위한 가장 기본적인 선결요건이다.

커뮤니티Community라는 용어는 한국에서 흔히 지역사회라고 번역된다. 지역사회라고 할 때에는 지리적 지역이라고 하는 점이 강조된다. 그러나 커뮤니티라는 용어는 이러한 지리적인 요소만으로 그 의미가 명확해질 수 없다. 지리적인 지역을 초월한 어떤 공동체적인 사회를 지칭하기도 하기 때문이다.

예를 들어 한국의 〈승가〉라는 용어를 보자. 승가는 불교수행자들의 공동체이다. 부처님 재세 시기부터 그러한 전통이 이어져 왔다. 그런데 한국의 사찰은 지역적으로 산재되어 있다. 이렇듯 지역적으로는 산재하고 있어도 수행자들의 공통적인 의식이 있고 공동체적인 요소를 가지고 있다면 승가커뮤니티라고 표현할 수 있다.

지역사회의 정의는 많은 학자들의 견해가 있지만, 힐러리(G. A. Hillerry)가 지역사회에 관한 94개의 지역사회 정의를 분석해 본 결과 69개의 경우가 ①지역, ②공동의 유대, ③사회적 상호작용 등 3가지 구성요소를 가지고 있다고 했다.

여기에서 지역과 공동의 유대란 위에서 말한 지리적 커뮤니티와 공동체의 의미와 상통한다. 세 번째의 〈사회적 상호작용〉에 대해서는 약간의 설명이 필요하다.

상호작용(interaction)이란 어떤 모임이 집단인가 아닌가를 결정하게 하는 요소이다. 마찬가지로 단순히 지리적으로 가까운 지역인가 아니면 주민들이 하나의 공동체의식을 가지고 있는가를 결정하는 요소이기도 하다. 그 내용은 무엇인가? 협력, 경쟁, 갈등, 반목, 화해 등이다. 그러한 상호작용이 있다는 것이 지역사회의 중요한 요소인 것이다.

미국의 저명한 사회학자 맥키버(R.MacIver)는 커뮤니티의 기초는 지역성(locality)과 지역사회감정(Community Sentiment)에 있다고 했다. 전자는 지리적인 의미의 지역사회이다. 후자는 한마디로 공동체의식으로 표현할 수 있다. 맥키버는 지역사회감정은 다시 다음의 세 가지로 이루어진다고 하였다. 그것은 우리의식(We feeling), 역할의식(Role feeling), 의존의식(Dependent feeling)이다. 우리의식이란 지역사회의 구성원이 타인이 아니라 공동의 운명을 가지고 있다는 의식이며 따라서 지역의 문제는 모두의 문제라고 하는 의식이다. 역할의식이란 지역의 문제를 해결하는 것은 다른 사람이나 정부의 역할이라고 생각하는 것이 아니라 자신에게 그 문제해결을 위한 역할이 있다고 여기는 것이다. 마지막으로 의존의식이란 지역사회의 구성원들의 생활이란 서로 독립적으로 존재하는 것이 아니라 서로 의존적으로 존재한다는 것이다.

이러한 3가지의 의식이 강하면 강할수록 결속력이 강하고 문제해결 능력이 강한 지역사회가 된다.

2) 이상적인 지역사회

사회복지란 사회적인 복지이다. 이 말은 사회 그 자체의 질에 따라 복지의 수준이 달라진다는 것을 의미한다. 박광준(2010)은 사회복지의 수준은 사회복지에 투입되는 자원(예를 들면 국가예산)에 의하여 결정

292

되는 것이 아니라 그 이전에 '사회의 질'에 의하여 크게 영향 받는다는 점을 강조하면서 다음과 같은 예를 들고 있다. 덴마크에서는 장애를 가진 사람이나 노약자가 버스를 타거나 내릴 때, 주위의 건강한 사람이 부축하여 승하차를 도우는 것이 하나의 습관으로 되어 있다. 다른 한편 노인의 외출을 지원하기 위하여 도우미를 공적으로 파견하는 사업을 하는 경우, 많은 예산이 필요하고 투입된다. 그러나 예산이 투입되는 사회가 반드시 노인의 삶의 질이 높다고는 할 수 없는 것이다. 인권의식이 강하고 사회적 약자를 보호해야 한다는 의식이 강한 사회에서는 노인학대나 아동학대가 쉽게 발견되고 그에 대한 단호한 태도를 보인다.

결국 지역사회의 복지의 수준은 그에 투입되는 예산의 수준이 결정하는 것이 아니라 지역주민의 지역사회감정의 수준에 의해 결정된다고 할 수 있을 것이다. 상호협력적인 지역사회인지 아닌지에 따라 삶의 질은 크게 달라진다.

그렇다고 하면 중요한 것은 어떻게 이상적인 지역사회를 만들 것인가가 된다. 이상적인 지역사회란 어떤 사회인가?

린데만(E.Lindeman)은 이상적인 지역사회를 그 주민들에게 다음의 아홉 가지 조건을 제공하여야 한다고 말한 바 있다(최일섭, 1996: 15).

①지역사회는 효율적인 정부라는 매개체를 통해 질서, 즉 생명과 재산의 안전을 도모해야 한다.

②지역사회는 효율적인 생산체계를 통해 경제적 안녕, 즉 소득을 보장해 주어야 한다.

③지역사회는 공공의 보건기관을 통해서 육체적 안녕(physical well-being), 즉 보건과 위생을 보장해야 한다.

④지역사회는 조직적이고도 잘 마련된 놀이를 통해서 여가시간을 건설적으로 활용하게 하여야 한다.

⑤조직화된 지역사회에 의해 지지를 받을 수 있는 윤리적 기준 (ethical standards), 즉 도덕체계를 제공하여야 한다.

⑥지역사회는 모든 사람이 쉽사리 접근할 수 있는 공공기관을 통해서 지식의 보급(intellectual diffusion), 즉 교육을 제공해야 한다.

⑦지역사회는 자유로이 의사를 표현할 수 있는 수단(free avenues of expression)을 제공해야 한다.

⑧지역사회는 모든 주민이 자기네들의 의사가 표현되고 반영된다고 느낄 수 있는 민주적 형태의 조직을 제공해야 한다.

⑨지역사회는 신앙적 동기를 제공해야 한다.

3) 불교의 사회관과 지역사회

앞서 맥키버가 커뮤니티의 기초는 지역성과 지역사회감정에 있는데, 지역사회감정의 내용은 우리의식, 역할의식, 의존의식이라고 언급하였다. 여기에서 상호의존의식이란 연기설에 입각한 불교의 사회관과 흡사하다.

불교의 연기법이란 모든 존재는 따로 독립적으로 존재하는 것이 아니라 상호의존적인 관계 속에서 존재한다는 생각이다. 그렇기 때문에 연기법은 경전에 따라서 상의성相依性으로 표현되기도 한다. 이러한 사고방식은 지역사회 내에서 자신의 삶의 질 수준을 높이기 위해서는 다른 사람의 삶의 질의 수준을 높이지 않으면 안 된다는 것을 의미한다. 다른 사람의 삶과 자신의 삶이 서로 의존적이기 때문에 자신의 행복의 조건이 타인의 행복이 되는 것이다.

　지역사회의 구성원들 사이에 상호의존성의 자각이 강하면 강할수록, 말하자면 불교적인 사회관을 정확하게 가지고 있으면 있을수록 그 지역사회는 이상적인 모습에 가까워지는 것이다.

2. 지역복지의 의미

1) 지역복지의 의미

지역복지라는 용어는 학자나 전공영역, 혹은 그것이 사용되는 국가에 따라 지역사회복지, 커뮤니티워크Community Work, 지역사회조직(Community Organization), 커뮤니티케어(Community Care, 지역사회보호), 지역사회개입(Community Intervention) 등의 용어와 상호교환적으로 사용되고 있다.

　지역복지에 대한 국내학자의 개념규정의 예를 두 가지 들어보자.

　이영철(1996: 56~58)은 "지역사회복지는 지역사회 수준에서 지역사회제도를 개선 또는 변화시키고 지역사회문제를 해결하기 위한 개입이다. 따라서 지역사회복지의 목적은 지역주민의 복지를 도모하고, 주민들의 생활향상을 목적으로 하며, 그 특징으로는 주민생활을 일정한 지역차원에서 주민 전체의 시점으로부터 사회복지를 통합 전개하는 데 있다"라고 정의한다.

　다음으로 박태영(2003: 33)은 "지역사회복지는 일정한 지역사회 내에서 주민의 생활문제를 전문가와 주민이 공식적, 비공식적 자원을 활용, 개발하여 해결하거나 예방하는 다양한 노력이다"라고 정의한다.

　이상의 정의에서 볼 때 지역복지의 의미는 다음과 같이 정리할 수 있다.

①지역복지의 궁극적인 목적: 지역주민의 삶의 질의 향상

②지역복지의 방법: 제도의 개선과 지역주민의 문제해결능력 향상

③지역복지의 수단: 지역사회의 공식적, 비공식적 자원의 활용과 조직화

이상의 견해들은 전통적으로 지역사회조직의 특성으로서 던헴이 제시한 세 가지의 특성과 일치한다. 즉 던헴Dunham은 지역사회조직을 다음의 세 가지와 관련된 활동이라고 정의하였다.

첫째, 지역사회의 욕구에 대처하기 위하여 다양한 자원을 투입하여 지역사회의 문제를 해결하는 활동

둘째, 주민의 참여, 자기결정, 협력 등의 능력을 강화하도록 원조하여 그들 자신의 문제에 대한 해결능력을 높이는 활동

셋째, 지역사회의 집단 간의 관계, 의사결정의 영향력 등에 있어서 바람직한 변화를 가져오도록 하는 활동

일본의 경우, 2000년에 개정된 사회복지법에 의하면 '지역복지'란 '지역에 있어서의 사회복지'로 규정(제4조)되어 있다. 그리고 학계에서는 지역복지의 내용에는 다음의 두 가지 영역에서의 4가지 활동이 포함된다는 합의가 형성되어 있다: 재가복지서비스, 지역복지계획, 요보호자, 자원봉사자, 주민의 지역조직화 활동, 그리고 복지교육과 정보서비스이다(표 37 참조).

표 37 지역복지의 영역과 구성요건

영역	구성요건
(1) 지역에 있어서의 복지서비스의 정비와 통합화	① 재가복지서비스
	② 지역복지계획
(2) 지역에서의 주민복지활동의 조직화	③ 요보호자, 자원봉사자, 주민의 지역조직화 활동
	④ 복지교육, 정보제공서비스

출처: 上野谷加代子·松端克文·山縣文治遍, 2004에 근거하여 작성

2) 지역복지의 이념

지역복지의 출발점은, '모든 지역문제는 모든 지역주민과 관련된 문제이다'라고 하는 인식이다. 지역사회에는 흔히 사회적인 약자라고 불리는 사람들이 존재한다. 장애인이나 노인, 아동 등이 그들이다. 예를 들어 버스나 지하철을 이용하기 위해서는 그들이 불편 없이 이용할 수 있도록 버스정류소나 버스 내의 설비를 갖추지 않으면 안 된다. 지하철도 마찬가지이다. 특정의 역에만 휠체어를 이용할 수 있는 엘리베이터를 설치한다고 하여도 휠체어의 이용자가 반드시 엘리베이터가 설치된 역만을 이용하는 법은 없다. 타는 곳과 내리는 곳에 모두 엘리베이터가 설치되지 않으면 안 된다.

그런데 만약 지하철에 필요한 설비가 없어서 휠체어를 이용하는 사람들이 지하철을 이용하지 못하는 문제가 있다고 하자. 그것은 누구의 문제인가?

그 문제는 휠체어를 타는 "장애인의 생활문제가 아니라 지역주민 모두의 생활문제이다"라는 것이 지역복지의 출발점이 된다. 지금 건장한 몸인 사람들도 언젠가는 늙고 병드는 시기가 온다. 특정한 사람만의 문제가 아니라 누구나가 직면하게 되는 문제인 것이다.

지역복지 이념으로 우선 제시하고 싶은 것은 정상화(Normalization) 사회의 실현과 사회적 포섭(Social Inclusion)이 실현된 사회의 실현이다. 흔히 정상화란 장애인복지 이념으로서 가장 많이 제시되고 있다. 이것은 말 그대로 '정상적인(normal) 상태로 만든다'는 의미이다. 이것은 장애인이 지역사회와 격리되지 않고 정상적인 환경에서 살아가는 것이 당연한 권리로 보장되는 사회 만들기를 의미한다.

한국 사회를 보더라도 국민의 적어도 3% 이상은 장애인이다. 다수의 비장애인과 소수의 장애인이 섞여서 살아가고 있는 것이다. 먼저 장애인을 격리하여 보호하는 복지시설을 생각해 보자. 장애인의 입장에서 볼 때 자신의 주변에는 모두 장애인이라는 것은 비정상적(abnormal) 환경이다. 이러한 환경이 비정상적이라는 것은 비장애인의 입장에서 볼 때도 마찬가지이다. 자신의 주위에 비장애인만 있는 환경 역시 비정상적 생활환경이다. 교육이나 보육에 있어서 통합교육이나 통합보육이 필요한 이유는 그것이 장애인에게는 물론 비장애인에게도 도움이 되는 것이기 때문이다(박광준, 2010). 말하자면 지역사회를 특정의 사람들만이 아닌 모든 사람들이 생활하기에 불편함이 없는 정상적인 상태로 만드는 것은 단지 장애인에게 있어서 정상적인 사회일 뿐만 아니라 비장애인들에게 있어서도 정상적인 사회가 되는 것이다.

사회적 포섭이란 특정의 사람들을 배제하여 사회적으로 고립시키는 것, 즉 사회적 배제(Social Exclusion)의 반대말이다. 사회적으로 배제된 사람들은 고립된다. 고립된다는 것은 지역주민들과의 관계가 끊어진다는 것을 의미한다. 사회적 포섭이란 모든 사람이 다른 사람들과 어떤 관계를 맺고 그 관계 속에서 살아갈 수 있도록 하는 것이다. 그러기 위해서는 사회적으로 고립되기 쉬운 사람들이 새로운 관계를 맺고 지금까지의 관계를 유지할 수 있도록 기능하는 '장'이 필요하다. 그 장을 통하여 정보의 제공과 협력이 촉진될 수 있도록 하는 것이 중요하다.

한국에서는 현재 다문화가정이 급속하게 늘고 있다. 다문화가정이 지역사회 내의 다른 가정과의 관계를 유지하고 새롭게 맺으면서 살아갈 수 있도록 하는 것, 그것이 사회적 포섭이다. 그렇게 하지 않으면 그들은 고립되고 그로 인한 문제가 발생하며, 새롭게 발생하는 문제들은 지역사회의 모든 사람들에게 영향을 주게 되는 것이다. 즉 사회적 배제가 강한 사회는 반드시 그에 대한 사회적 비용을 지출하지 않을 수 없는 것이다.

지역복지의 이념은 지역복지를 추진하는 주체가 누구인가에 따라 달라진다. 관련 법률에 의해 지역복지를 추진해야 할 의무를 지는 국가나 지방정부의 입장과 민간단체의 입장은 다르다. 예를 들어 일본 오사카시(大阪市) 사회복지협의회의 한 문서에는 '앞으로의 지역복지의 이념'으로서 다음의 7가지가 제시되어 있다(上野谷加代子・松端克文・山縣文治遍, 2004: 18).

① 생활하는 사람의 주체성을 육성하는 복지
② 공생과 공주共住를 가능하게 하는 복지
③ 지역에서의 생활을 지원하는 서비스의 종합화와 시책의 연계화
④ 생활기반이 되는 복지커뮤니티의 형성
⑤ 새로운 공사 파트너십의 확립
⑥ 역사와 전통에 의해 배양된 자원의 사회적 활용
⑦ 이용자 본위의 서비스제공과 지원시스템

여기에 제시된 이념은 사회복지서비스를 제공하는 가장 중요한

민간단체로인 사회복지협의회가 제시하는 이념이다. 민간단체라고 하여도 매우 소규모의 단체도 있으며 종교단체도 있다. 불교지역복지를 추진하기 위해서는 무엇보다 불교지역복지의 이념을 제시하는 것이 필요하다.

3) 지역복지의 거점

지역복지의 기원이 영국의 인보관운동(Settlement House)에 있다는 것은 주지의 사실이다. 인보관운동은 이 인보관을 중심으로 전개되었다. 즉 지역복지란 지역복지를 추진하기 위한 거점을 필요로 한다. 물론 거점이 반드시 눈에 보이는 건축물이지 않으면 안 된다는 법은 없다. 작은 사무실로 가능할 것이며 사이버공간이라도 가능하다고 본다. 영국의 복지국가발달사에서 토인비홀이 보여준 역할에 관한 평자들의 의견 중 '토인비홀은 시설이 아니라 하나의 정신이다'고 하는 것이 있다. 그것은 매우 중요한 지적이다.

그러나 다른 한편, 지역복지의 추진에 그 거점이 되는 시설물의 역할이 매우 크다는 것을 지적하지 않으면 안 된다. 복지적 정신에 충만한 시설은 그 자체가 사회복지의 교육장이 되기 때문이다.

4) 지역복지활동의 과정목표(process goal)

지역복지활동에 있어서 가장 핵심적인 개념의 하나가 과정목표이다. 이것은 과업목표(task goal)와 구별된다. 지역복지활동은 이 두 가지 목표를 가진다. 과업목표는 구체적 지역복지사업의 가시적인 목표이다. 과정목표란 과업목표를 이루어가는 과정에서 지역주민들의 협동심을 앙양하거나 문제해결능력을 향상시키는 등 단적으로 말하면 지역사회감정을 강화시키는 것을 말한다. 이것은 과정목표에 부수적인 것도 아니며 과정목표보다 덜 중요한 것도 아니다. 과정목표를 이루는 것이야 말로 지역복지활동의 가장 중요한 목적이라고 해도 과언이 아니다.

예를 들어 지역 내에 아동들이 안전하게 놀 수 있는 놀이터를 만든다고 하자. 놀이터를 설치하는 것이 이 사업의 과업목표가 된다. 과정목표란 어떤 것인가를 살펴보기로 하자(최일섭·박광준 외, 1998). 어린이놀이터를 만드는 방법은 크게 나누면 특정의 건설업자에게 완전히 맡기는 방법과 지역복지조직에 대한 전문적인 지식과 경험을 갖춘 전문가의 주도로 건설하는 두 가지의 방법이 있을 수 있다. 지방정부의 담당공무원이 놀이터 건설을 입안하고 건설업자를 지정하여 이를 건설할 수 있다. 다른 경우 지역사회조직의 전문가라면 다음과 같은 방법을 조사해 갈 것이다. 우선 놀이터의 필요성을 통감하고 있는 당사자 주민을 발굴하고 그 의견을 청취한다. 길거리에서 놀다가 교통사고를 당한 아이의 당사자가 그 예가 될 수 있다. 놀이터 계획의 책정단계에서부터 그 당사자를 참여시키고 주민위원회를 만들어 문제의 심각성을 알림으로써 지역주민의 복지문제의식을 고취시킨다. 그리고 놀이터 건설 자체를 주민에게 위임하고 주민의 조직화를 원조하고 계획의 실시단계에 있어서도 주민을 볼런티어로서 폭넓게 참여시켜서 놀이터를 완성하려고 한다.

〈표 38〉은 지역에 놀이터를 설치하는 경우에 지역사회조직적 접근이 행정편의적 접근과 어떻게 다르며 또한 지역사회조직적 접근만이 달성할 수 있는 과정목표가 어떤 것인가를 예시하여 설명하고 있다.

표 38 지역놀이터 설립에 대한 지역사회조직적 접근과 과정목표

구분	행정편의적 접근	지역사회조직적 접근
놀이터 설치방법	담당공무원이 계획하고 건설업자를 지정하여 놀이터를 건설하는 방법	놀이터의 필요성을 통감하고 있는 당사자 주민의 의견을 충분히 청취하거나 나아가서 놀이터 계획의 책정단계에서부터 그 책정 자체를 주민에게 위임하고 그들 위하여 주민의 조직화를 원조하고 계획의 실시단계에 있어서도 주민을 볼런티어로서 폭넓게 참여시켜서 놀이터를 완성
과업목표*	달성	달성
과정목표**	달성불가	달성

*: 이 경우 과업목표란 놀이터를 설치한다는 목표가 된다.
**: 이 경우 과정목표란 놀이터를 만드는 과정에 주민이 적극적으로 참여하게 하여 지역주민이 다른 문제에 대처하는 능력을 향상시켜 준다고 하는 목표

출처: 최일섭·박광준 외, 1998, p.130

궁극적으로는 지역사회로 하여금 지역사회문제의 해결능력을 제고하는 것이 곧 과정목표이다. 지역복지에 있어서 원조과정이란 주민이 스스로 지역문제의 해결에 나서고 주체적으로 참가하고 협동하여 그 해결을 도모하는 것을 복지전문가가 원조하는 과정인 것이다.

지역사회복지사업의 평가에 있어서 과정목표의 평가는 다음과 같은 세 가지 점에 집중된다. 그것은 모두 지역주민의 복지의식 변화와 관련된다.

①지역주민의 ○○활동에 관한 관심과 참여는 어느 정도 높아졌는가?
②각 기관 지역 간의 협동과 연대는 제고되었는가?
③지역사회의 문제해결능력은 제고되었는가?

3. 불교지역복지의 의미

1) 불교지역복지란

지역복지를 이해하는 데에 있어서 무엇보다 중요한 것은 지역복지는 지역에서의 사회복지서비스를 지칭하기도 하지만 사회복지서비스를 제공하는 방법이기도 하다는 점이다. 그러므로 지역에서 제공되는 복지서비스라고 하더라도 지역복지적인 방법에 의하지 않는다면 지역복지라고 할 수 없다.

그렇다면 불교지역복지란 서비스 내용에 있어서 불교인이나 사찰조직 등이 제공하는 서비스이자, 지역 전체의 삶의 질 향상이나 지역주민의 문제해결능력의 향상을 동시에 추구하는 복지활동이 된다. 즉 어떤 사업을 할 것인가도 중요하지만 어떤 방법으로 시행할 것인가가 중요하다. 앞서 언급한 바와 같이 지역복지의 이념은 정상적인 사회 만들기와 사회적 포섭이 실현되는 사회 만들기이다. 이러한 큰 테두리 내에서 불교적인 방법과 불교적 가르침에 입각한 지역복지실천이 불교지역복지가 된다.

불교지역복지의 구성요소를 보면 다음과 같다.

① 불교지역복지의 목표: 불교적 지역공동체, 공생사회의 실현을 통한 지역주민의 삶의 질의 향상

② 불교지역복지의 방법: 불교교리에 기초한 서비스의 제공과 복지공동체의 교육

③ 불교지역복지의 수단: 불교가 가진 시설자원과 인력자원 등의 동원과 조직화

2) 불교지역복지의 원형: 보寶

사찰이 지역의 거점으로서 복지적 사업을 행해온 역사는 길다. 예를 들어 고려시대 사원은 농지 경영이나 식리활동·상업활동을 통해 재정 수입을 꾀하는 반면에, 사회에 대해서 상당한 책임감을 가지고 각종 구제활동을 적극적으로 전개하였다. 불교계의 세속사회를 위한 베풂은 일차적으로 빈민에 대한 구제활동으로 나타났다. 승려들이 직접 나서서 빈민을 구제하는가 하면 사원이 빈민에게 식사를 제공하는 장소로 기능하기도 하였다. 그리고 사원에서 설행되는 불교행사가 빈민에 대한 구제활동을 겸하는 수도 적지 않았다. 사원에서 빈민구제 활동을 활발하게 전개하고 있었기에 국가에서는 유사시에 빈민구제의 소임을 사원에 일임하기도 하였다(이병희, 2007).

사찰을 중심으로 지역주민에 대한 조직화를 통하여 재난에 대처한 지역복지의 원형으로서는 '보寶'가 있다.

'보'란 신라시대에 시작되어 고려시대에 성행하였으나 그 후 소멸한 제도로, 사찰이나 공공기관에서 행한 구제활동이었다. 이것은 불교가 전래된 이래 왕실의 보호 아래 발전하여 고려시대에는 불교가 신앙적인 면에서는 물론 사회, 경제, 문화의 측면에서도 큰 영향을 미치게 되었는데, 그만큼 국가의 적극적인 보호와 국민들의 신앙이 있었다는 것을 의미한다. 보는 현대용어로 말하자면 구제기금과 같은 성격의 것이었다. 기금으로 운영되고 그것을 빌려쓴 사람이 지급하는 이자로 특정의 구제사업을 행하는 것이었다. 보에는 다양한 성격과 이름의 보가 있었는데, 그 명칭은 불교의 '삼보三寶'에서 유래한 것이다.

'보'라는 것이 고리대금사업과 같은 것이었다고 하는 지적도 있지만 임송산은 재난이 발생하였을 경우, 국가사업은 지역적으로 한정되므로 사원이 스스로 나서 재난구제사업을 한 것이라는 점을 강조하고 있다. 고리대금이라는 악례가 없지는 않았지만 대체로 불교의 발고여락의 정신과 제도중생의 이념에 보아 매우 저리로 또한 빈민의 구제를 병행하는 방식으로 시행되었다고 추론하면서, 보의 공적을 다음의 여섯 가지로 요약하고 있다.

①보는 불교신도의 보시하는 마음을 높이고 사원재산을 윤택하게 만들었다.

②보는 시납재의 유지 증식을 합법화하고 합리화하였다.

③보는 왕실을 비롯해서 불교도의 불교숭신의 기운을 진흥하여 불교의 보급에도 크게 공헌하였다.

④보는 중생제도의 실천을 진흥하였다.

⑤보는 궁왕, 관리로 하여금 〈관영의 보〉의 설립을 서로 다루도록 영향을 주어 그로 인하여 백성의 복지향상에 많은 공헌을 하였다.

⑥보는 서민금융에 많은 공헌을 하였다.

이것은 사찰을 거점으로 하여 기금을 마련하고 특별한 재난이 있을 경우, 그에 대처하는 불교계의 대표적인 사업이라고 할 수 있다.

4. 불교지역복지의 전제조건

1) 불교지역복지의 거점으로서의 사찰

서양의 사회복지발전과정을 보면 사회적 약자에 대한 지역사회보호는 '교구(parish)'를 단위로 시작되었다는 것을 알 수 있다. 교구란 행정단위가 아니라 종교적인 의미에서의 지역구분을 의미하지만 초기에는 종교구역이 곧 행정구역과 같은 기능을 하고 있었다. 예를 들어 영국구

빈법을 보면 초기에는 교구단위의 자치제도로서 시작되었다. 즉 교구에 속한 사람들의 세금으로 그 지역의 사회적 약자를 구제하였던 것이다. 이것은 종교시설로서의 교회나 수도원이 지역에 밀착되어 있었고 그 지역의 복지제공에 있어서 매우 중요한 역할을 하고 있었음을 나타낸다.

일본불교의 경우에도 사찰은 지역주민의 생활과 밀접한 연관을 가지고 발전해 왔다. 단가檀家라는 이름의 제도는 지금도 존속하고 있다. 단가란 어떤 사찰이나 승려를 도와주는 원조자, 비호자의 의미이다. 단가는 특정의 사원에 소속되며, 개개의 단가는 사찰의 경제적 원조자가 된다. 그에 대한 대가로 사찰은 자신에 소속된 단가의 장례 등의 책임을 진다. 지금도 이와 같은 제도가 남아 있으므로 일본의 불교사원은 그 지역의 주민들과 밀접한 관계 속에서 발전해 왔다고 할 수 있다.

일본불교계의 경우 불교인이나 불교조직, 사찰 혹은 사찰조직이 역사적으로 볼 때 사찰이 지역주민의 복지문제에 대하여 상당히 깊이 관여하고 있었다고 하는 또 다른 증거는 '카케코미데라'(驅け込み寺)라는 말에서 찾을 수 있다. '카케코미'란 원래 '달려 들어가다'는 의미이다. 긴급히 피난하거나 긴급히 상담하는 것을 말하는데, 그러한 역할을 맡은 사찰이 '카케코미데라'이므로, 우리말로 하자면 '피신사찰避身寺刹' 정도가 될 것이다. 쉼터 혹은 쉘터shelter의 의미가 있는 용어이다. 현재에는 어려운 일을 상담해주거나 의논해주는 사람이나 조직을 의미한다. 에도시대(江戸時代)에는 부인에게 이혼청구권이 없었다고 하는데, 결혼생활을 지속할 수 없다고 판단한 여성이 이 카케코미데라에 들어가면 이혼할 수 있는 길이 있었기 때문에 많은 여성들이 이 사찰을

찾아 들어갔다고 한다[18]. 지금도 긴급한 상담이나 피난처라는 의미로 카케코미데라라는 용어가 일본사회에서 널리 사용되고 있다는 사실을 보면 불교사원의 복지사업에 대해서 주민이 인정하는 풍토가 있어온 것으로 생각된다(박광준, 2010: 229 230).

그러나 한국불교의 경우 조선시대의 숭유억불정책으로 인하여 사찰은 인적이 드문 곳에 위치하게 되었고 승려와 지역주민과의 관계도 밀접하게 유지되기 어려웠다고 생각된다. 승려의 도성출입이 허가된 것도 100여 년 전의 일이다.

그러므로 일본에 비하여 한국불교에 있어서 불교지역복지의 거점으로서의 사찰의 역할은 비교적 제한되어 있었다고 생각되지만, 두 가지 변화에 의해 사찰과 지역 간의 거리가 줄어들었다고 생각된다. 하나는 도시의 팽창과 교통수단의 발달이다. 다른 하나는 사찰이 보다 많은 사람들이 거주하는 지역에 포교당이나 교육장 등을 적극적으로 설치하여 지역주민과의 거리를 좁히고 있는 것이다.

이미 언급한 대로 지역복지의 추진에 있어서는 지역사회 내의 거점의 마련이 중요하다. 그것은 사찰일 수도 포교원일 수도 있다. 다만 여기서 중요한 것은 불교지역복지의 거점에 대한 지역주민의 접근도를 향상시키기 위하여 부단히 노력해야 한다는 점이다. 장애를 가졌거나 노약자거

---

18 이 사찰은 막부정부幕府政府가 공인하고 있었기 때문에 만약 여성의 몸 일부라도 그 사찰의 경내에 들어서거나 신고 있던 신발을 절 경내에 던져 넣은 경우라도 남편은 이 여성을 강제로 데리고 갈 수 없었다고 한다. 여성이 이러한 사찰에 들어가서 이혼이 성립하는 경우가 있었기 때문에 이러한 사찰은 연을 끊는 절(緣切寺)이라고 불렸다. 이 제도는 메이지유신(明治維新) 이후 여성에게 이혼청구권이 부여된 1872년까지 존속하였다고 한다.

나 모든 사람들이 쉽게 이용할 수 있도록 하기 위한 조치가 필수적이다.

2) 지역사회조직의 전문인력

불교지역복지의 실천에 있어서 핵심적 요건은 우수한 지역사회조직가 (Community Organizer)의 확보이다. 지역사회조직가란 지역사회의 삶의 질 향상을 위하여 지역사회의 변화를 주도하고 지역주민의 복지의식 고양과 주민 간의 협력증진, 지역주민의 복지에 관여하고 있는 다양한 조직들 간의 상호협력을 촉진하는 중요한 역할을 한다.

불교지역복지실천가에게 요구되는 자질을 그림으로 표시하면 다음 〈그림 8〉과 같다. 즉 첫째 대인관계에 대한 기본적인 소양, 둘째 사회복지실천의 전문적 지식과 기술의 습득, 셋째 사회복지의 체계적인 불교교리의 이해가 요구된다. 셋째의 '사회복지의 체계적인 불교교리'의 의미는 단순히 사회복지와 관련된 불교교리에 대한 지식을 갖추는 것이 아니라, '사회복지의 전문적인 지식과 기술에 대응하는 불교교리의 이해', 바꾸어 말하면 '관련된 불교교리를 사회복지의 전문적 지식과 대응하면서 이해하는 것'이 된다. 이것은 방대한 불교교리를 사회복지의 관점에서 해석하여, 사회복지실천에 직접적으로 활용할 수 있는 교리를 선별해 내고, 그 교리에 기초를 둔 불교적인 사회복지실천기술을 체계화해 나가는 것이 바로 불교사회복지를 체계화해 가는 과정이 될 것이다.

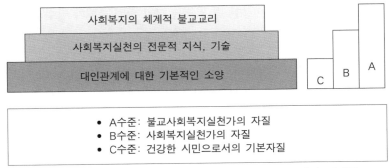

출처: 박광준, 2009

그림 8 **불교사회복지실천가에게 요구되는 자질의 수준**

5. 불교지역복지의 실제

1) 불교시설의 지역복지 거점화

사찰이나 포교당을 지역복지 거점화하기 위해서는 준비가 필요하다. 그것은 사찰이나 포교당의 시설 자체가 지역복지 교육의 소재가 되기 때문이다. 장애유무, 연령의 고저, 성별 등에 관계없이 모든 사람에게 평등하게 열려 있는 모습을 갖추는 것이다.

한국의 사찰은 마을과 떨어져 있는 경우가 많다. 또한 장애를 가진 사람이 접근하기가 어렵다. 불교행사와 복지적인 행사 모두에 걸쳐서 장애를 극복하게 하는 조치가 필요하다.

일본불교에서는 법회에 있어서 청각장애인을 위한 수화를 병행하는 경우가 많아졌다. 불경의 점자번역 등도 보다 활성화할 필요가 있다. 휠체어를 이용하여 법당 등 시설에 들어갈 수 있도록 장애물을 없애는 조치도 필요하다. 일본에서는 1981년 국제장애인의 해를 계기로 대규모의 사찰에는 휠체어로 법당에 들어갈 수 있는 슬로프가 설치되었다. 사찰이

문화재로 지정되어 있는 경우는 문화재당국과의 협의가 필요하다.

이러한 노력은 쉽게 생각하면 장애인복지의 영역이라고 생각할 수 있지만 그와 동시에 지역복지의 영역에 속하는 사업이 된다. 왜냐하면 그러한 시설을 보게 됨으로써 지역주민은 사회적 약자를 배제하지 않는 노력의 중요성을 자각하고 그러한 노력이 장애인만을 위한 것이 아니라 주민 모두를 위한 것이라는 자각하게 되기 때문이다. 그러한 자각은 지역사회의 문제발견 능력을 높이고 바람직한 변화의 모색으로 이어질 수 있다. 잘 만들어진 복지시설은 그 자체가 지역주민의 복지교육의 교재가 된다는 사실을 염두에 두어야 한다.

전통적으로 사찰은 그동안 지역사회에서 해결하기 역부족인 특정 대상을 위주로 보호적인 역할을 수행해왔다. 그러나 김휘연(2006: 269)이 지적하듯이, 사찰에서의 요보호대상자 보호 역시 특정 대상자의 보호에만 국한되지 말고 시설의 개방화를 통한 주민참여를 유도하여 지역사회의 복지기능을 하는 거점으로서의 역할을 수행할 수 있어야 할 것이다. 특히 농어촌 지역에 입지한 사찰 등의 불교 시설들은 지방이양 이후에 논란이 되고 있는 농어촌 복지사각지대 문제 해소의 대안으로서, 도시에 입지한 불교시설들은 지역아동센터(공부방)의 운영을 통해 지역사회 문제 해결에 직접 참여할 수 있는 새로운 대안이 될 수 있을 것이다. 즉 각 사찰, 포교당, 불교대학에서 일반 주민의 참여를 유도하고, 지역사회 문제에 개입하는 다양한 지역사회 참여 프로그램이 적극 개발되어 지역사회와의 상호교류 및 주민 공동체의식 강화의 계기를 마련함으로써 불교자원의 저변 확대를 기할 수 있을 것이다.

2) 지역복지의 실천분야의 선택과 중점적 대상문제의 선정

지역복지의 실천분야는 다음과 같이 분류될 수 있다(박태영, 2003).
〈표 39〉에서 나타난 바와 같이 그 세부내용은 자원의 조정에서부터
사회복지시설의 사회화까지 다양하다. 이러한 실천분야 중에서 불교
지역복지가 중점적으로 대처해야 할 분야, 불교적인 접근을 통해서
효과가 극대화될 수 있는 분야를 선택하는 것이 중요하다.

표 39 지역사회복지실천분야

영역	중심기관명	세부내용
지역사회복지 계획 영역	지역사회복지 협의체	• 공공, 민간자원 간의 조정 • 주민의 계획 참여
지역사회복지에 주민참여 영역	주민자치센터	• 주민의 자립적 문제해결
지역사회복지에 주민참여 영역	자원봉사센터	• 전문기관의 봉사인력개발지원 • 자원봉사인력으로 참여
지역사회복지에 주민참여 영역	민간시민단체 등 비영리기구	• 지역사회문제 대상에 대한 옹호, 대변 • 비공식자원 동원을 통한 문제해결개입
지역사회 자원간의 네트워크 구축영역	지역사회복지 협의회	• 민간자원간의 협의, 조정
지역사회 내 비공식자원 개발영역	지역공동 모금회	• 지역단위의 모금, 분배조정 • 기부문화 조성의 선도적 역할 • 주민의 기부참여
지역사회문제 직접개입 영역	지역사회 복지관	• 지역사회복지계획영역에 적극참여 • 주민참여, 조직화의 선도적 역할 • 민간자원 간 네트워크의 중심역할수행 • 지역사회문제의 프로그램화를 통해 전문적 개입해결 • 주민참여를 통한 재가복지사업 수행
지역사회문제 직접개입 영역	기타 사회복지 기관·시설	• 특수문제유행별 직접개입 • 사회복지시설의 사회화

다음으로는 불교지역복지의 대상문제를 선정하는 것이 요구된다. 지역복지의 이념을 정상적 사회의 실현, 사회적 포섭이 실현된 사회라고 한다면, 인간의 사회참가를 저해하고 인간을 고립시켜 사회적인 관계를 맺지 못하게 하는 모든 문제가 지역복지가 해결해야 하는 기본적인 문제가 된다. 그러나 그러한 문제는 너무나 광범위하게 존재한다.

그중에서 불교지역복지가 중점적으로 해결하고자 하는 문제를 특정화하여 집중적으로 대처할 필요가 있다. 그것은 불교계 전체로서 대처해야 할 공통의 과제가 되겠지만, 개별 사찰은 해당 지역사회의 실정을 고려하여 대상문제를 선정할 필요가 있다. 장애인과 고령자, 장애인이나 고령자 혹은 아동을 가진 가족은 특별한 니드를 가진 집단이다. 그러한 문제들에 대처하는 것은 지역복지의 일반적인 과제이다. 그러나 그중에서도 불교지역복지의 대상문제를 특성화하는 작업이 필요하다.

예를 들면 한국사회에서는 자살문제가 매우 심각하다. 특히 고령자의 자살은 세계에서도 단연 가장 높은 수준을 보이고 있다. 자살이라는 문제는 종교로서의 불교가 관심을 가지지 않을 수 없는 문제이지만, 그것이 지역사회와의 단절 속에서 일어나는 문제임을 자각할 필요가 있다. 한국의 불교지역복지의 대상문제로서는 가장 중요한 문제가 자살문제가 아닐까 생각한다.

자살문제의 심각성을 지역사회에 알리고, 과학적인 조사를 행하고 자살예방의 상담을 행하는 것이 필요하다. 그러한 활동에 자살자의 가족을 참가시키고 필요한 지원을 해나가는 것이 필요하다.

3) 지역주민의 조직화

지역복지의 주체는 지역주민이다. 그러나 구체적인 복지활동에 있어서는 그 지역에 살고 있는 주민 한 사람 한 사람보다는 커뮤니티 그룹이 주체가 되는 경우가 많다. 지역문제의 해결을 목적으로 한다면, 그룹은 개개인보다도 그 인력과 정보 그리고 네트워크를 활용해서 보다 많은 문제 내지 과제에 도전할 수 있고 적어도 그 지역의 어느 한 부분을 대표한다는 승인을 얻기 쉬운 것이다. 커뮤니티 그룹은 다양한 형태를 가지고 있고, 크게 나누어서 자조그룹과 액션그룹으로 나누기도 하지만, 다음과 같이 8개의 유형으로 분류되기도 한다(최일섭·박광준 외, 1997).

①자조 그룹(Self Help Group): 참가자 자신이 이 그룹활동을 통하여 이익 내지 효용을 얻고 있는 집단이다. '장애아동을 가진 부모의 모임' 등이 그 예이다.

②복지볼런티어 그룹(Welfare Group): 자신의 지역에 살고 있는 요보호자에게 어떤 원조를 제공하는 볼런티어 집단이다. 수화나 점자를 통한 봉사를 목적으로 하는 집단이나, 영국의 '좋은이웃계획(good neighbour scheme)' 등의 조직이 그 예이다.

③대표 그룹(Representative Group): 그 지역에서 어떤 형태로든 선출되어 다양한 행사나 교섭을 집행하는 집단이다. 부녀회, 자치회 등이 그 예이다.

④마이노리티 그룹(Minority Interest Group): 어떤 특정의 공통적인 불이익이나 차별을 받고 있는 사람들이 자신들의 권리를 확보하고 생활조건을 개선하려고 하는 집단으로 많은 부분이 자조집단이나 행동 집단이기도 하다. 다양한 장애인단체가 그 예이다.

⑤행동 그룹(Action Pressure Group): 사회운동을 목적으로 한 그룹으로 그들의 시점에서 지역전체에 이익이 된다고 판단한 사안에 대하여

실제 행동을 일으키는 집단이다. 아동공원정비운동본부 등이 그 예이다.

⑥연락·조정 그룹(Liaison Group) : 이것은 순수한 의미에서 커뮤니티 그룹이라고는 할 수 없지만 자치체와 주민의 연결고리의 역할 즉 연락조정의 역할을 행하는 집단이다. 각 자치체의 각종 사회복지관련 위원회나 심의회 등이 그 예이다.

⑦전통적 집단(Traditional Organization) : 전통적으로 존재해 왔던 집단으로 통상 그 지역의 특정 요구를 충족시키는 활동을 행하는 그룹이다. 상공회의소 등이 그 예이다.

⑧소셜 그룹(Social Group) : 취미나 오락을 공유하는 각종 취미회나 스포츠회 등이 포함된다.

불교복지의 실천에 있어서는 이러한 지역집단들과의 협력과 조직이 필요하다. 각각의 그룹이 다른 그룹의 활동을 이해하고 정보를 교류할 수 있는 장이 필요한데, 그러한 역할을 불교사원이나 포교당 같은 곳이 담당할 수 있다. 예를 들어 자살문제의 경우, 그에 관련되는 다양한 지역그룹이 있는데 그러한 그룹의 조직화가 필요하다.

4) 지역복지서비스의 제공

1980년대 이후 불교계의 사회복지시설은 크게 증가하고 있다. 〈표 40〉와 같이 불교계사회복지시설은 1995년 95개에서 2006년에는 389개로 증가하였다. 또한 〈표 41〉에서 보는 것처럼 대한불교조계종의 사회복지시설 종사자 수는 2005년 1,196명에서 2008년의 1,813명으로 크게 증가하였다. 각각의 시설은 입소자나 이용자에 대하여 나름대로의 복지서비스를 제공하고 있으므로, 복지서비스의 공급기관으로서 불교계 사회복지시설의 역할이 커진 것이다. 그러나 복지시설 및 종사

자의 증가는 불교적인 서비스의 정체성 논의를 불러일으키고 있는
것이 현실이다.

표 40 연도별 불교계사회복지시설의 총수의 변화

1995년	1999년	2006년
95개	312개	389개

출처: 불교사회복지편람 2006, p.14

표 41 조계종 사회복지시설 종사자의 추이

(단위: 명)

2004년	2005년	2006년	2007년	2008년
1,196	1,350	1,350	1,466	1,813

출처: 대한불교조계종, 2009, 『불기2552(2008)년 통계자료집』, p.49

6. 불교지역복지의 과제

김휘연(2006)은 불교지역사회복지의 발전과제를 다음의 4가지로 제시
하고 있다: 첫째, 불교지역사회복지 교육시스템의 정비, 둘째, 지역사
회복지 활동의 기반인 불교지역사회복지 자원의 조직화, 셋째, 지역사
회의 다양한 욕구에 탄력적인 개입방안 모색, 넷째, 불교지역사회복지
활동의 검증을 통한 중점지원육성.

　무엇보다도 불교지역복지의 과제로 제시할 수 있는 것은 한국 불교계
의 지역복지에 대한 정확한 인식이다. 지금까지 본 것처럼 지역복지는
단순히 지역에서 제공되는 복지서비스의 내용만을 지칭하는 것이 아니
다. 서비스의 제공은 기본적인 조건이지만 서비스 제공이라는 목적

이 외에 적어도 다음과 같은 4가지의 과정목표를 가지는 활동이라는 점을 인식하여야 한다. 첫째, 지역주민의 삶의 질 향상, 둘째, 지역주민으로 하여금 지역사회감정을 고취하게 하는 것, 셋째, 지역사회에 존재하는 많은 지역그룹들의 상호협력을 증진하는 것, 넷째, 지역주민이 다양한 복지문제를 특정 사람들만의 문제가 아니라 지역주민 모두의 문제라는 점을 인식하고, 대처하게 하여 다양한 생활문제에 대한 지역주민의 해결능력을 높이는 것.

이러한 과제들은 사실 불교의 사회관, 즉 모든 사회현상은 서로 의존적으로 존재하기 때문에 자신이 행복한 삶을 유지하기 위해서는 지역사회의 다른 사람의 행복을 높이지 않으면 안 된다고 하는 가르침을 깊이 이해하는 것이다.

다음으로는 지역복지를 주도할 수 있는 전문인력을 양성하는 것이다. 그 전문인력은 사회복지에 관한 지식, 지역의 특성과 자원에 관한 지식을 겸비하는 것이 필요하며, 그 위에 불교의 교리를 이해하고 해석하여, 지역복지활동에 활용할 수 있는 능력을 겸비해야 한다.

제7장 불교사회복지의 실천현황

제1절 종단 사회복지

불교의 사회복지활동은 대사회적 역할을 확대하고 불교의 위상을 제고함은 물론 간접포교로서도 그 효과가 크다. 불교 각 종단에서는 사회복지재단을 설립하고 다양한 사회복지사업을 전개하고 있다. 그중 대표적인 사례로 대한불교조계종사회복지재단, 대한불교천태종복지재단, 진각복지재단을 살펴보면 다음과 같다.

1. 대한불교조계종사회복지재단

1) 일반 개요

대한불교조계종사회복지재단은 1995년 불교사회복지 활성화를 위해 총무부 산하재단으로 설립되어 아동·청소년·장애인·노인·가족복지 시설 및 종합사회복지관, 자원봉사센터 등 133개 산하시설을 운영하며 종단의 중심적인 역할을 하고 있다.

표 42 사회복지법인 대한불교조계종사회복지재단 현황

대표자명	이자승	구분	스님(○)
			재가( )
소재지	서울특별시 종로구 견지동 13번지 전법회관 6층	전화	02-723-5101
		팩스	02-739-2047
법인 종류	사회복지법인	구분	지원법인
설립 년도	1995년	허가 관청	보건복지부
관련 종단	대한불교조계종	목적 사업	사회복지사업
임원현황	총인원 11명, 이사 9명, 감사 2명, 스님 9명	자격소지	사회복지관련 21명
			법률·회계 관련 명
종사자현황	총 30명		

출처: 사회복지법인 대한불교조계종사회복지재단,『불교사회복지편람』, 2006, p.481

2) 주요 사업

(1) 사회복지시설·단체 설치 및 유지지도사업

사회의 흐름을 면밀히 진단하고 지역별 특성화 사회복지 욕구를 정밀하게 사정하여 객관적·과학적인 정책으로 불교화 사회변화를 선도함은 물론 지역 주민들의 다양한 욕구에 부응하는 다양한 복지시설을 설치하여 안정적인 운영을 지원하고 있다.

　①지역별·분야별 사회복지시설 설치 및 공공영역시설 유치

　②사회복지시설 설치에 대한 정보수집 및 정책수립

　③사회복지 시설 및 단체(법인) 설립 지원 및 유지 지도

　④사회복지 종합상담

(2) 복지시설 관리운영지원사업

다양한 직영시설 설치 및 지방자치단체로부터 어린이집, 청소년수련원, 장애인 및 노인복지관, 종합사회복지관 등의 수탁운영시설 유치에 적극적으로 참여하며, 정기적인 지도점검을 통해 회계·인사 등 행정업무에 대한 지원을 병행하고 있다.

　① 복지시설운영 및 수퍼비전 제공

　② 보육·청소년육성시설, 장애인·노인복지시설, 종합사회복지관, 사회체육 및 청소년수련시설, 지역자활후견기관 운영관리사업 및 건강가정지원센터 운영

(3) 사회복지시설 종사자 교육훈련사업

사회복지시설 종사자들을 대상으로 지속적인 교육과 훈련을 통해 직원들의 임파워먼트empowerment를 강화하고 서비스의 질을 향상시킴으로써 전문 불교사회복지사를 육성하고 있다.

　① 복지시설 신규직원 통합교육 및 실무책임자·시설장·종사자 교육

　② 보육시설(어린이집) 교사·청소년시설 종사자 및 시설장 교육

　③ 시설장 및 중간관리자 통합 워크숍

(4) 대한불교조계종 자원봉사센터(조계종자원봉사단) 운영

자원봉사센터는 1995년 8월 불자들이 이웃과 나누고 베풀면서 살아갈 수 있도록 전국 사찰의 신도들을 대상으로 자원봉사교육을 실시하고 있으며, 양성된 자원봉사자들은 사회복지시설·병원·공공단체 등에서 활발하게 활동하고 있다.

　① 자원봉사 교육(기초교육, 간병, 발반사, 경락마사지 전문교육)

③ 전국 사찰 순회 자원봉사교육 및 자원봉사 파견·인증관리

③ 긴급재난구호봉사대 운영(의료 및 구호)

④ 자원봉사운동 확산을 위한 '나눔으로 하나 되는 세상' 캠페인 전개

⑤ 자원봉사 대축제, 자원봉사 사례공모전

(5) 불교사회복지정보지원센터 운영

급변하는 사회환경에 발맞추기 위해 1993년 3월부터 불교사회복지정보지원센터를 운영하고 있다. 이는 온라인 상담을 비롯하여 불교사회복지법인 및 시설 안내, 불교사회복지 관련 정보 제공, 자원봉사 신청 및 후원신청 등의 활동을 전개하고 있다.

① 홈페이지(www.mahayana.or.kr) 및 인터넷을 통한 홍보활동

② 불교사회복지 정보 및 자료조사, D/B 구축

③ 불교사회복지기관 정보교류 네트워크구성

(6) 대회협력 및 교류사업

대상층 확대, 욕구의 다양화, 사회복지 관련 법령들이 빠르게 신설·개정되는 사회 변화에 적극 대처하기 위해 국내외 사회복지·종교·시민단체들과 협력체계를 구축하여 주요 현안들을 해결하고 새로운 사회복지 정보와 사회의 다양한 자원들이 교계로 유입될 수 있도록 노력하고 있다. 협력체계를 구축한 단체로는 한국자원봉사단체협의회, 전국실직노숙자종교·시민단체협의회, 먹거리나누기운동협의회, 한국종교계사회복지대표자협의회, 건강가정시민연대이다.

(7) 불교사회복지연구소

재단 부설기관인 불교사회복지연구소에서는 불교사회복지의 정체성
과 질적 향상을 도모하기 위한 연구·교육사업을 통해 불교사회복지
정책개발, 실천프로그램, 불교사회복지 기초자료 확보와 모범사례를
발굴하고 있으며, 불교사회복지포럼 활성화 및 정기간행물 발간을
통해 불교사회복지의 전문성과 독자성을 확보하는 데 주력하고 있다.

　①불교사회복지 연구지·연구보고서 및 단행본 발간
　②불교사회복지 현황조사 및 통계자료
　③불교사회복지 시상연구 및 실천전략계획
　④불교사회복지포럼 및 불교사회복지대회 개최
　⑤불교사회복지아카데미 운영

(8) 불우이웃지원사업

국민기초생활수급자, 차상위계층, 노인인구, 장애인, 결식아동, 혼혈
인, 그리고 각종 난치병환자와 수많은 노숙인 등 경제적 어려움과
더불어 '사회적 소외'라는 이중고를 겪는 요보호 대상자들이 계속 증가
하고 있다. 재단에서는 이러한 소외계층에게 일차적으로 필요한 생활
비, 먹거리 및 생활용품 등을 지원하고, 문화공연 지원 등의 정서적
지원을 포함한 불우이웃지원사업 활동을 전개하고 있다.

(9) 사회복지자원개발사업

불교계의 잠재된 자원을 적극 개발해 부족한 예산으로 인한 사업수행의
어려움을 이겨내고, 도움이 필요한 곳이면 어디든 나눔의 손길이 닿을
수 있도록 사회복지자원 개발사업을 전개하고 있다. 초하루 순회 바자

회 개최, 후원저금통 및 모금함 배포, 난치병어린이돕기 1배 100원 모금, 3000배 정진기도, 자비의 쌀 나누기, 자비의 선물 보내기 등의 프로그램을 진행하고 있다.

(10) 사회복지홍보사업

물량 위주의 현상적인 사회복지의 한계를 극복하고 마음의 안정과 치유를 추구하는 불교사회복지의 진수를 확산시키기 위해 소식지 발간, 뉴스레터 발송, 기자간담회, 각종 언론매체를 통한 다양한 홍보활동을 전개하고 있다.

(11) 특별기획사업

불교사회복지의 저변을 확산하고 종단의 사회적 위상에 맞는 특별기획사업을 통해 우리 사회의 그늘진 이웃들에게 부처님의 따뜻한 자비행을 실천하고 있다. 사업으로는 불교사회복지 활동가 워크숍, 청소년어울림마당(전통문화체험) 개최, 장애인의 날 기념행사(장애인 세상나들이), 사회복지현장 방문 및 지원, 부처님 오신 날 연등축제 참여 등이 있다.

(12) 건강가정지원센터

현대의 가정은 과거 전통사회의 대가족이 해왔던 안정과 유대, 공동체의식이 약화되어 이혼의 증가, 가정폭력, 가정해체 등의 가족문제가 많이 발생하고 있다. 건강가정지원센터는 약화된 가정의 기능을 회복하고 건강가정을 유지할 수 있도록 상담·교육·문화활동 등을 지원한다.
　①가족구성원 간 갈등과 관련한 다양한 가족문제 상담 및 치료

②결혼준비교육, 부부교육, 부모교육, 자녀교육, 노인교육, 가족생
활교육 실시

③가족캠프, 문화공연 지원, 가족걷기대회, 한 가족 가족봉사단
운영

④한 부모 가족, 국제결혼 가족, 장애인 가족, 미혼모 가정 지원

2. 대한불교천태종복지재단

1) 일반 개요

대한불교천태종복지재단은 1999년 대한불교천태종에서 부처님의 자
비실천을 복지사업을 통해 실현하고자 운영하는 사회복지법인으로
노인, 장애인, 아동복지 등 2008년 현재 9개의 전문 사회복지시설을
운영하고 있다. 또한 천태종 사찰과 연계하여 결식아동지원 및 노인
등 복지사각지대에 놓인 소외계층을 위한 다양한 복지사업을 활발히
수행하고 있으며 보다 전문적인 복지사업 실천을 위해 노력하고 있다.

2) 주요 사업

(1) 지원사업

①단체지원사업: 법인 산하시설 확충 및 지원, 각종 사회복지시설
지원, 공부방 특별 프로그램 지원, 수술비 지원 등 다양한 단체지원사업
을 전개하고 있다.

②결연사업: '결식아동 급식비지원을 위한 3:1릴레이 캠페인'은
경제적인 어려움으로 급식비지원이 필요한 한 명의 어린이와 후원자
3명 또는 사찰, 기업이 결연되어 지원하는 캠페인이다.

324

표 43 대한불교천태종복지재단 현황

대표자명	주정산	구분	스님(○)
			재가( )
소재지	서울특별시 관악구 봉천4동 894-4 동화빌딩 2층	전화	1644-9179
		팩스	02-873-1347
법인 종류	사회복지법인	구분	지원법인
설립 년도	1999년	허가 관청	보건복지부
관련 종단	대한불교천태종	목적 사업	사회복지사업
임원현황	총인원 12명, 이사 10명, 감사 2명, 스님 11명	자격소지	사회복지 관련 명
			법률·회계 관련 명
종사자현황	총 10명		

출처: 사회복지법인 대한불교조계종사회복지재단, 『불교사회복지편람』, 2006, p.482

③특별지원: 각종 재해 발생 시 긴급구호 및 지원사업을 실시한다.

④자비의 이웃돕기사업: 전국 각 지역 소외계층을 대상으로 김장 및 월동비지원 등 이웃돕기사업을 전개하고 있다.

(2) 복지사업

①복지시설 운영: 8개 노인복지시설(춘천시립노인복지회관, 춘천시니어클럽, 강원도노인보호전문기관, 단양노인보금자리요양원, 시립송파노인전문요양원, 성문노인전문요양원), 2개 장애인복지시설(단양노인·장애인복지관, 칠곡하나되기보호작업시설), 3개 아동복지시설(새싹어린이집, 서초어린이집, 아이뜰어린이집) 운영을 통해 다양한 사회복지 서비스를 제공하고 있다.

②미아찾아주기 캠페인: 천태종 사찰과 경찰청과의 연계를 통해 전국적인 미아찾아주기 캠페인을 실시하고 있다.

③천태자비손 자원봉사자 운영: 천태종 신도들로 구성된 천태자비손 자원봉사단 운영을 통해 간병 활동 및 아동·노인복지시설에서의 정기적인 봉사활동을 전개하고 있다.

3. 진각복지재단

1) 일반 개요

1998년 설립된 진각복지재단은 종교, 사상, 이념에 관계없이 가난하고 소외된 인간에게 부처님의 자비와 현세정화現世淨化의 원력으로 국민 사회복지 진흥 지원에 그 일익을 담당하도록 하기 위하여 사회복지사업 법령의 규정에 의한 사회복지에 관한 제반 조사·연구·출판·교육·홍보 사업 등을 전개함으로써 21세기 복지사회 건설을 목적으로 사업을 추진하고 있다.

표 44 대한불교진각종진각복지재단 현황

대표자명	최혜정	구분	스님(○)
			재가( )
소재지	서울특별시 성북구 하월곡동 22-38	전화	02-942-0144
		팩스	02-942-0146
법인 종류	사회복지법인	구분	지원법인
설립 년도	1998년	허가 관청	보건복지부
관련 종단	대한불교진각종	목적 사업	사회복지사업
임원현황	총인원 13명, 이사 11, 감사 2명, 스님 명	자격소지	사회복지 관련 명
			법률·회계 관련 명
종사자현황	총 7명		

출처: 사회복지법인 대한불교조계종사회복지재단, 『불교사회복지편람』, 2006, p.523

2) 주요 사업

(1) 사회복지 수탁 및 지원 사업

전국 지원 법인으로 전국에 걸쳐 30여 개의 수탁시설 및 자체시설(노인복지 8개, 장애인복지 2개, 아동복지 18개, 지역복지·청소년복지·여성복지 각 1개)을 운영 중에 있으며, 산하시설에 대해서는 종사자를 대상으로 한 각종 연수 및 교육을 실시하고 있다. 또한 각종 행사 지원, 야외 프로그램 버스 지원, 프로그램 지원 등 산하시설에 대한 각종 지원사업을 전개하고 있다.

(2) 불우이웃 결연 및 후원사업

1998년 6월부터 저소득가정 및 독거노인, 소년소녀가장 세대 등에 대하여 매월 일정 금액의 생활비를 지원하여 경제적 어려움을 다소나마 해소하고 심리적 안정감을 갖도록 노력하고 있다. 이 밖에도 틈새노인 겨울나기 지원사업, 저소득아동 지원사업과 더불어 특화사업으로 사회복지응급서비스 진각복지 119후원사업 등 다양한 결연 및 후원사업을 진행하고 있다.

(3) 불교사회복지 우수프로그램 공모사업

'사랑과 자비의 실천' 이념을 실현하고 일선 복지현장의 우수한 불교사회복지 프로그램 발굴 및 보급을 위해 불교교리(사상)에 입각한 다양하고 실천적인 불교계 복지프로그램을 위한 공모사업을 실시한다.

(4) 자원봉사단 조직 및 운영

자원봉사자 조직 및 운영을 통해 국제자원봉사단 파견, 지부별 진각사

회봉사단 조직화, 자원봉사자 신규교육 및 보수교육, 자원봉사활동
참여 프로그램 운영 등의 다양한 사업을 전개하고 있다.

(5) 연구개발홍보사업

사회복지 활동의 증진을 위해 현재 진행되고 있는 사회복지활동의
실태, 문제점, 과제 등을 조사·연구하여 사회복지개발을 위한 대안을
제시하고, 지역의 특성에 맞는 사회복지 모델 및 프로그램을 개발하여
최상의 사회복지서비스를 제공할 수 있도록 하고 있다. 세부사업으로
는 사회복지 세미나지원, 진각사회복지연구소 협약체결, 정규 연구보
고서 발간, 진각복지 대상 공모사업, 진각복지 프로그램 공모사업,
직원능력개발 교육, 사회복지 관련 정보 제공, 정규 소식지 발간사업
등이 있다.

(6) 국제구호 및 협력사업

온 인류가 하나 되는 세상 JGO(The Joy of Genuine Oneness) 정신을
실현하기 위하여 국제 사회복지 기구들과 교류협력 및 정보교환에
참여하며 세계 각국의 사회복지 동향을 파악하고, 확대되는 복지욕구
에 능동적인 대응을 하고 있다. 이의 체계적인 실천을 위하여 한국국제
협력단의 민간원조단체로 등록하여 지구촌 곳곳에서 굶주림과 재난으
로 고통받는 이웃들을 지원하여 더불어 살아가는 세계를 만들어 나가고
자 한다.

　또 1999년부터 '3대 찾아가는 복지의 실천' 중 하나로 민족 대통합에
기여하기 위해 막연한 구호나 관념이 아닌 실질적인 복지 혜택을 북한주
민에게 전하기 위한 북한지원사업을 전개하고 있다.

(7) 문화복지사업

6대 중점사업으로 문화재 및 문화활동 보호와 장려에 관한 사업(전국 폐사지 투어 콘서트, 1폐사지 1지킴이 등), 올바른 문화의식 보급과 여론 조성에 관한 사업, 한국사회의 문화정체성 연구와 방향성 제시에 관한 사업, 연대를 통한 문화기획과 창출에 관한 사업(지역문화축제, 종합문화예술제), 문화소외계층 대상 문화공연 지원사업(문화복지티켓 제공), 문화적 불평등 불균형 해소사업(문화소외지역 찾아가는 문화공연)을 실시하고 있다.

제2절 사찰과 사회복지

1. 사찰의 사회복지 실천 당위성

사찰은 불교사상에 나타난 사회복지적 가치를 가장 잘 실현할 수 있는 실천의 장소이자, 이를 통해 불교사회복지사업의 정체성 확립 및 지역사회 사회통합은 물론, 불교의 궁극적 목적인 중생구제를 실현할 수 있는 곳이라고 할 수 있다. 따라서 사찰이 주체가 되어 다양한 불교사회복지사업을 실천 수행해야만 하는 당위성은 이념적 측면과 실천적 측면으로 나누어 다음과 같이 논의될 수 있다.

　이념적 측면에서는 첫째, 사찰의 지역사회복지 사업의 실시는 불교사상에 근거한 불교의 사회적 책임이다. 둘째, 사찰의 포교활동을 활성화하기 위함이다. 다음으로 실천적 측면에서는 현재의 공공복지 분야를 보완하고 보충해주는 역할을 강화하기 위함이다.

2. 사찰의 사회복지 실천 현황

2009년 12월 기준, 불교계에서 운영 중인 사회복지법인의 수는 약 130여 개, 그리고 시설의 수는 523개로 알려져 있다. 불교복지시설은 불자 개인이 설립한 시설과 사찰에서 스님들이 설립한 시설로 구분할 수 있다. 이 중 개인이 설립한 시설은 시간이 경과하면서 불교와의 인연이 멀어진 사례들도 있는데 일부를 제외하고는 1980년대 이전의 불교복지시설은 대부분 불자들이 설립한 재단이었다. 그러나 이들은 시설이 확장되어 종사자가 늘어나거나 시설의 수가 확대되지 못했는데, 이는 개별적인 역량의 한계를 극복하지 못한 때문이다. 반면, 사찰에서 스님들이 설립, 운영하는 복지시설은 법인을 구성하면서 단위 시설에 머물지 않고 빠른 속도로 시설을 확장하는 경향을 보이고 있다. 이 중 대표적인 사례로 혜명복지원을 살펴보면 다음과 같다.

1) 일반 개요

대한불교조계종 삼각산 도선사가 운영하는 사회복지법인 혜명복지원은 부처님의 자비사상과 중생구제의 원력을 사회복지사업을 통해 실현하고자 설립됐다. 혜명복지원의 사회복지사업은 설립자 김기용 보살이 1976년 도선사로 그 운영권을 이양함으로써 자비복지의 설립 이념 아래 다양한 사업들이 활성화되었으며 2010년 현재 법인산하 20개 시설(직원 250명)을 운영하고 있다. 혜명복지원은 전문적인 복지사업을 통하여 장애나 빈곤 등으로 우리사회에서 소외된 이웃을 구제하고 우리 모두가 행복과 만족을 누릴 수 있는 최상의 가치를 추구하고자 법인산하기관 모두 자비복지향상을 위해 노력을 다하고 있다.

330

2) 주요 사업

(1) 사회복지시설 설치 및 관리 운영

보육시설 7개소, 노인복지시설 3개소, 장애인복지시설 3개소, 종합복지관 1개소, 지역자활센터 1개소, 노숙인시설 2개소, 아동복지시설 1개소, 지역아동복지센터 1개소, 청소년수련시설 1개소 등 모두 20개소의 시설을 관리 운영하고 있다. 각 시설별 내용을 살펴보면 다음과 같다.

① 노인시설: 요보호, 저소득층 어르신이 생활하는 생활시설, 고령이나 노인성 질환으로 일상생활을 혼자 수행하기 힘든 요양대상 어르신을 주야간 혹은 단기한(180일) 보호하는 노인복지센터 운영

② 장애인시설: 장애 아동, 청소년, 성인을 사회의 한 구성원으로 역할을 다하고 존엄한 삶을 영위해 나가도록 지원하는 장애인주간보호센터 및 장애인공동생활가정(그룹홈) 운영

③ 아동시설: 아동들이 밝고 건강하게 생활하는 생활시설과 방과 후 아동의 보호 및 교육서비스를 제공하는 지역아동센터 운영

④ 복지관: 지역사회 주민 대상으로 다양한 프로그램과 서비스를 제공하는 종합복지관 운영

⑤ 자활시설: 국민기초생활보장법상의 조건부수급권자 및 차상위계층, 저소득실직자, 지역주민 등에게 경제적인 안정 및 정서적인 서비스를 제공, 근로의욕과 자활의지 향상 및 자립생활 영위 지원, 지역사회자원 발굴과 더불어 지역경제개발에 기여

⑥ 노숙인시설: 일정한 주거나 생업수단이 없는 노인 또는 실직노숙인의 보호 및 자활지원을 목적으로 노숙인 보호 및 효율적인 시설 운영 도모

⑦청소년시설: 청소년수련관 운영

⑧구립 어린이집: 저소득층 맞벌이 부부 가정의 어린이에 대한
보육과 미취학 결식 어린이에 대한 종일제 보육사업 확충

(2) 산하시설 직원교육 및 관리 강화

산하시설 직원 통합교육, 중간관리자 워크샵, 시설장 워크샵, 직원
연수 등을 통해 사회복지 전문 인력 역량 강화에 힘쓰고 있다.

(3) 해외 복지사업(도선사 사업파트너)

2004년 서남아시아에서 발생한 쓰나미로 집과 가족을 잃은 아이들의
보금자리 마련을 위해 최대 피해국가인 스리랑카에 2008년 조계종
복지타운을 완공하고 고아원 및 유치원을 운영하고 있다. 또한 네팔
및 캄보디아 복지사업 연계도 진행하고 있다.

그 밖에도 법인 특성화 사업을 개발하거나 사회복지시설 및 대상자를
위한 후원자 개발 및 수익사업 등을 개발·관리하고 있다.

3. 사찰의 사회복지 실천 역할 모델

1) 대만의 자제공덕회와 불광산사

(1) 자제공덕회

대만의 자제공덕회는 1966년 대만 보명사에서 '불교극난자제공덕회'
로 출범했다. 처음부터 불교의 사부대중이 동참하는 자원봉사 및 후원
단체로 활동을 시작했으며, 주요 사업으로는 자선, 의료, 교육, 문화,

국제구호, 골수기증, 환경보전, 지역사회사업 등 크게 8개 영역으로 전개되고 있다.

이 중에서 특히 강조되는 사업은 의료사회사업으로 병원 건립, 의료 전문인력 육성 등이 체계적으로 이루어지고 있다. 교육사업 분야에서는 유치원부터 대학에 이르기까지 다양한 교육시설을 건립 운영하고 있으며, 환경보전 운동과 지역사회사업에도 중점을 두고 있다.

이와 같은 자제공덕회의 활동을 보면 일반적으로 생각하는 사찰이나 단체의 차원을 넘어서는 거대한 사회조직이자 자원봉사조직이라고 할 수 있다. 그러면서 동시에 불교적 연대감을 바탕으로 활동하는 일종의 '실천하는 사찰, 행동하는 불교조직'으로 평가받고 있다.

자제공덕회의 성과로는 신행활동과 사회복지활동을 연계한 전혀 새로운 형태의 실천방법을 제시하고 이를 전문화시켰다는 것이다. 특히 국가복지의 지원을 받지 못하고 그늘진 삶을 사는 주민들을 위하여 불교복지의 새로운 틀을 제시하고 있다.

자제공덕회는 우리나라 불교가 본받아야 할 모범적인 사례라 할 수 있다. 현대사회에서 신도들을 이끄는 불교 지도자는 끊임없이 수행하면서 신도들의 어려움을 이해하고 돌볼 수 있는 자비심을 가지고 있어야 한다. 지도자의 이상과 목표는 그것을 수용하는 신도와 일반인들에 의해 달성될 수 있는데, 자제공덕회가 바로 그 좋은 사례일 것이다.

(2) 불광산사

불광산사는 성운 대사가 중생구제의 원력으로 불교교육과 포교를 위해 현대적 시설로 세운 대만불교의 새로운 도장인데, 출가자와 재가자가 함께 수행하는 대만의 최대 사찰로서 국제적인 불교성지로 발돋움하고 있다.

불광산사의 사대종지四大宗旨를 살펴보면 문화로써 불법을 널리 펴며, 교육으로써 인재를 양성하고, 자선으로써 복리사회를 건설하며, 참선 염불로써 사람의 마음을 정화하는 것을 목표로 하고 있다. 이중 '자선으로써 복리사회를 건설한다'는 것이 복지사업에 해당된다. 국내외에 많은 분원을 가지고 있는 불광산사는 각 분원에서 포교와 더불어 병원, 고아원, 양로원, 유치원 등 다양한 복지사업을 추진하고 있으며, 특히 청소년 교화를 위하여 많은 육영사업을 실시하고 있다.

2) 미국의 젠 피스메이커 오더(Zen Peacemaker Order, ZPO)

미국의 젠 피스메이커 오더(이하 'ZPO') 본부는 미국 매사추세츠 주 몬테규 지방에 위치하고 있으며 정신 수행을 통해 얻어지는 통찰력과 마음의 평정을 바탕으로 이웃의 어려운 점을 볼 수 있도록 한다는 설립이념을 현실에서 그대로 실천하고 있다.

ZPO의 본격적인 활동은 1980년 용커스 시에서 시작됐는데, 버려진 폐교를 매입하여 개축하기 위해 소수 민족 기술자와 인부들을 모아 '그레이스톤 건축'이라는 법인을 만들면서부터이다. 입주민들을 위해 운동장에 나무를 심고 나무 밑에 앉아 선 수행을 할 수 있도록 했으며, 소외계층이었던 이들에게 교육과 상담, 훈련과정을 적용시켰는데 이곳이 '그레이스톤 만달라'라는 불교마을이다.

다음으로 '그레이스톤 베이커리'라는 제과사업을 통해 일자리를 제공하고 생계를 해결하도록 했으며, 노숙자 문제를 해결하기 위해 뜻을 같이 하는 사람들이 거리에서 일주일씩 노숙자 생활을 체험해 보는 '길거리 참선'을 주도했다. 불교복지의 이상향인 그레이스톤 재단은

1982년 글래스만 선사가 설립했는데, 1980년 뉴욕 브롱스 지역 리버데일에 있는 '그레이스톤'이라는 집에서 학생들과 함께 살면서 만든 일본 선을 공부하는 수행 모임이 기반이 되었다. 그레이스톤 재단은 용커스의 저소득층 주민을 위한 지역사회 안정과 발전에 크게 기여했으며, 뉴욕 빈민촌의 대명사였던 용커스 타운 전체가 그레이스톤 재단으로부터 혜택을 받고 있는 실정이다. 미국사회에서 소외계층의 복리증진을 위해 독보적인 사업을 전개하고 있는 그레이스톤 재단이 오늘날까지 지속적으로 발전할 수 있었던 요인은 이윤을 추구하면서도 사회복지라는 비영리재단의 정신을 잃지 않았던 균형 감각에 있다고 볼 수 있는데, 이것은 비영리 불교사회복지사업을 기획하는 이들의 모델이 되기 충분하다.

제3절 불교사회복지시설

불교계 사회복지시설의 현황에 대한 조사는 조계종사회복지재단 산하 불교사회복지연구소를 통해 실시됐으며, 2010년 현재까지 1995년, 1999년, 2006년, 2009년의 4회에 걸쳐 이루어졌다. 또 2010년 8월 30일부터 2개월간 한국보건사회연구원에 의해 실시된 불교계 사회복지시설 현황 조사는 가장 최근의 자료라고 할 수 있다.

여기에서는 이상의 조사 결과를 바탕으로, 우리나라 불교사회복지시설의 현황에 대해 살펴보고자 한다.[19]

---

19 불교사회복지시설의 현황은 주로 임해영(2006)의 『불교사회복지 기관 실태조사 분석』, 대한불교조계종 사회복지재단 불교사회복지연구소의 『불교사회복지의 현황과 전망』을 인용·요약하였다.

1. 불교계 사회복지시설 수

1) 불교계 사회복지시설 수의 변화

불교계 사회복지시설은 1995년 95개에서 1999년 312개로 217개 증가했으며, 2006년에는 389개로 1995년과 비교하면 294개 증가하였다.

사회복지시설을 분야별로 나누어 살펴보면 1995년에는 아동시설이 21개(22.1%), 지역사회시설(16.8%), 기타 16개(16.8%)의 분포를 보였다. 1999년 조사에서는 아동시설이 135개로 크게 증가해 43.3%, 그 다음으로 노인시설이 50개(16.0%), 지역사회시설 35개(11.2%)의 순이었다.

2006년 조사에서는 그 분포에서는 1999년과 동일한 비율을 나타내며 아동시설이 142개(40.4%), 노인시설이 106개(27.0%), 지역사회시설 50개(10.7%)의 분포를 보였는데, 시설 수의 증가 면에서는 전수 증가에서도 알 수 있듯이 현격한 증가 추세를 나타냈다.

대한불교조계종 사회복지재단이 가장 최근인 2009년 실시한 조사 결과에 따르면 불교계 사회복지시설의 수는 총 958개로 파악되고 있다. 이 중 이용시설이 76.5%(733개), 생활시설 23.3%(223개), 그리고 이용+생활시설이 0.2%(2개)의 순으로 나타났다. 시설유형별 분포를 보면 노인복지시설이 40.2%, 영유아시설 23.9%, 장애인복지시설 9.1%, 그리고 지역사회복지시설 7.0%의 순으로 분석되었다.

2) 지역별 분포의 변화추이

지역별 분포의 변화추이를 보면 서울·경기 지역분포가 1999년 55.5%에 비해 2006년 45.2%로서 10.3% 감소하였다. 이것은 1999년에 비해 지역편중이 다소 개선됐다고 볼 수 있으나 여전히 서울·경기에 다른 지역에 비해 많은 사회복지시설이 편중돼 있음을 보여주는 결과라고 할 수 있다.

다음으로는 대구·경북 12.2%, 부산·경남 14.9%, 울산 1.5%로 경상도권이 28.6%의 비율을 차지하고 있으며, 광주·전남 6.37%, 전북 1.7%로 전라도권이 8.4%를 차지하고 있다. 이어서 강원도 6.5%, 대전·충남 4.0%, 충북 2.1%로 충청도권이 6.1%, 제주도 2.3%를 나타내고 있다. 이상의 결과에서 불교계 사회복지시설이 서울·경기 지역과 경상도 지역에 주로 편중되어 있음을 알 수 있다.

2. 시설의 일반적 사항

1) 설립 운영

(1) 설립 연도

불교계 사회복지시설의 설립연도는 1927년이 최초이며, 이들 시설의 평균 설립연도는 1994.6년으로 약 12.2년의 역사를 가지고 있는 것으로 나타났다. 이들 시설 중 1970년대 이전에 설립하여 개관한 시설은 13개소(3.3%)로 나타나고 있으며, 시설 대부분인 318개소(81.7%)가 1990년 이후에 설립된 것으로 나타났다. 한편 1998년 '불교사회복지총 람' 조사결과에서는 1970년 이전에 설립한 시설이 7%, 1990년 이후에 설립한 시설이 75.6%로 나타나고 있다. 이에 따라 2006년 조사결과에 서는 1970년 이전 설립된 시설의 비율이 약 3.7% 감소한 반면, 1990년 이후 설립된 시설의 비율은 역 6.1% 증가한 것을 알 수 있다.

(2) 불교계 수탁 개관 연도

불교계 사회복지시설 중에서는 운영주체가 처음부터 불교계인 시설도 있지만, 타 종교기관이나 시민사회단체 등에서 운영하던 시설을 불교계가 정부, 지자체로부터 재수탁 받거나 혹은 직접 인수한 시설 등이 있다. 이것을 고려하여 불교계가 수탁해 개관한 연도를 조사한 결과, 불교계가 설립하여 개관한 시설의 최초 시작 연도는 1927년이며, 불교계 사회복지시설의 평균 개관 연도는 1996.9년, 시설의 평균 역사는 9.9년인 것으로 나타났다. 또한 1990년대, 2000년 이후에 설치한 시설이 342개소(91.0%)로 나타나고 있으며, 이러한 결과는 불교계 사회복지시설을 운영하고 있는 사회복지 관련법인 및 단체가 주로 1990년을 전후해 급격하게 설립됐다는 것과 밀접한 관련성을 가지고 있다고 추측할 수 있다.

2) 정부(지자체) 위탁 여부

불교계 사회복지시설 중 정부 및 지자체로부터 운영을 위탁받은 시설은 255개소로 전체 불교계 사회복지시설 중 65.6%를 차지하고 있으며, 직영시설의 경우 전체 시설의 34.4%인 134개소에 불과했다. 이와 같은 결과는 2005년 한국보건사회연구원의 조사결과 나타난 기독교 위탁 20.3%·직영 79.7%, 천주교 위탁 70.8%·직영 29.2%, 불교 위탁 63.7%·직영 36.3%와 비교해 보아도 불교계가 타종교에 비해 위탁시설의 비중이 높고, 상대적으로 직영시설의 비중은 낮다는 것을 알 수 있다.

정부 위탁 비율을 불교계 내 주요 종단별로 살펴본 결과, 대한불교조계종은 230개소(65.9%)가 정부 위탁 시설이었고, 대한불교진각종은 정부 위탁 비율이 12개소(80%)를 넘었으며, 대한불교천태종은 5개소 (100%)가 정부 위탁 시설인 것으로 나타났다. 반면 한국불교태고종은 정부 위탁 비율이 6개소(60%)로 나타났으며, 대한불교관음종은 1개소 (50%)로 직영시설과 정부 위탁 시설의 비율이 동일하게 나타나고 있다.

3) 운영주체

(1) 시설 운영주체

대한불교조계종 사회복지재단의 2009년 자료에 따르면, 사회복지시설 운영주체는 사회복지법인이 77.7%(744개), 사찰 10.0%(96개), 재단법인 6.1%(58개), 그리고 사단법인 4.2%(40개)의 순으로 나타났다. 다만 종단별로 볼 때 사회복지시설 수가 적은 관음종과 태고종은 사회복지법인보다 사찰과 재단법인이 과반수를 차지하는 것으로 분석되었다.

불교계의 사회복지시설을 운영하는 사회복지법인을 살펴보면 전체 123개로 나타났다. 이를 종단별로 보면, 조계종이 약 54%, 재가자가 33%, 기타 종단이 7.3%의 순으로 나타났다.

(2) 시설 운영주체 관련 종단

시설운영주체와 관련 있는 종단은 대한불교조계종이 766개소(80.0%)로 가장 높은 비율을 보였고, 다음으로 대한불교진각종이 42개소 (4.4%), 한국불교태고종이 14개소(1.5%), 대한불교천태종 12개소 (1.3%)의 순으로 나타났다.

(3) 시설 운영주체의 법인·단체 형태

시설의 운영주체는 사회복지법인 형태로 운영하는 경우가 80.2%인 312개소로 가장 높았으며 다음으로 사찰에서 운영하는 형태가 6.4%인 25개소, 사단법인 형태가 4.9%인 19개소, 재단법인 4.4%인 17개소, 비영리민간단체는 2.6%인 19개소, 다음으로 학교법인이 0.8%인 3개소로 가장 낮은 비율을 보였다. 1999년의 동일 항목에 대한 조사결과를 살펴보면, 사회복지법인 66.3%, 재단법인 8.1%, 사단법인 5.8%로 사회복지법인 비율이 13.9% 높게 나타나고 있으며, 재단법인과 사단법인의 비율이 각각 3.7%, 0.9% 감소한 것을 알 수 있다.

4) 시설신고 유형

신고유형은 신고시설이 94.9%인 369개고, 조건부(미신고) 시설이 2.8%인 11개소, 미신고시설이 2.3%인 9개소로 나타나고 있다. 이와 같은 결과는 2005년 6월 한국보건사회연구원에서 발표한 신고시설 90.3%(363개소), 미신고시설 39개소(9.7%)의 조사결과보다 신고시설의 비율이 약 4.2% 정도 높게 나타난 것을 알 수 있다.

한편 운영주체별 신고유형을 보면, 신고시설의 경우 종단 차원이 80.4%, 승려 개인이 9.5%, 신도 개인이 8.7%의 순으로 나타났다. 미신고시설의 경우에는 신도 개인이 55.6%로 가장 높은 비율을 차지했으며, 종단 차원이 33.3%, 승려 개인이 11.1%의 순으로 조사되었다. 따라서 신고시설은 종단 차원에서 운영하는 비율이 가장 높았고, 미신고시설은 신도 개인이 운영하는 비율이 가장 높다는 것을 알 수 있다.

5) 시설 소유형태

시설의 소유 형태는 정부(지자체) 소유가 59.1%(230개소)로 가장 높았고, 자체소유가 27.8%(108개소), 무료임대 8.0%(31개소), 월세 2.1%(8개소), 전세 1.5%(6개소)의 순으로 나타났다.

6) 시설 규모

시설의 규모는 연건평 101~500평이 42.7%(166개소)로 가장 높은 비율을 보였으며, 100평 이하 29.1%(113개소), 501~1,000평이 17.7%(69개소)의 순으로 조사됐다. 따라서 불교계 사회복지시설의 규모는 500평 이하의 시설이 전체 시설의 71.8%(279개소)를 차지하고 있다. 더욱이 100평 이하에서부터 3,000평 이상에 이르기까지 시설규모 간 격차가 매우 크며, 1,000평이 넘는 시설도 10.5%(41개소)에 이르는 것으로 나타났다.

3. 시설종사자 현황

1) 시설종사자 규모

불교계 사회복지시설 종사자 정원의 경우 사회복지시설 1개소 당 평균 14.72명이며, 이 중 현재 종사인원은 불교계사회복지시설 1개소 당 13.82명으로 나타나고 있다. 대략 불교계 전체 사회복지시설의 종사자 수를 추산해보면 약 6,592명 정도이다.

한편 시설종사자의 불교신도 수를 살펴보면 사회복지시설 1개소 당 8.24명으로 나타나고 있으며, 이것은 전체 종사자의 59.6%를 차지하고 있다. 종사자 중 스님의 수는 전체 210명으로 불교계 사회복지시설

1개소 당 시설장 스님을 제외한 0.54명의 스님이 종사하는 것으로 나타나고 있다. 이것은 불교계 사회복지시설 전체 종사자(조사대상)의 3.6%를 차지하는 비율로, 스님들의 불교사회복지 활동 참여도가 매우 낮다는 것을 보여주고 있다.

또한 10명 이하의 직원을 보유하고 있는 불교계 사회복지시설이 과반수(54.0%)를 넘고 있으며, 사회복지시설의 79.2%(308개소)가 20명 이하의 직원을 두고 있는 것으로 나타나고 있다. 이와 같은 결과는 1999년 조사결과인 10명 이하의 직원을 둔 시설 60.4%, 20명 이하 직원을 둔 시설 84.8%와 비교하여 볼 때 다소 감소한 수치이지만, 절반 이상의 불교사회복지시설이 10명 이하의 직원을 두고 있다는 것을 알 수 있다.

한편 2006년 조사에서는 21명 이상의 직원을 보유하고 있는 불교계 사회복지시설은 20.8%(81개소)이며, 31명 이상의 직원이 근무하고 있는 불교계 사회복지시설도 7.4%(29개소)인 것으로 나타났다.

2) 시설장 스님 여부

시설운영의 실질적 책임을 갖는 시설장이 스님인지 아닌지에 대한 여부에서는 스님이 시설장인 불교계 사회복지시설의 비율은 37.0% (144개소)이며, 재가자가 시설장인 불교계 사회복지시설은 63.0%(245 개소)로 나타나고 있다. 이러한 결과는 1999년 조사결과인 51.2%와 비교해 볼 때, 14.2% 감소했다는 것을 알 수 있다.

또한 시설장을 제외한 사회복지시설에서 종사하는 스님 수와 시설장 스님 수를 합해보면, 불교계 사회복지시설에 종사하는 스님의 비율은 전체 종사자(5,376명)의 6.6%를 차지하고 있다. 따라서 불교사회복지

실천현장에서 참여하고 있는 스님들의 비율이 매우 낮다는 것을 알수 있다.

한편 스님 시설장과 재가 시설장과 불교신도종사자와 비불교신도종사자의 관계에 있어서는 시설장이 스님인 경우 종사자의 평균 불교신도수는 10.03명인 반면, 재가자가 시설장인 경우 종사자의 평균 불교신도수는 7.09명으로 나타나고 있다.

3) 자격증 소지 종사자

불교계 사회복지시설의 전체 자격증 소지가 수는 3,903명으로, 1개시설 당 평균 10.03명인 것으로 나타나고 있다. 이것을 토대로 불교계전체 사회복지시설 자격증 소지자의 수를 추정해보면, 약 4,786명정도로 추정해볼 수 있다.

한편 자격증을 소지한 직원이 10명 이상 되는 시설은 42.4%(165개소)로 가장 많고, 5~7명 19.5%(76개소), 8~9명 11.3%(44개소) 순으로 나타났다. 주목할 만한 점은 자격증 소지자를 한 명도 두지 않고있는 불교계 사회복지시설도 3.1%(12개소) 정도 나타나고 있다.

4) 소지 자격증 종류

소지하고 있는 자격증 종류(복수응답)에 대한 조사결과, 불교계 사회복지시설의 사회복지사 전체 자격증 수는 1,851개로, 1개 시설 당 평균4.76개 자격증을 소지하고 있는 것으로 나타났다. 이 중에서 사회복지사 1급은 1,024개로 1개 시설 당 평균 2.63개를 소지하고 있으며, 2급은 803개로 1개 시설 당 평균 2.06개, 사회복지사 3급은 24개로1개 시설 당 0.06개를 소지하고 있는 것으로 나타났다. 따라서 사회복지사 1급은 전체 사회복지사 자격증 소지자의 55.3%를 차지하며, 2급은 43.4%, 3급은 1.3%를 차지한다고 말할 수 있다.

보육·유치원 교사 자격증은 총 1,340개를 소지하고 있는 것으로 나타났으며, 이 중 보육교사 1급이 전체 779개로 시설 1개소당 평균 2개, 보육교사 2급은 142개로 시설 1개소당 0.37개를 차지하고 있으며, 유치원교사 1급의 경우 전체 60개로 시설당 평균 0.15개, 유치원교사 2급은 341개로 시설 1개소당 0.88개의 자격증을 소지한 것으로 나타나고 있다.

한편 청소년 관련 복지시설에서 유효한 청소년지도사 자격증은 60개로 전체 자격증 소지자의 1.47%를 차지하고 있고, 시설당 평균 0.15개를 소지한 것으로 나타나고 있다. 또한 장애인복지시설 등에서 유효하게 활용될 수 있는 직업재활사 자격증의 경우, 28개로 시설당 평균 0.07개를 소지한 것으로 나타나고 있다. 이러한 결과는 1999년 22.5%(87개소), 생활+이용시설 4.1%(16개소) 순으로 나타나고 있다.

4. 기관성격 및 대상자 사항

1) 시설운영 형태

시설의 운영형태는 이용시설이 73.4%(284개소)로 가장 높게 나타나고 있으며, 생활시설 22.5%(87개소), 생활+이용시설 4.1%(16개소) 순으로 나타나고 있다. 이와 같은 결과는 1999년 조사결과와는 많은 차이를 보이고 있다. 1999년의 경우 전체 불교사회복지시설 중 이용시설의 비중은 57.0%, 생활시설은 31.4%, 생활+이용시설은 11.6%로, 이용시설과 생활시설의 비율 간에 큰 차이를 보이지 않는다. 이에 비해 2006년 조사에서는 이용시설의 비중이 현저하게 높은 것을 알 수 있으며, 이를 통해 불교계 이용시설 수의 증가와 더불어 그 비율의 증가가 있었음을 알 수 있다.

또한 2005년 한국보건사회연구원이 발표한 조사결과와 비교해 보아도, 기독교의 경우 이용시설 45.7%, 생활시설 54.3%, 천주교의 경우 이용시설 36.7%, 생활시설 63.3%에 비해 상대적으로 불교계 사회복지시설에서는 이용시설의 비중이 높다는 것을 알 수 있다.

2) 입소·이용인원

불교계 사회복지시설의 입소정원과 입소인원의 경우 1개 시설당 평균 17.28명과 14.43명을 차지하고 있으며, 불교계 사회복지시설의 전체 입소정원과 입소인원은 각각 6,687명과 5,583명으로 나타나고 있다. 따라서 1개 시설당 평균 입소인원 비율은 입소정원의 83.5%를 차지하고 있다.

또한 입소 인원이 10명 이하인 시설인 17.0%(17개소)로 가장 높고, 다음으로 11~20명이 13.0%(13개소), 41~50명이 12.0%(12개소), 21~30명이 11.0%(11개소) 순으로 나타났다. 따라서 입소인원이 30명 이하인 시설은 41.0%로 나타나고 있다. 이처럼 입소인원이 30명 이하인 시설의 비중이 비교적 높다(41.0%)는 것은 불교계가 소규모 시설 위주로 생활시설, 생활+이용시설을 운영하고 있다는 것을 짐작하게 하는 결과이다.

한편 이용인원은 불교계 사회복지시설 1개소 당 평균 62,679.5명이며 1일 평균이용인원은 약 207.5명으로 추산해볼 수 있으며, 회신된 불교계 사회복지시설의 전체 이용자 수는 24,257,003명으로 나타났다.

3) 사업분야와 사업유형

(1) 사업분야

조사대상인 총 389개 불교계 사회복지시설을 대상으로 실시하고 있는 사업 분야에 대해 조사한 결과 해당 사업 분야에 대해 총 536개의 응답이 나타났다. 이 중 아동복지가 31.5%(169개)로 가장 높은 비율을 나타냈으며, 노인복지 24.1%(129개), 장애인복지 10.2%(55개), 지역사회복지 9.0%(53개), 상담 8.8%(47개), 청소년복지 7.5%(40개), 의료복지 2.6%(14개), 여성복지 2.1%(11개) 순으로 나타났다.

(2) 사업유형

①아동복지 사업유형: 아동복지 분야의 사업 유형은 어린이집이 77.0%(144개)로 가장 높았고, 방과후교실 9.1%(17개), 아동양육시설 6.4%(12개) 순으로 조사됐다. 이와 같은 조사결과는 1999년의 어린이집 66.7%보다 10.3% 높은 비율이다.

②청소년복지 사업유형: 청소년복지 분야의 사업유형은 공부방·독서실 60.4%(26개), 청소년수련원 16.3%(7개), 청소년자원봉사센터 11.6%(5개), 청소년회관 4.7%(2개) 순으로 나타났다. 1999년 조사결과는 공부방·독서실 66.7%와 비교하면 6.3% 낮은 비율임을 알 수 있다.

③노인복지 사업유형: 노인복지 분야의 경우 요양시설 20.3%(37개)로 가장 많았고, 주간보호시설 18.7%(34개), 무료급식소 15.9%(29개), 노인복지관 12.1%(22개), 양로시설 6.0%(11개)의 순으로 나타났다.

④장애인복지 사업유형: 장애인복지 분야의 경우 기타를 제외한 장애인복지관이 18.5%(12개), 소공동체와 보육시설이 각각 12.3%(8

개), 성인장애인보호시설 10.8%(7개), 자립작업장과 재활시설은 각
각 7.7%(5개) 순으로 나타났다.

⑤여성복지 사업유형: 여성복지 분야의 경우 기타 38.4%(5개),
상담소가 30.8%(4개), 기술원 15.4%(2개), 가정폭력피해여성쉼터,
모자원이 각각 7.7%(1개) 순으로 나타나고 있다.

⑥노숙인복지 사업유형: 노숙인복지 분야의 사업유형으로는 노숙
인무료급식소 33.3%(8개), 20인 이상 보호시설 29.2%(7개), 소공동
체·쉼터 25.0%(6개) 순으로 나타나고 있다.

⑦의료복지 사업유형: 의료복지 분야의 경우 호스피스 요양원
28.6%(4개), 소공동체·쉼터 21.5%(3개), 병원·병원사회사업·가정
호스피스가 각각 7.1%(1개) 순이며, 기타(무료진료 등)가 28.6%를
차지하고 있다.

⑧상담 분야 사업유형: 상담 분야의 경우, 일반상담 34.4%(32개),
전화상담 33.3%(31개), 청소년상담 18.3%(17개)의 순으로 나타났다.

⑨지역사회복지 사업유형: 지역사회복지 분야의 경우 종합사회복
지관 69.1%(38개), 사회복지관 14.6%(8개), 지역자활센터 12.7%(7
개)의 순이며, 기타(자원봉사센터 등)가 3.6%(2개)인 것으로 조사됐다.

4) 주 연계기관

시설에서 연계하고 있는 사업 분야에 대한 조사 결과 정부기관이 21.9%
로 가장 높았으며, 사회복지기관 17.7%, 의료기관 17.0%, 종교기관
16.5%, 교육기관 11.9%, 사회단체 7.6%, 기타 7.4%의 순으로 나타났
다. 특히 불교계 사회복지시설이 불교기관에서 운영하는 시설임에도
불구하고, 연계 비율이 타 기관에 비해 낮다는 것은 주목할 만한 점이다.

5. 재정 사항

1) 총 세입·세출 규모

불교계 사회복지시설의 총 세입·세출 규모는 186,869,501천 원으로 나타났으며 시설 1개소당 평균 총 세입·세출 규모는 495,675천 원이다. 그러나 시설의 총 세입·세출규모가 최소 342천 원에서 최대 2,660,245 천 원에 이르기까지 그 편차가 매우 크다는 것을 알 수 있다.

또한 총 세입·세출규모를 통해 불교계 사회복지시설의 총 재정규모를 추정해보면 약 230,488,901천 원으로 추산해볼 수 있다. 이것은 2005년 한국보건사회연구원에서 추계하여 발표한 2003년도 불교계 사회복지시설 총 세입규모 129,068백만 원에 비해 101,420백만 원 정도가 많은 수치로서, 약 2년의 기간 차이가 있으나 총 세입규모에 있어 상당한 차이를 보이고 있다.

한편 금번 조사 결과에 의한 세출 총액은 인건비(96,068,578천 원) > 사업비(48,698,237천원) > 운영비(27,345,466천원) > 기타 (14,787,220천원) 순으로 지출되었다. 세입 총액은 정부보조금 (116,800,965천원) > 사업수익금(35,895,793천원) > 기타(16,325,371 천원) > 후원금(9,174,027천원) > 법인전입금(8,673,345천원) 순으로 확보되었다. 또한 인건비의 경우는 세출 총액의 51.4%, 사업비 26.0%, 운영비 14.6%, 기타 8.0%의 비율을 차지하였고, 정부보조금은 총 세입액의 62.5%, 사업수익금 19.2%, 기타 8.7%, 후원금 4.9%, 법인전입금 4.7%를 차지하고 있었다.

2) 총 세입·세출규모의 분포

불교계 사회복지시설 총 세입·세출규모의 분포를 살펴보면 5~10억이 20.7%(78개소)로 가장 높고, 1~2억 16.5%(62개소), 3~4억 14.5% (55개소) 순으로 나타났다. 또한 1~5억이 52.7%(199개소), 1억 미만인 시설이 13.3%(50개소)로 나타나 조사대상인 시설의 2/3이상(66%)의 총 세입·세출규모가 5억 미만이 것을 알 수 있다. 그러나 총 재정규모가 10억 이상인 시설도 13.3%(50개소)를 차지하고 있다.

3) 시설종사자 특성에 따른 세입규모 차이

(1) 시설종사자 불교신도 비율에 따른 세입 차이

시설종사자의 불교도 비율을 기준으로 세입규모를 파악하고자 불교신도의 비율을 불교도수/전체 종사자로 구분하여 5등분 집단으로 구분했다. 세입규모에서는 법인전입금과 세입기타를 제외한 정부보조금, 후원금, 수익금에서 유의수준 0.05에서 집단 간 유의한 차이를 보이는 것으로 나타났다. 특히 불교신도 비율이 20~40%인 집단의 세입규모가 세입총계, 정부보조금, 수익금, 기타 등에서 높은 수준이었고, 다음 20% 이하는 법인전입금, 후원금에서 높은 수준이었으며, 오히려 불교신도 비율이 80% 이상인 시설의 세입규모가 전체적으로 적은 것으로 나타나고 있다.

(2) 사회복지사 자격증 수에 따른 세입규모의 차이

사회복지사 자격증 수는 세입과 높은 상관성을 보이고 있는데 세입 관련 변수들 중 특히 사회복지사 자격증 전체 수는 정보보조금과 후원금, 세입총계 등과 높은 연관성을 보이는 것으로 나타나고 있다. 즉

사회복지사 자격증의 전체 수가 많을수록 세입규모가 높아지는 경향을
보이고 있다.

제4절 불교상담

1. 불교상담의 개념

불교상담을 논하기 위해서 선행되어야 할 것은 다름 아닌 상담에 대한
개념 정의이다. 상담에 대해 먼저 타일러Tyler는 인격적 성장의 강조
측면에서 "개인적 발달의 방향으로 현명한 선택이 이루어지도록 촉진
하는 것"이라 정의했으며, 로저스Rogers는 "상담자와의 안전한 관계
속에서 내담자가 과거에 부정했던 경험을 다시 통합하여 새로운 자기로
변화하는 과정"으로 정의함으로써 상담을 통해 문제해결과 함께 자아
개념의 변화 내지 인격의 발전이 함께 이루어짐을 지적했다.

또한 이장호는 "도움이 필요한 사람이 전문적인 훈련을 받은 사람과
의 관계에서 자기의 생활 과정상의 문제를 해결하고, 생각·감정·행동
측면의 인간적 성장을 위해 노력하는 학습과정"이라고 정의하며, 도움
을 필요로 하는 사람과 도움을 줄 수 있는 사람 사이의 개별적인 관계를
통하여 새로운 학습이 이루어지는 과정임을 강조했다.

권경희(2007)는 "불교상담이란 전문적인 불교상담 훈련을 받은 사람
이 불교 신행을 바탕으로 도움을 필요로 하는 사람의 생활 및 심리적
문제를 해결하도록 돕고, 내담자의 인간적 성장은 물론 함께 깨달음의
길로 나아가기 위해 노력하는 성장과정이다"라고 하였으며, 박성희
(2007)는 "사람의 인생을 깨달음을 향한 끝없는 성장 과정으로 간주하고

이의 실현을 돕는 활동"으로 정의하였으며, 박찬욱(2010)은 최근 초기 불교를 중심으로 「불교상담 프로그램 개발과 효과성 연구」라는 논문을 통해서 불교상담의 다양한 접근을 검토한 후 불교상담의 특징과 범위를 다섯 가지로 정리하고 있다. 요약하면 다음과 같다.

첫째, 불교상담은 무한성장을 지향한다.

둘째, 불교상담은 전인적 치료를 추구한다.

셋째, 불교상담은 근원적인 해결을 지향한다.

넷째, 불교상담은 출세간적 행복, 세간적 행복 둘 다를 강조한다.

다섯째, 불교상담은 성찰, 소통, 명상을 모두 중시한다.

불교상담이라고 하면 불교와 상담 전반을 아울러야 한다. 불교교리와 신앙체계, 수행법을 모두 포함하고, 상담의 제반 이론과 기법을 통섭하여 불교상담이라는 고유한 분야를 도출해내야 한다.

불교에서의 상담은 붓다의 성도 후 다섯 비구에게 최초로 설한 초전법륜을 시원점으로 볼 수 있다. 또한 일반상담이나 심리치료가 인간의 심리를 과학적인 시도로, 행동주의적·정신분석적 접근에 토대를 둔 것과는 달리 불교상담은 단순한 심리치료를 넘어서 내담자를 바라보는 관점의 차이와 본질적 문제의 원인을 규명하고 직접적인 성찰을 통해 내담자 스스로 문제를 해결할 수 있도록 유도하는 접근방식의 차이점을 보인다. 권경희는 불교상담에 대해 "붓다는 상담자의 인간적 자질과 전문적 자질을 두루 갖춘 위대한 상담가로, 내담자의 당면문제 해결에 그치지 않고 궁극적인 깨달음의 길로 이끄는 것"이라고 했다.

이와 같이 불교상담은 '상담'이라는 구체적인 포교방법으로 붓다의 가르침을 통해 상담자와 내담자 간의 동체의식 속에서 내담자의 본질적인 문제를 해결하여 궁극적으로 깨달음의 길로 이끄는 동체대비의 실현이라고 할 수 있다.

2. 불교상담의 필요성

현재 우리나라뿐만 아니라 일반적으로 널리 쓰이는 상담기법은 서구에서 태동되어 과학적 가치 속에서 다양한 심리치료이론과 기법이 적용되고 있다. 이와 같이 서구에서 발달한 상담기법은 인간의 복잡 미묘한 마음을 다루는 데 있어 여러 가지 한계점을 가지고 있을 뿐만 아니라 우리 민족의 정서와 가치관에 부합되지 않는 점이 있는 것도 사실이다.

첫째, 불교상담은 이와 같은 서구 상담의 한계점을 극복, 보완할 수 있다는 점에서 그 필요성이 부각된다.

둘째, 불교상담은 다양하면서도 효과적인 상담 기법을 개발하고 활용할 수 있다는 점에서 그 필요성이 대두된다.

셋째, 불교상담은 상담자 교육 및 성장에 유용하다.

넷째, 다른 상담이 아닌 바로 불교상담을 필요로 하는 사람이 있다.

다섯째, 불교의 입장에서 보았을 때 불교상담은 포교의 일익을 담당할 수 있는 유용한 방편이다.

불교상담은 상담자와 내담자가 함께 마음을 나누어 세상을 밝히고자 하는 것, 세상의 괴로움과 고통을 천수천안으로 살피고 건져주는 천수천안관세음보살의 대자대비를 실천하는 것이다.

352

3. 불교상담의 연구 및 역사

불교계의 상담에 대한 관심의 시작은 1981년 자비원에서 자비의 전화를
개설하면서부터이다. 이후 부산 자비의 전화(1984), 병상심방원 상담
의 전화(1985), 희망의 전화(1985), 수효사 자비의 전화(1987), 광주
자비원 상담전화(1990), 금강자비회 자비의 전화(1990), 부산 관음포
교원 자비의 전화(1990), 제주 자비의 전화(1992), 대구 자비의 전화
(1993), 대구불교사회복지회 노인상담전화(1995), 불교자원봉사연합
회 정토의 전화(1996), 한국불교청년회 마음의 전화(1996) 등이 개설되
었다. 이 가운데는 현재까지 잘 운영되는 곳도 있지만 형식적으로
운영되거나 폐쇄된 곳도 있다.

동양의 도道와 서양의 상담과 심리치료를 관련지어서 선구적인 연구
를 꾸준히 해온 이동식(1968, 1974, 1995)과 정창용(1968, 1995)이 불교
심리치료의 초석을 놓았다고 할 수 있다.

상담심리 분야에서는 1970년대에 「불교와 상담」이란 논문을 발표한
이후 윤호균(1999, 2001, 2005)이 연기론, 공상, 집착 등과 같은 불교의
핵심 가르침을 상담에 접목하려는 시도를 본격적으로 하였다. 이 밖에
도 이죽내(1981, 1994)와 권석만(1997, 1998) 등과 같은 전공자들이
국내외에서 배출되어 대학이나 상담연구소, 병원, 복지관 등에서 다양
한 형태로 한국형 상담과 심리치료의 발전에 기여하고 있다.

교계 상담기관의 성장은 1997년 IMF를 맞으면서 주춤했으나 특히
2000년 대 중반에 접어들면서 불교와 상담을 접목하려는 단체들이
등장하기 시작한다. 1990년대 자비전화상담으로 시작했던 불교상담
개발원이 2000년 4월 대한불교조계종 포교원 산하 단체로 편입되면서

불교상담에 대한 공식 논의가 시작되었다. 그리고 2007년 3월 불교상담 개발원에서 불교상담심리사 2급 과정을 서울의 불교상담개발원과 중앙승가대학교의 두 곳에서 동시에 개학을 했다. 2002년 4월에는 인경스님이 선상담연구원을 개원하였다. 2004년 명상상담연구원으로 개칭하여 명상상담 연구와 다양한 프로그램을 운영하고 있다. 2002년 서울불교대학원대학교가 교육부 인가를 받아 설립·운영되면서 상담 심리학과 내에 자아초월 상담 분야, 요가치료 분야를 세부전공으로 두고 석, 박사를 배출해내고 있다.

2003년 10월 최훈동 교수가 설립한 한별심리연구소는 부정기 소규모 연구모임을 운영해오고 있다. 또한 2003년 11월 불교학자, 명상수행 자, 정신과 의사, 상담심리학자들이 중심이 되어 불교와 정신치료연구 회를 결성하여 관련 분야의 서적을 강독하면서 의견을 나누다가 윤호 균, 전현수, 서동혁, 김재성, 미산 교수 등이 2007년 4월 한국불교심리 치료학회를 창립하였다.

2006년 3월 밝은사람들 연구소가 개소되어 불교와 상담, 그리고 이와 관련된 인문학 전반에 걸친 주제를 중심으로 책을 출판하고, 매년 학술연찬회를 진행해오고 있다. 지금까지『욕망, 삶의 동력인가 괴로움의 뿌리인가』,『나, 버릴 것인가 찾을 것인가』,『마음, 어떻게 움직이는가』,『몸, 마음공부의 기반인가 장애인가』,『행복, 채움으로 얻는가 비움으로 얻는가』,『죽음, 삶의 끝인가 새로운 시작인가』등 6권의 단행본이 출판되었다. 또한 2007년 4월 한국명상치료학회 첫 학술발표회 개최 이래『명상치료연구』라는 학술지도 발간하고 있다.

2008년 12월 발족한 한국불교상담학회는 정기적인 학술대회와 함께 『한국불교상담학회지』를 발간하고 있다. 이 밖에 관련 학회로서 한국

정신치료학회, 한국동서정신과학회, 동양상담연구회, 한국명상치유학회 등이 있다. 2003년 10월 동국대학교 경주캠퍼스 불교문화대학원 인간학과에 불교상담 전공이 개설된 후, 2006년 3월 불교상담학과로 격상되었다. 2005년 개교한 동방대학원대학교의 자연치유학과에서 명상치료학을 전공할 수 있으며, 서울불교대학원대학교에서는 2008년 1학기부터 불교학과에 불교상담 전공을 개설하였다.

중앙승가대학교에서는 종래의 불교상담개발원과 분리되어 2009년 3월 불교상담대학을 설립하였다. 또한 2009년 2학기부터는 동국대학교 불교대학원에서도 명상심리상담학과를 개설하였다. 이 밖에도 부산 불교아카데미에서 심리상담사 과정을 개설, 운영하고 있으며, 불교상담연구원, 사이버상담실 자비24 등의 온라인상담이 있으며 불광사, 조계사 등은 사찰부설 법률상담소를 개설했다.

4. 불교계의 불교상담 현황

1) 불교상담기관

(1) 불교상담개발원

불교상담개발원은 대한불교조계종포교원이 2000년 4월 기존의 전화상담 자원봉사기관인 자비의 전화(1990년 개통)의 토대 위에서 산하 포교 단체로 설립되었다.

'부처님의 가르침을 상담이라는 방편에 실어 널리 펼침으로써 모든 생명이 서로 조화를 이루며 평화롭게 살 수 있도록 마음을 나누어 세상을 밝히며, 세상의 고통을 천수천안으로 살피고 건지는 관세음보살의 대자대비를 실천하는 것'을 설립 목적으로 삼고, '상담을 통해서

포교의 한 축을 담당하고 부처님의 가르침을 통해서 상담의 궁극적인 목표에 도달하겠다'는 구체적인 역할을 설정해 놓고 있다.

불교상담개발원의 주요 사업을 살펴보면 다음과 같다.

① 불교상담 연구 개발: 불교상담워크샵 개최, 무크지 '불교와 상담' 연 2회 발간, 불교상담 교재 및 자료집 발간, 교계 상담현장 연구 및 지원, 불교상담 연구지원사업, 상담포교 프로그램 개발

② 불교상담 교육: 불교상담대학, 월례특강, 상담원 재교육, 상담원 전문소양 교육

③ 교계 현장지원: 교계 사찰 및 단체 상담프로그램 및 강사 지원, 종무원 및 현장활동가 집단 심성수련 프로그램, 사찰 및 단체 청소년 각종 심성수련 프로그램, 사찰상담실 설립 자문, 포교지침서 발간

④ 전문포교자격자 양성: 대한불교조계종포교원의 포교자격자 중 '불교상담심리사' 관리 단체로 선정돼 불교상담심리사 선발 및 관리 담당

⑤ 사단법인 자비의 전화 운영: 기존 자비의 전화를 사단법인으로 등록하고 24시간 전화상담, 사이버상담실 자비24, 아하섹스 청소년 사이버 성상담, 전문 면접상담 및 각종 심리검사, 회보 「자비의 전화」 발간

⑥ 한국상담전문가연합회의 불교계 창구 역할: 불교상담개발원에서는 여러 상담학회가 연합해서 결성한 한국상담전문가연합회의 불교계 창구가 되어 연합회에서 추진하고 있는 이혼상담 법제화, 군상담 제도화 등의 각종 사업에 적극적으로 참여하고 있다.

(2) 자비의 전화

불교상담개발원의 전신인 자비의 전화는 1990년대 초 전국 주요 도시에 지부를 설립했다. 1992년 3월에는 전북 이리에, 11월에는 제주에, 1993년 5월에는 대구에, 11월에는 인천에 설립했다. 지부라고는 하지만 본부에서 관리하는 것이 아니라 자율적으로 운영되었으며, 본부에서는 '자비의 전화'라는 명칭을 쓸 수 있는 권한을 주고 개설 등을 지원하였다.

2005년 12월 서울 자비의 전화가 사단법인이 된 것을 계기로 각 지역 자비의 전화 운영 실태를 조사한 결과, 대부분이 활동이 중단된 상태였다. 그 결과 현재 지속적으로 활동 중인 지부는 대구 자비의 전화뿐이다.

(3) 대구 자비의 전화

2006년부터 대구불교방송 부설로 운영되고 있는 대구 자비의 전화는 상담원 양성, 전화상담, 사이버상담, 소식지 「천수천안」 발간 및 기타 봉사활동을 하고 있다. 매년 2개월 과정의 상담원 양성 교육을 실시해 2007년 7월 현재까지 배출한 상담원은 17기, 4백여 명에 이르며 현재 30여 명의 상담원이 지속적으로 자원봉사 상담을 하고 있다.

(4) 사찰 상담실

현재 불교계에서 상담활동을 하고 있는 사찰 상담실은 조계사 신행상담실, 불광법회 바라밀상담실, 능인종합사회복지관 종합상담실, 봉은사 새신도관리부, 구룡사 진리의 전화 신행상담실 등 총 6곳으로, 이곳에서는 자원봉사 상담원들이 생활문제 상담, 신행 상담, 사찰 상담,

사찰 교육프로그램 안내 등의 활동을 하고 있다.

(5) 명상상담연구원

종단이나 사찰에 속해 있지 않은 상담 기관으로서 가장 활발하게 불교상담을 연구·개발하고 있는 기관이 명상상담연구원이다. 2002년 4월 선상담연구원으로 출발해 2004년 2월 현재의 명칭으로 변경했다.

명상상담연구원이 다른 불교계 상담 기관과 다른 점은 바로 전문적인 유료 상담을 실시하고 있다는 점이다. 주요 사업으로는 개인상담(주 1회), 집단상담, 상담교육, 지부 운영, 한국명상치료학회 관리 운영, 명상치료사 양성과정 운영, 명상치료 프로그램 연구 개발 등이 있다.

(6) 동사섭·재단법인 행복마을

재단법인 행복마을은 불교가 자연스럽게 스며 있는 수련 프로그램인 '동사섭同事攝'으로 유명하다. 동사섭은 1980년 4박 5일 특회로 시작돼 이후 10회까지는 T그룹으로 진행되다가 1982년부터 '동사섭 법회'라 칭했다. 2003년 1월에는 사단법인 동사섭을 설립했으며, 2005년 10월 에는 재단법인 행복마을을 설립하여 사단법인 동사섭을 흡수, 승계했다. 2007년 3월 25일에는 경남 함양 천령산 기슭에 동사섭문화센터를 건립했다.

2) 불교계의 불교상담 교육기관

(1) 동국대 경주캠퍼스 불교문화대학원

2000년 7월 설립된 동국대학교 경주캠퍼스 불교문화대학원은 2003년 10월 종래의 장례문화학과를 인간학과로 개칭하고 장례문화전공과 별도로 불교상담전공을 증설했다. 이후 2006년 3월 인간학과를 폐지, 인간학과 내 2개 전공을 학과로 변경, 장례문화학과와 불교상담학과를 개설했다. 불교상담학과에서는 불교학특강, 심리학특강, 임상 및 상담심리학, 불교상담의 기초와 실제, 불교인간학, 명상심리학 등의 과목을 개설하고 있다.

(2) 서울불교대학원대학교

서울불교대학원대학교는 2002년 9월 불교계 최초로 설립된 대학원대학교이며, '부처님의 가르침에 바탕을 두고 불교학과 상담심리학을 중심으로 그 외 관련 분야를 연구·교수·훈련하는 전문대학원'이라는 기치를 걸고 2002년 9월 석사학위과정을, 2004년 9월 박사학위과정을 개설했다.

개설된 학과로는 불교학과, 상담심리학과, 심신통합치유학과가 있으며, 불교학과에 불교학, 명상학, 불교상담학 전공이 개설됐다.

(3) 동방불교대학원대학교

2005년 3월 개교한 동방불교대학원대학교는 2005년 '동방문화의 창달과 새로운 동방문화를 정립하는 길잡이'를 자임하고 있으며 2005년 박사과정(3년)에 개설된 명상요가학과 내에 상담심리학 전공을 두고 불교상담사례연구, 불교상담의 실제 등의 과목을 운영하고 있다.

(4) 불교상담개발원 불교상담대학

불교상담대학은 대한불교조계종포교원 인가 2년제 특수교육기관으로, 17년간 실시해온 자비의 전화 상담, 자원봉사자 교육 경험을 토대로 불교와 상담 전반에 대한 이해와 전문성을 갖춘 불교상담 전문 인력을 양성하기 위해 2007년 4월 개교했다. 교육인적자원부 인가 대학은 아니지만 여타 불교교양대학과는 차별화해 불교상담을 전문적으로 교육하고 불교상담전문인력을 양성하겠다는 뚜렷한 목표 아래 설립됐다.

표 45 **불교상담개발원 불교상담대학 교과목(2009. 2. 11 개정)**

학기	교 과 목			
1학기	불교교리(필수)	불교역사(필수)	심리학개론	상담심리학개론
2학기	불교상담(필수)	발달심리학	집단상담	전화상담 실습
3학기	경전의이해(필수)	이상심리학	심리검사	사이버상담 실습
4학기	불교심리학	학습심리학	적응심리학	면접상담 실습

출처: 서병진(2010), 『불교사회복지론』, 도서출판 솔바람, p.471

학제는 4과목씩 2년 4학기제로 운영되며, 불교적 소양을 갖추기 위한 불교교리, 불교역사 등의 과목과 더불어, 상담의 전문성을 기하기 위한 상담이론 및 실습 과목을 고루 갖추었으며, 불교상담 과목을 통해 불교와 상담을 함께 다루고 있다.

(5) 중앙승가대학교 불교상담대학

중앙승가대학교 불교상담대학은 대한불교조계종포교원 인가 2년제 특수교육기관으로, 승려 불교상담심리사 전문인력을 양성하기 위해 2009년 3월 개교했다. 2년제의 불교상담심리사 1급과 2급, 그리고 1년제의 전문가 과정 등이 개설돼 있으며, 그 세부내용은 다음 표와 같다.

표 46 중앙승가대학교 불교상담교육원 교과목

과정	학기	교 과 목
2급 과정	1학기	명상과 심리치료, 발달심리학, 상담심리학 개론
	2학기	불교와 상담, 심리검사의 이론과 실제, 학습심리학
	3학기	이상심리학(정신의학), 성격심리학, 개인상담 1
	4학기	비교문화심리치료 1, 불교심리학, 면접상담실제
	실습	집단상담 1
	특강	상담과 윤리 1
1급 과정	1학기	심리검사 평가 분석과 해석, 비교문화심리치료 2, 상담과 심리치료
	2학기	동·서 심리학, 가족상담 치료, 가족상담 실제
	3학기	유식학과 상담, 상담사례연구 및 지도, 개인상담 2
	4학기	자아초월심리 상담, 임상 및 상담실제 관찰 분석, 상담평가의 이론과 실제
	실습	집단상담 2
	특강	상담과 윤리 2
전문가 과정	1학기	불교상담 심리치료 연구와 지도법, 상담심리치료 연구와 지도법, 슈퍼비전 1
	2학기	불교명상교수법, 응용실험심리치료연구 및 지도, 슈퍼비전 2
	실습	임상 및 상담 현장 실습
	특강	K, MBSR과 명상 뇌과학

출처: 중앙승가대학교 불교상담대학 홈페이지, 2010

(6) 대원불교대학교

1973년 불교계 최초의 2년제 불교교양대학으로 출발했으며 2006년 3월 불교상담심리치료학과를 증설해 불교와 상담 및 심리치료를 접목한 교육을 실시하고 있다. 현재 개설된 과목은 불교상담의 실제, 불교와 심리, 불교와 마음치료 등이다.

(7) 명상상담연구원

명상상담연구원은 한국명상치료학회에서 자격을 부여하는 명상치료사를 양성하기 위한 교육기관이다. 현재 명상치료사 I급과 II급 과정이 개설돼 있으며, 이론 강의와 실습을 병행하고 있다.

(8) 불교상담아카데미

2000년 3월 부산에서 개설되었으며, 상담학, 심리학, 요가, 음악심리치유, 불교상담, 집단상담, 가족치료 등의 과목을 개설하고 있다.

(9) 광주불교문화대학

1993년 광주불교교육원 부설로 설립됐으며 기존에는 불교학과만 운영하다가 2007년 3월 불교상담학과를 증설했다. 불교기본교리, 선수행 등의 불교과목과 발달심리, 이상심리, 학습심리, 개인상담의 원리와 실제 등 상담 과목을 함께 교육하고 있다.

(10) 동국대학교 사회교육원

1996년 개설된 동국대학교 사회교육원에서는 2004년 9월 불교연구과정의 하나로 불교상담사 과정을 개설했으며, 불교상담의 기초와 실제, 불교복지 상담 등을 교육하고 있다.

3) 불교상담 연구기관 및 학회

(1) 동사섭·재단법인 행복마을

칼 로저스가 개발한 인타운터 그룹(Encounter Group, 참만남집단)인 'T그룹 워크숍'의 성격을 띠고 1980년 출발해 불교를 근본으로 프로그램을 다듬고 성장시켜 왔다. 수련 과정을 일반과정, 중급과정, 고급과정으로 나누어 진행하고 있으며, 전문가 양성과정을 별도로 두고 있다.

(2) 불교상담개발원

불교상담개발원에서는 창립 이래로 불교상담 연구 및 개발을 꾸준히 해오고 있다. 대표적인 프로그램으로 '산사에서 만나는 불교와 상담', '불교와 상담 워크숍'이 있으며, 불교상담 프로그램 개발, 불교상담 자료집 및 지침서 발간 「불교와 상담」 무크지 발간 등의 활동을 전개하고 있다.

(3) 불교와 정신치료연구회

중앙승가대 교수 미산스님과 정신과 전문의 전현수 박사, 융 분석가 서동혁 박사를 중심으로 2003년 11월 발족됐다. 불교와 정신치료, 그리고 심리상담 분야의 전문가 10여 명이 모여 불교와 정신치료·심리 상담의 접목을 위해 각 분야의 전문서적 강독, 수행 또는 치료와 상담기법에 대한 연구를 계속해오고 있다.

(4) 서울불교대학원대학교 불교상담연구소

서울불교대학원대학교가 2002년 12월 개설한 불교상담연구소는 불교의 심리학적 이해를 위한 스터디, 불교상담을 위한 프로그램 수집 및 개발 등 연구활동, 지역사회상담을 연계하고 교내 상담실 운영 및 슈퍼비전 등의 상담활동, 불교상담프로그램연구집 발간 등의 사업을 전개한다.

(5) 한별심리연구소

2003년 10월 설립됐으며 '마음의 건강, 행복한 가정, 평화로운 세상을 만들어가는 일을 가장 귀하게 여긴다'는 모토 아래 수행에 관심 있는 불교학자, 심리학자를 중심으로 수행토론 모임을 운영하고 자유토론, 명상모임을 꾸준히 갖고 있다.

(6) 밝은사람들

2006년 2월 설립됐으며, '불교와 학습이론, 그리고 불교상담', '불교와 상담-불교와 심리학적 방법론의 만남', '괴로움의 뿌리인 번뇌, 무엇이며 어떻게 일어나는가' 등의 다양한 주제로 지속적인 학술연찬회를 개최하고 있다.

(7) 서울불교대학원대학교 불교와심리연구원

2006년 9월 개설됐으며 불교상담과 관련된 주제로 심포지엄을 개최하고, 논문집 「불교와 심리」를 발간하고 있다.

(8) 한국명상치료학회

2007년 4월 창립된 한국명상치료학회는 정기적인 학술활동, 교육연수, 자격관리, 논문집 발간, 국제교류, 지역 학회 활동 활성화 등의 다양한 활동을 전개하고 있다.

(9) 한국불교심리치료학회

불교와 상담 및 심리치료를 현대적으로 접목하기 위해 불교, 정신의학 그리고 심리학계 학자와 전문가들이 뜻을 모아 2007년 4월 창립했으며,

불교와 심리치료 두 분야가 만나 그동안의 경험과 노하우를 서로 공유하여 괴로움을 해결하고 정신건강을 증진시키며 인간의 근본적인 문제를 해결하는 데 도움이 되기 위해 두 분야의 접목을 추진하고 있다.

(10) 명상상담연구원

명상상담연구원에서는 명상치료를 '신령한 본성, 영성에 이론적 기반을 두고, 명상법을 통합한 포괄적인 상담 및 치료 전략'이라고 정의하고 '명상과 상담을 통해서 세간적 경험을 명료하게 통찰하고, 일상에서 신령한 본성을 경험하여 삶의 본래적 전체성을 회복한다'는 목표 아래 명상치료 기법과 프로그램을 개발, 운영하고 있다.

제5절 불교승가복지

1. 승가복지의 개념

승가복지는 승려가 우선 사회구성원으로서 인간다운 삶을 영위하고 수행자 본분에 전념할 수 있도록 필요한 자원과 서비스를 제공하는 조직적인 활동이라고 정의할 수 있다. 특히 현대사회가 지방자치제도를 정착시키고 지자체 차원에서 각종 사회복지서비스를 제공하는 것처럼 불교계는 종단과 교구 차원의 승려복지체계를 갖추고 국가의 법, 제도, 정책, 제정, 전달체계 등과 연계하는 다양한 방법을 모색해야 할 것이다.

2. 승가복지의 필요성

'승려僧侶'는 불법승 삼보의 하나로서 불법을 믿고 불도를 닦는 출가수행자를 말하며, 이러한 승려들이 하나의 공동체를 형성한 것이 '승가僧家'이다. '승가'란 본래 '무리(衆)'를 의미하는 말로 화합을 제일의 목적으로 한다. 구도를 위하여 종교적 계율의 구현만이 아니라 모든 생활상의 우비고뇌優悲苦惱를 함께 나누는 도반의 연대정신이기도 하다.

초기 불교교단에서는 출가자들의 경제행위를 일체 금지했으며, 수행에 필요한 최소한의 물자 외에는 무소유를 원칙으로 했다. 그러나 현대에 이르러 불교의 사회 참여는 필수불가결한 시대적 요청이며, 그에 따른 승려들의 사회적 역할도 확대됐다. 수행과 포교 외에 사회사업 활동에 따른 역할이 가중됐음에도 불구하고 그에 따른 제도적 뒷받침은 미약한 편이며, 더욱이 65세 이상 승려는 지속적으로 증가하는데 비해 종단 차원의 승려 노후대책 부재는 심각한 수준이다.

따라서 승려가 사회구성원으로서 일차적으로는 기본적인 생활을 영위하고, 나아가 수행과 포교에 전념할 수 있는 제도적 장치의 마련이 필요하다. 특히 승려는 혈연 중심의 일반인과는 달리 수행을 위주로 사는 독신생활이며, 노후를 위한 경제적인 대책을 마련한다는 것은 승가 고유의 무소유 사상에 위배되므로 수행자 본분에 전념할 수 있는 환경과 여건 마련이 시급하다.

3. 승가복지의 현황

우리나라 승가복지는 승려노후복지가 그 주축을 이루고 있다. 이에 따라 대한불교조계종과 각 사찰로 나누어 그 현황을 살펴보고자 한다.

1) 대한불교조계종 승가복지 현황

대한불교조계종 종단통계에 의하면 2008년 승려 수는 2007년 1만 3,576명 대비 284명이 증가한 1만 3,860명으로 2.1% 증가율을 보였고, 연령별로는 예비승을 포함한 65세 이상 승려가 1,703명으로 전체 승려의 약 12.3%를 차지한다. 이와 같은 결과는 2009년 총인구 대비 65세 이상 노인인구가 전체 인구의 10.7%를 차지하며 고령화사회로 급속하게 접어든 우리 사회의 현실보다 더 심각하다고 할 수 있다.

이에 비해 조계종 중앙종무기관의 예산액에서 차지하는 승려노후복지비용은 2008년 1억 2천 3백만 원으로 전체 예산액의 4.6%를 차지하는 낮은 비율을 보이고 있다.

한편 2008년 실천불교전국승가회 산하 불교미래사회연구소가 조계종단 승려 560명을 대상으로 승려노후에 관한 설문조사 결과 23.8%(133명)이 '매우 염려한다', 41.6%(233명)이 '염려한다'고 응답해 65.4%가 노후생활을 걱정하는 것으로 조사됐다. 또 노후생활의 불안요소로는 거처 25.0%, 생활비 23.2%, 질병치료 21.8% 등의 순으로 나타났다. 이에 대한 종단 차원의 대책으로 희망하는 것으로는 의료 및 생활 수발자 지원이 39.8%로 가장 높은 비율을 보였으며, 거처문제 35.2%, 수행비용 해결 18.2%인 것으로 조사됐다.

이러한 가운데 2008년 10월 28일 제6차 승려노후복지를 위한 특별위원회는 승려노후복지법 제정안을 확정했다. 이 안은 '조계종의 승려가 수행과 포교에 전념할 수 있도록 노후생활 안정과 복지 증진에 필요한 조치를 강구함으로써 불법홍보와 종단발전에 이바지함을 목적으로 한다'라고 목적을 밝혔다. 이를 통해 분한신고를 필한 세납 65세 이상의 '장로승려'는 수행연금, 주거, 의료지원을 받을 수 있게 됐다. 또한 승려노후복지의 책임은 종단과 교구 본말사에 있으며, 대신 종단을 승려노후복지사업을 실시하는 교구 또는 사찰에 분담금 감면, 포상, 연시 우대 등 혜택을 제공한다고 명시했다. 이와 함께 승려노후복지를 효율적으로 수행하기 위한 승려복지재단을 설립한다고 발표했다.

최근 대한불교조계종은 승가복지제도화 공청회를 개최하고 노스님 연금제도 도입 계획을 발표했다. 이는 65세 이상 노스님들의 안정된 노후보장 및 수행과 포교에 전념하는 승가상 확립을 위해 노령연금과 치료비 지급 등 승가노후복지제도 도입을 그 주요 내용으로 하고 있다.

2010년 10월 11일 한국불교역사문화기념관 국제회의장에서 열린 '승가복지 제도화를 위한 공청회'를 통해 밝힌 승려복지제도는 승가 개인이 안게 되는 노후문제를 해결, 승가공동체가 갖는 고유의 정신을 계승하고 수행과 포교에 전념하는 승가상 확립을 위해 추진된다. 대한 불교조계종은 2010년 6월 총무원 주요부서 국장 스님들과 국민연금, 의료, 복지, 법제 분야의 외부전문가들로 구성된 승가복지 TF팀을 구성해 2011년 시행을 목표로 승가복지 각 영역에 대한 연구와 논의를 진행했으며, 공청회는 4개월간 논의된 내용을 공개하고, 여론수렴을 통해 법 시행의 완성도를 높이고자 마련됐다.

승가복지 TF팀에 따르면 조계종은 우선 안정된 노후생활을 위해 내년부터 종단 승려의 국민연금 가입을 의무화하고 수행연금제도를 신설, 매월 최소 30여만 원의 연금을 65세 이상 노스님들에게 지급한다. 이를 위한 재원은 소임자의 경우 해당 사찰이 부담하며, 소득이 없는 승려는 교구본사와 총무원이 각각 절반씩 부담한다. 통상 사회적으로 성직자는 소득이 없는 것으로 간주하지만 국민연금 가입을 위해 조계종은 스님들의 월평균 소득을 33만원으로 책정, 이에 따라 매월 국민연금으로 29,700원을 납부키로 했다.

이와 함께 스님들의 안정적 의료복지를 위해 국민건강보험 가입도 의무화된다. 조계종 통계에 따르면 전체 제적승 1만여 명 가운데 약 30%가 국민건강보험에 가입하지 않은 것으로 나타났다. 건강보험료 납부는 승려의 소속 사찰에서 부담하며, 국민연금 납부금액에 따라 한 달 보험료는 1만 5,000원 안팎이 될 것으로 보인다. 또 질병 발생 시 진료비 중 입원진료비와 외래진료비 등 본인부담액을 종단에서 부담한다는 계획이다. 의료비 지원은 우선 65세 이상 스님을 대상으로 시행하며 종단과 교구본사, 사찰의 재정 상황을 고려해 향후 범위를 확대키로 했다.

이 밖에도 노인성 질환을 앓고 있는 스님들을 위해 노인요양시설 이용비를 지원하는 방안이 함께 추진된다. 조계종은 종단 예산에 노스님 요양비 지원을 위한 예산을 별도로 편성하고, 산하 요양시설에 스님들을 위한 공간을 마련한다는 계획이다.

승려노후복지 전달체계는 조계종단의 종헌, 종법령에 의해 총무원 사회부를 정점으로 하여 대한불교조계종 사회복지재단, 교구본사 사회국, 말사로 이어지는 체계를 갖고 있다. 총무원 사회부는 종단 차원의 승려노후복지정책과 예산을 관장하고, 수립된 정책을 집행하는 기관이다.

사회복지재단은 사회부 감독 하에 승려노후복지정책 수립 및 집행에 필요한 각종 실태 및 사례조사 등을 담당하고, 사회부에서 위임한 사항을 집행하는 복지전담기관이다. 교구본사 사회국은 총무원 사회부의 지도와 감독 하에 종단 차원에서 결정된 승려노후복지사업을 교구 차원에서 교구 소속 승려를 대상으로 집행하는 교구본사의 집행부서이며, 말사는 교구본사 사회국의 지도하에 승려노후복지에 관한 사항을 집행한다.

2) 타 종교의 성직자복지 현황

(1) 가톨릭

가톨릭의 경우 은퇴 후 많은 보수를 주며 연금제도나 노후보장제도가 잘 시행되고 있는 좋은 모델이다.

가톨릭 교회법 제281조에는 '성직자들은 교회의 교역에 헌신하므로 그 임무의 성질 및 장소와 시대의 조건을 고려하여 자기 조건에 맞는 보수를 당연히 받고, 이로써 그들이 자기 생활의 필요뿐만 아니라 그들에게 필요한 봉사를 하는 이들의 공정한 임금도 조달할 수 있어야 한다'는 것과 '질병·상해·고령으로 고생하는 때 그들의 필요가 합당하게 공급되는 사회보장도 혜택 받도록 배려해야 한다'라고 규정하고 있다.

가톨릭 서울교구는 교회법전의 규정에 따라 해마다 은퇴사제를 위한 예산을 집행하고, 사제평의회 공제회를 운영함으로써 회원의 상호부조로서 노후보장과 의료보장, 은퇴 후 생계보조, 와병 시 치료보조 등의 사업을 실시하고 있다.

은퇴사제들은 소속 교구 및 사제평의회 공제회에서 복지서비스를 제공받고, 다만 수녀나 수사들은 교구와 달리 소속단체별 규정에 의해 복지혜택을 받고 있다. 또 1996년부터 본당 활동을 하는 수녀들에게는 임금 외에 연금 명목으로 5만원이 지급되고 있다. 사제평의회 공제회에서 수술, 입원, 치료, 약값 등 의료비 전액을 부담하고 2년에 한 번 전체적인 종합검진을 실시하며, 간병인이 필요한 은퇴사제에게는 가톨릭병원의 간병인단체에서 간병인을 보조하고 있다.

노후생활을 위한 주거시설은 은퇴사제가 속한 교구에서 아파트 30평 이하, 금액 2억 원을 기준으로 장소에 관계없이 은퇴사제가 원하는 아파트나 단독주택 등을 구입해 주며, 주거시설에 필요한 집기들은 교구에서 별도로 1,000만원을 지급한다. 또한 생활보조금으로 퇴직 후 매월 60만 원씩을 지급하고, 이와 별도로 교구 규정에 따라 2001년 기준 사제 1인당 월 50만원을 지급하고 있다.

한편 4대 보험 가입여부를 보면 모든 사제들은 생활비와 성무활동비를 수령하는데 가톨릭에서는 이를 일반인들의 월급여로 간주하여 갑근세를 납부하며, 국민연금과 건강보험료도 납부하고 있다.

(2) 개신교

개신교는 연금제도와 은퇴목회자 요양시설을 운영하고 있는데 특히 대한예수교장로회총회는 연금재단을 설립하여 교직자의 노후문제 해결과 그 가족에게 보험성이 짙은 연금방식을 운영하고 있다. 이 연금제도는 1960년 9월 22일 연금규정을 제정한 이래 1986년 11월 20일 연금규정시행세칙으로 자리 잡았다.

세부내용은 연금가입자의 퇴직, 장애 또는 사망 등에 대하여 적절한 금여를 실시함으로써 가입자의 생활 안정과 복지 향상에 기여함을 목적으로 하고 급여의 종류로는 퇴직급여, 재직연금, 장해급여, 유족급여, 특례연금, 기타 연금 등으로 매우 다양하며, 연금사업에 소요되는 비용은 가입자 표준 호봉의 100분의 10, 소속 기관 100분의 50을 각각 부담한다고 명시돼 있다.

또 은퇴목회자 안식관인 공주원로원을 설립해 만 65세 이상의 대한예수교장로회총회 은퇴교역자로 전염병의 우려가 없고 일상생활에 지장이 없는 노인에 한하여 입소시키고 있다. 이곳은 자녀가 없고 노후보장이 전혀 안 되는 무의무탁한 은퇴교역자는 무료로 입소하고 있으나 자녀가 있는 종신이용자는 연령별로 차등을 두어 일시금을 시설운영에 기탁한 후 입소자가 사망하면 법인에 귀속시키거나 연령에 따라 일정액의 보증금을 예치하고 매월 관리비와 숙식비 등을 지불토록 하고 있다.

(3) 원불교

교단원로정양시설 5개소, 노인복지시설 52개소, 종합사회복지시설 15개소, 장애인복지시설 5개소, 보육수용시설 5개소, 후원 및 후견시설 6개소가 운영되고 있으며, 종합병원, 한방병원, 보화당한의원 등 22개의 의료기관 자선복지사업을 전개하고 있다. 뿐만 아니라 타 불교 종단에 비해 교역자에 대한 노후복지제도가 잘 갖추어져 있다.

교역자에 대해서는 교정원 산하 공익부 소속 후생사업회가 복지 담당기관이다. 후생사업회는 각 기관 교당의 장이 매월 또는 분기별로 납부하는 소속 전무출신의 후생헌금을 관리하고, 퇴임 후 후생을 위한 후생시설의 확충 및 유지, 복지금 지급 등 후생헌금의 사용을 결정한다. 모든 전무출신은 후생헌금을 납부하고 교역자들은 원불교 산하 학교 및 복지시설, 교당 산하 어린이집에 소속되어 개인별로 건강보험과 개인연금에 가입하고 있다.

원불교의 교역자는 '전무출신 정양 규칙'에 따라 68세 정년퇴직 때까지 월 10만 원씩 지급받고 퇴직 후에는 직급별로 후생헌금을 받는다.

노후 정양기관인 수도원에 입원한 전무출신에 대해서는 노후의 일체 정양을 교단에서 책임지고 있다. 또 의료비는 원광대학교 부속병원 및 한방병원을 통해 개인 부담금 전액을, 가족의 경우는 20% 정도의 혜택을 받는다. 전무출신인 경우 질병, 부상으로 인한 치료와 정양을 교단에서 책임지고 매 2년마다 건강검진을 받으며, 입원치료와 정양을 요할 경우 요양비의 전액을 지급받는다. 또한 전문의사와 진단서에 의해 요양심의위원회 결의가 있으면 치료비를 지급 받을 수 있도록 하고 있다.

정년퇴임 후 생활할 수 있는 수도원이 전국에 7~8개가 있으며, 수도원에 입방한 교역자들은 별도의 생활비가 필요 없으며 개인별로 월 20만 원씩 지급받고 있다. 원로 예우에 있어서도 별도의 원로예우규정을 두어 원로에게 일정한 거처와 시자를 두며 출입 시에는 시자를 수행하게 하여 일상생활에 불편이 없도록 하고, 응분의 시봉비를 받도록 하고 있다.

3) 각 사찰별 승가복지 현황
각 사찰에서 운영되는 승가복지사업으로 다음과 같이 자생적으로 설립된 시설들을 중심으로 이루어지고 있다.

(1) 자제정사
자제정사(사회복지법인시설)는 1991년 10월 설립하여 2004년 7월 사회복지법인 양로시설로 전환했다. 정원 70명으로 입소대상자는 만 65세 이상 기초생활수급권자와 실비부담대상자가 있다.

거처가 없거나 상좌가 없는 승려 위주로 일반 노인과 같이 생활하고 있다. 사단법인 자제공덕회의 지원으로 재정은 안정된 구조이며, 비구니 승려의 별도 공간이 설치되어 본인 부담 없이 무료로 이용할 수 있다.

(2) 통도사 자비원

통도사 자비원은(사회복지법인시설)은 1992년 4월에 설립된 양로시설로 정원 50명에 입소대상은 만 65세 이상 기초생활수급권자로 지정되어야 입소 가능하다. 때문에 기초생활수급권자로 지정된 몇 명의 승려가 생활하고 있지만 신분 노출을 꺼려 정확한 인원은 파악하기 어렵다. 그리고 혼자서 생활이 곤란한 상태에 이르면 자비원 요양시설에 입소한다.

또한 통도사는 현재 25개 교구본사 가운데 상설다비장이 마련된 유일한 사찰이다.

(3) 금선선원

금선선원(사찰 부속시설)은 1996년 설립하여 경주에 소재하고 있다. 일반 소규모 아파트형 양식으로 30세대가 생활하고 있으며, 조계종 비구니 승려를 대상으로 하고 있다. 모두 범어사 말사이지만 본사의 지원 없이 개인 탁발로 운영되고 있고, 입주 시는 약간의 입주비용을 받지만 거의 무상이며, 생활비와 운영비는 승려 각자가 부담해야 한다.

(4) 수덕사 견성암

수덕사 견성암(사찰 부속시설)은 수덕사의 선원으로써 1999년에 설립되어 40명 정원에 속랍 50세 이상, 법랍 25년 이상 조계종 비구니 승려를 대상으로 하고 있다. 거주 자격은 수덕사와 인연이 있는 승려여야 하며, 노승려인 경우 반드시 시봉할 상좌가 같이 기거해야 하고 마지막 회향까지 할 수 있다.

(5) 해인사 자비원

해인사 자비원(사회복지법인시설)은 2003년 4월에 설립한 양로시설로 수용인원은 정원 50명이다. 다른 요양시설과 달리 입소 대상은 만 65세 이상 기초생활수급권자와 유료로 입소 가능하다. 승려도 만 65세 이상 기초생활수급권자로 지정돼야 입소할 수 있으며, 개인 부담 없이 요양시설 내에서 자유롭게 종교활동을 하면서 일반노인과 함께 생활하고 있다.

(6) 용주사 서림당

용주사 서림당(사찰 부속시설)은 교구와 말사가 지원한 첫 승려노후복지시설로써 2004년 4월 개원했다. 전통사찰양식으로 1인 1실의 구조로 되어 있고, 법랍 30년 이상 승려들이 생활하고 있다. 정부나 지자체의 지원 없이 용주사의 수말사인 수원포교당, 과천 연주암, 여주 신륵사의 복지 부담금으로 운영하고 있다.

교계 복지 관계자들은 용주사를 문제 해결의 열쇠로 지목하고 있는데, 이는 용주사가 세납 65세, 법랍 20세 이상의 교구 소속 노스님 40여 명에게 수행연금을 제공하고 있기 때문이다. 특히 수행연금이 교구 소속 주지 스님들의 정기적인 자발적 보시로 이뤄지고 있다는 점에서 승려노후복지의 모델로 꼽히고 있다. 그렇지만 용주사의 경우도 교구 전체가 아닌 일부 스님들만을 대상으로 이뤄지는 만큼 종단 전체로 확대하기 위해서는 더 많은 연구와 노력이 필요해 보인다.

(7) 선운사

노스님들의 주거 공간 지원의 측면에서는 선운사는 대표적인 모델로
주목받고 있다. 선운사는 교구 내 노스님들의 노후문제 해결을 위해
사찰 인근에 노후수행관 '석상마을' 건립을 추진 중이다. 석상마을은
20여 채의 토굴과 경작지 등으로 구성, 선농일치를 실천하는 수행공동
체로 운영될 계획이다. 현재 지방자치단체와 석상마을 건립에 관한
종합계획과 원주민 이주문제 해결을 위한 협의를 진행 중이다.

제8장 불교사회복지의 과제

불교사회복지의 궁극적인 목적은 모든 중생을 고통에서 구제하여 완전한 인격자인 부처가 되도록 도와 이상적인 불국정토를 만드는 것을 통하여 모든 사회구성원들이 인간의 존엄과 가치를 존중받으면서 사회구성원 모두가 행복한 삶을 영위할 수 있도록 복지사회를 만드는 데 있다.

현재 불교사회복지 전달체계는 종단차원에서 실질적인 사회복지사업을 실행할 수 있는 법적 기반을 갖추지 못한 상태에서 각 전달체계 간 사회복지에 대한 정보제공 및 업무조정과 협조기능이 미약하여 상호 유기적 연계가 잘 이루어지지 않고 있다. 또한 불교사회복지시설의 수가 부족하며, 지역적으로도 편재되어 있고 전문지식을 지닌 복지인력을 충분히 확보하지 않는 등 많은 문제점을 안고 있다.

이하에서는 불교사회복지가 나아갈 방향에 대하여 불교사회복지의 목적을 달성하고, 불교사회복지 사업의 활성화를 위한 과제를 중심으로 살펴보고자 한다.

1. 불교사회복지 전문인력의 양성

불교사회복지 전달체계의 효율성을 높이기 위해서는 불교사회복지종 사자의 사회복지업무를 수행하는 데 필요한 전문지식과 경험을 가지고 있어야 한다. 그러나 우리나라의 불교사회복지 전달체계의 조직구조 는 전문지식을 지닌 복지인력을 충분히 확보하지 못하고 있다.

 불교사회복지의 질적 향상을 도모하고, 지속적인 불교사회복지의 발전을 도모하기 위한 필수적인 조건으로 불교사회복지시설의 사회복 지사 자격증을 가진 종사자의 비율을 높이며 사회복지기관에 종사하는 전문인력들의 지속적인 재교육을 통한 교육훈련이 필수적이다. 특히 불교사회복지 인력에 대한 체계적인 교육 훈련 시스템을 개발할 필요가 있다. 즉 체계적인 재교육의 제도적 장치 속에서 불교사회복지교육 커리큘럼의 개발을 통하여 신입직원, 중견직원, 관리자 등 각 대상별로 정기적인 교육이 이루어져야 한다.

 나아가 불교사회복지종사자들이 매너리즘에 빠지지 않고 지속적으 로 좋은 서비스를 제공할 수 있도록 사회복지의 새로운 이념 및 동향, 불교사회복지의 모색 등 보다 내실 있는 보수교육이 이루어지도록 한다. 또한 불교사회복지에 대한 관심 및 이해도를 높이기 위해 불교사 회복지에 대한 세미나, 공청회 등에 대한 참여, 월례회를 이용한 복지전 문가의 강좌, 지역사회 불교사회복지행사 참여 등을 통하여 능력을 개발하고 근무의욕을 갖고 열심히 일할 수 있도록 동기를 부여하는 활동이 필요하다.

2. 불교사회복지시설의 양적 확대와 지역적 편재의 극복

우선적으로는 불교사회복지시설의 수가 많이 부족하므로 양적 확대가
시급한 과제라 할 수 있다. 더불어 최근 사회의 변화와 관련하여 다양하
게 나타나고 있는 복지서비스 이용자의 욕구에 적절히 대응하기 위해서
는 보다 다양한 복지서비스를 제공하는 시설 및 기관의 확대가 필요하
다. 또한 지역적으로 불교계 사회복지시설이 편재되어 있으므로 불교
사회복지시설을 이용하고자 하여도 지리적 접근성이 떨어져 이용에
어려움이 있다. 따라서 지역적 안배를 통해 불교사회복지시설을 쉽게
이용하도록 노력할 필요가 있다.

  나아가 현재 불교계 사회복지시설은 정부나 지방자치단체의 관리감
독을 받기 쉬운 정부위탁시설의 비중이 직영시설보다 크기 때문에
사회복지시설의 운영에 있어 불교적 특색을 반영하는 데 제한이 있으므
로 불교사회복지의 실천을 위하여 직영시설의 비중을 높여나갈 필요가
있다.

3. 불교자원봉사자 및 후원자의 효율적 관리와 양성

불교사회복지서비스의 효율적인 제공을 위한 방법의 하나로 자원봉사
자의 안정적인 확보를 위한 전문적 관리와 교육이 필요하다고 할 수
있다. 자원봉사자의 적극적 활용은 인력부족을 겪고 있는 사회복지시
설에서 사회복지사들의 전문성을 높이는 데 중요한 역할을 수행하며,
서비스 이용자들에게도 보다 질 높은 서비스를 제공할 수 있는 기반이
된다.

　또한 적극적이고 지속적인 불교사회복지서비스를 제공하기 위해서는 안정적인 재원의 확보가 필요하다. 불교사회복지시설 및 기관은 대부분의 민간시설 및 기관으로 불교계가 적극적인 사회복지활동을 전개하기 위해서는 후원자의 적극적인 개발과 관리, 기금의 확보를 통한 안정적인 재원확보를 위한 노력이 필요하다.

4. 종단차원 불교사회복지 법규의 개정 및 보완

실질적인 사회복지사업을 실행할 수 있는 법적 기반을 갖춘 불교계종단이 드문 상태에서 현재 사회복지관련 종헌, 종령을 갖추고 있는 종단의 경우도 많은 조항이 '~할 수 있다'라는 임의조항으로 되어 있어 강행규정상의 의무적 시행에 어려움이 많으므로 '~해야 한다'라는 의무조항으로 규정하여 보다 실질적인 지원이 가능하도록 구체적인 법 규정으로 제도화하는 것이 필요하다.

　또한 종단의 사회복지 정책 결정과 이를 집행할 수 있는 종책기구가 존재하지 않는 곳이 많다. 따라서 종단의 사회복지관련 종책기구가 실질적 행정 집행권을 갖고 산하시설 및 기관을 지도·감독할 수 있도록 기구의 정비와 더불어 종헌과 종령의 개정을 통하여 그 업무를 명확하게 하여 각자의 역할 분담을 충실히 수행하게 하는 것이 필요하다.

5. 전달체계 간 상호협력관계의 강화

불교사회복지서비스의 이용자에게 양질의 서비스를 제공하기 위해서는 불교사회복지 전달체계 간에 상호 유기적 연계와 협조가 이루어져야 한다. 그러나 현재 전달체계 간 상호협력관계에 있어서 상호 간의 협력수준이 미약하여, 각 교구본사, 단위사찰별로 사회복지에 대한 정보제공 및 전달체계 간 업무조정과 협조기능이 미약한 실정이다. 이는 중앙의 사회복지관련 종책기구의 기능이 미약하여 아직 교구본사, 단위사찰 간의 전달체계가 구성되어 있지 못하기 때문이다. 또한 교구본사차원에서 사회복지와 관련된 하부구조를 갖추지 못한 실정에서 교구의 사회복지활동도 교구본사의 실정에 따라 많이 차이가 나고 있다.

따라서 교구본사는 지역사회에서 불교사회복지 실천의 장으로서 단위사찰의 사회복지 업무를 지원하며, 서로의 업무분담을 명확히 하여 각각의 역할을 잘 수행할 수 있는 체계적인 구조를 갖추는 것이 필요하다. 특히 교구본사는 지역사회의 특성과 욕구에 맞추어 단위사찰의 사회복지업무와 서로 역할을 분담해가는 것이 필요하며, 교구 내 사회복지의 조정자로서 역할을 수행하는 것이 필요하다. 그러나 현재 교구본사의 사회복지에 관한 역량에는 차이가 있으므로 그 차이를 보완하여 지역사회의 중요한 사회복지 실천의 장으로서 역량을 키워나가는 것이 필요하다.

6. 불교사회복지시설 및 타 기관 간의 연계강화

불교사회복지시설은 비교적 다른 기관과의 연계가 부족하므로, 불교사회복지의 전달체계 간 또는 각 불교사회복지시설의 기능을 활용하여 상호협력하며 좋은 서비스를 제공하기 위하여 네트워크의 구축 등 서로의 연계강화가 필요하다.

　이를 위하여 각 시설 및 기관은 불교사회복지사업에 대한 상호 정보제공에 노력할 필요가 있다. 또한 불교사회복지에 필요한 정보, 전달체계관련 정보, 불교사회복지관련 인력관련 정보, 불교사회복지 관련 법령의 개정내용 및 질 좋은 프로그램의 소개, 불교사회복지시설 설치 및 운영전반에 필요한 각종 정보를 제공함으로써, 불교사회복지 서비스 전달체계상의 단편성과 공급의 중복 및 누락발생을 방지하여 불교사회복지서비스가 효과적, 효율적으로 전달되도록 해야 한다.

7. 이용자의 욕구충족 및 의견반영

이용자들의 욕구에 더욱 다가가기 위해서는 이용자가 필요로 하는 서비스를 이용자의 측면에서 제공하는 것이 필요하므로 이용자에 대한 다양한 욕구분석을 통하여 획일적이고 경직적인 서비스의 제공에서 벗어나 능동적으로 시대가 요구하는 서비스로의 대응이 필요하며, 불교사회복지서비스에 대한 만족도 및 불교사회복지제도 및 정책에 대한 이용자들의 의견을 보다 용이하게 제안 및 반영할 수 있는 체제의 모색이 필요하다.

　따라서 이용자가 필요로 하는 경우 언제든지 정보를 제공하며, 이용자의 요구에 맞는 시설을 선택할 수 있도록 연결, 지원하는 정보지원시스템의 구축도 필요하다. 나아가 불교사회복지사업에 대한 자유로운 의견을 제시할 수 있는 홈페이지 관리 및 이용창구의 이용을 좀 더 용이하게 하여 이용자 및 현장의 목소리를 반영하는 불교사회복지 전달체계의 마련이 중요하다.

8. 이용자의 인권에 대한 존중과 지역사회통합의 촉진

불교사회복지의 목표 달성을 위하여 기본적으로 해결되어야 할 과제는 먼저 사회적 약자의 인권을 존중하는 사회구조가 형성되어야 한다. 특히 선별적 복지에서 보편적 복지로 나아감에 따라 복지의 이용자를 시혜적 측면보다는 권리적 측면에서 모두가 평등한 부처님의 제자로서, 그리고 더불어 행복한 사회를 만들어가는 구성원으로서 인권을 존중해 나가는 것이 필요하다.

이용자의 인권을 존중하기 위해서는 사회환경의 개선과 사회적 약자에 대한 부정적 인식과 편견을 개선하기 위한 불교사회복지관련 조직과 구성원의 동참이 필요하다. 나아가 불교복지서비스의 제공 시 불교에 관심 있는 이용자들이 불교를 접할 수 있는 다양한 기회를 제공한다면 이용자들과 불교에 관심을 갖고 상호 간의 통합이 촉진될 수 있는 중요한 방법이 될 것이다.

참고문헌

국내 저서 및 논문

강남식, 「여성노동정책과 담론 분석: 성별화된 노동시장과 모성보호정책을 중심으로」, 이영환 편, 『통합과 배제의 사회정책과 담론』, 함께 읽는 책, 2003.

_____, 『여성과 복지(정책)』, 한국양성평등교육진흥원, 2008.

강성희, 「불교문화 활성화를 통한 아동불교 저변화 전략」, 『불교사회복지 실천과제와 전략』, 대한불교조계종 사회복지재단 불교사회복지연구소, 2006.

강은주, 「불교여성복지의 정보화 방안 연구」, 동국대학교 불교대학원 사회복지학전공, 석사학위논문, 2000.

강흥구, 『의료사회복지실천론』, 학현사, 2005.

고경환, 「불교계 사회복지시설의 일반 현황과 과제」, 『불교사회복지의 현황과 과제』, 대한불교조계종 사회복지재단 창립15주년 기념특별세미나, 2010년 12월 2일.

고양곤 외, 『노인과 자원봉사활동』, 학지사, 2003.

권경임, 「불교사회복지사상과 실천체계에 관한 연구」, 동국대학교 박사학위논문, 1998.

_____, 『불교사회복지실천론』, 서울: 학지사, 2004.

_____, 「불교사회복지의 현황과 전망」, 『불교평론』, 2007년 여름 제9권 제2호.

_____, 『현대불교사회복지론』, 서울: 동국대학교 출판부, 2009.

_____, 『불교사회복지실천론』, 학지사, 2004.

김각현, 「자원봉사와 불교」, 『불교와 사회복지』 제5호, 중앙승가대학교 불교사회복지연구소, 2001.

김기붕, 「불교사회복지 사상과 실천현황에 관한 연구」, 계명대학교 여성대학원, 사회복지학과 석사학위논문, 2002.

김상균·최일섭·최성재·조흥식·김혜란, 『사회복지개론』, 서울: 나남, 2001.

김성경, 『여성회관의 발전적 운영방안: 운영현황 및 과제』, 한국여성개발원, 1998.

김성천, 「원불교 복지의 전망과 과제」, 『원불교사상』 9권, pp.101~128, 원광대학교

원불교 사상연구원, 1986.

김수환, 『가족복지론』, 공동체, 2009.

김영모, 「종교와 사회복지」, 『원불교사상』 9권, pp.1~14, 원광대학교 원불교 사상연구원, 1986.

김용택, 『카운셀링 불교』, 시공사, 1998.

김응철, 「불교복지사업이 걸어 온 100년」, 『불교평론』 창간호, 1999.

김인종, 「복지다원 사회에 있어서 종교의 사회복지 역할」, 국제문화학회, 『역사와 사회』 3권 24호, 원광보건대학, 1999.

김재순, 「불교 교정사회사업의 활성화 방안 연구」, 동국대학교 불교대학원 사회복지학 전공, 석사학위논문, 2000.

김정련, 「불교장애아동복지에 관한 연구」, 『불교사회복지』 제2집, 대한불교사회복지연구원, 2004.

김정용, 『한국현대불교고령자복지연구』, 일본 불교대학 박사학위논문, 2007.

김주영, 「불교의 약사경에 나타난 장애인관 연구」, 단국대학교 대학원 석사학위논문, 1997.

김태진, 「대구광역시 여성회관 활성화 방안」, 『여성정책연구』 제22집, pp.187~208, 1999.

김형식·이영철·신준섭, 『사회복지행정론』, 양서원, 2007.

김혜경 외, 『가족복지론』, 공동체, 2009.

김휘연, 「불교지역사회복지의 현황과 발전과제」, 대한불교조계종 사회복지재단, 『불교사회복지 실천과제와 전략』, 2006.

남기철, 『자원봉사론』, 나남출판, 2007.

능인, 「불교사회복지학의 학문적 성립에 관한 일고찰」, 『중앙승가대학교 논문집』 제8집, 중앙승가대학교, pp.211~240, 1999.

대한불교조계종, 『불기2552(2008)년 통계자료집』, 2009.

대한불교조계종 사회복지재단 창립 15주년 기념 특별세미나, 「불교계 사회복지 시설의 지역사회 자원활용 및 프로그램 연구」, 『불교사회복지의 현황과 전망』, 사회복지법인 대한불교조계종사회복지재단, 2010.

대한불교조계종 총무원 기획실, 『2008년 조계종 종단통계자료집』, 2009.5.

대한불교조계종사회복지재단, 『불교사회복지편람』, 2006.

대한불교조계종사회복지재단 불교사회복지연구소, '대한불교조계종 사회복지재단 창립 15주년 기념 특별세미나', 『불교사회복지의 현황과 전망』, 2010.

대한불교조계종사회복지재단 불교사회복지연구소, 『불교사회복지편람』, 2006.

대한불교조계종사회복지재단, 「불교사회복지 실천사례와 발전방향」, 『불기2554 (2010)년 종단산하 사회복지법인 대표·시설장 워크숍』, 2010.

대한불교조계종포교원 불교상담개발원, 『불교와 상담』 제3호, 2008.

대한불교진흥원, 『미래사회를 향한 불타의 가르침』, 1995.

동국대학교 석림동문회, 『한국불교현대사』, 시공사, 1997.

리영자, 『불교와 여성』, 민족사, 2001.

목정배 역, 「승만경」, 『현대불교신서6』, 동국대학교 출판부, 1978.

박경호, 「행정인력의 전문화를 위한 정책대안」, 『한국행정연구』 제4권 제1호, 1995.

박경훈 역, 川奈洋一, 『불교와 의학』, 홍법원, 1993.

박광준, 『붓다의 삶과 사회복지』, 한길사, 2010.

_____, 노인복지의 불교적 접근, 불교사회복지심포지움 기조발제문, 2009.

_____, 사회복지의 불교적 접근, 불교사회복지심포지움 기조발제문, 2007.

_____, 사회복지실현을 위한 불교적 접근과 과제, 『불교평론』 제30호, 2007.

_____, 일본 불교사회복지의 발전과 불교복지에의 시사, 『불교평론』 제25호, 2005.

박병현, 『사회복지정책론』, 현학사, 2004.

박상환, 『朝鮮時代 耆老政策 硏究』, 혜안, 2000.

박석돈, 『사회복지서비스법』, 삼영사, 2005.

박선영, 『불교의 교육사상』, 동화출판공사, 1980.

박영란·황정임, 「여성복지서비스 전달체계의 기능강화방안에 관한 연구」, 한국여성개발원, 1997.

박영희, 「한국불교호스피스의 현황과 과제」, 『정토학 연구－정토교와 불교복지』 제7집, 2004.

박태영, 『지역사회복지론』, 현학사, 2003.

배기호 외, 『자원봉사론』, 공동체, 2008.

배임호·박경일·이태언·신석환·영록, 『교정복지론』, 양서원, 2001.

백종만·최원규·최옥채·윤명숙·홍경준·이상록·박현선, 『사회와 복지』, 나눔의 집, 2001.

법정스님, 『말과 침묵』, 샘터, 2010.

_____, 『영혼의 모음』, 샘터, 2010.

법무부 교정본부, 「한국의 교정행정」, 2009.

본각스님, '부다피아 인터넷.'

사회복지법인 연꽃마을, 『사회복지법인 연꽃마을 자원봉사자 활동보고서』, 2006.

_____, 『사회복지법인 연꽃마을 자원봉사자 활동보고서』, 2008.

서병진, 『New Guide 불교사회복지론』, 솔바람, 2010.

서상목·최일섭·김상균, 『사회복지전달체계의 개선과 전문인력 활용방안』, 한국개발
　　연구원, 1988.

성규탁, 『사회복지행정론』, 법문사, 1998.

성정현 외, 『가족복지론』, 양서원, 2009.

신섭중, 「21세기의 한국불교사회복지의 과제와 전망」, 불교사회복지연구소 설립1주
　　년 기념 학술심포지움, 『21세기와 개혁기 불교사회복지의 과제』, 중앙승가대학교
　　불교사회복지연구소, 1994.

심연수, 『복지국가와 정의』, 인간사랑, 1998.

아산사회복지사업재단, 『아동복지편람』, 1997.

오희창, 「수형자의 교정복지적 처우에 관한 연구－불교교정복지처우를 중심으로」,
　　동국대학교 불교대학원 불교사회복지학과 석사학위논문, 1999.

유상배, 「현대 병원의학 체계에 있어 불교의 참여에 관한 연구」, 동국대학교 불교대학
　　원 불교사회복지학과 석사학위논문, 1999.

윤현숙, 「불교 터미널케어(호스피스) 용어 정립 및 활성화 방안」, 『불교사회복지
　　실천과제와 전략』, 대한불교조계종 사회복지재단 불교사회복지연구소, 2006.

이경훈, 『불교의학』, 경서원, 1987.

이대근, 『아동복지론』, 형설출판사, 2001.

이병희, 「고려시대의 사원경제와 한국불교의 과제」, 『불교평론』제43호, 2007.

_____, 『고려후기 사원경제 연구』, 경인문화, 2008.

이성옥, 「불교계 민영교도소의 도입에 관한 연구」, 동국대학교 불교대학원 불교사회복
　　지학과 석사학위논문, 2001.

이영철, 『지역사회복지론』, 현학사, 2003.

이원규, 「교회 사회봉사에 대한 사회학적 접근」, 대한예수교장로회 총회편, 『교회사회
　　봉사편람』, 한국장로교출판사, 1994.

이원섭 역, 한용운 저, 『불교대전』, 현암사, 1980.

이은화·이경우·문미옥·유희정, 『유아를 위한 복지의 이론과 실제』, 창지사, 1999.

이태수, 「한국사회복지의 동향과 종교사회복지의 방향」, 『한국종교계사회복지대표
　　협의회 제2회 심포지엄 자료집』, 1999.

이혜경, 「국민소득과 아동복지」, 『아동연구』 7호, 숙명여자대학아동연구소, 1992.

_____, 「서울특별시 여성복지를 위한 민관동반관계 발전전략」, 『제2회 국제 여성복지
　　심포지움: 민관협력체계 구축방안 자료집』, 1996.

이혜숙, 「불교사회복지사업의 전문성에 대하여」, 『한국불교학』 제16집, 한국불교학
　　회, 1991.

이혜숙 역, 森永松信, 『불교사회복지학』, 불교시대사, 1992.

임송산, 『불교사회복지』, 홍익제, 1983.

_____, 『불교복지 I : 사상과 사례』, 법수출판사, 1983.

임해영, 「불교사회복지 개념 재구성」, 『불교학연구』 제12호, 불교학연구회, 2005.

_____, 『불교사회복지 기관 실태조사 분석』, 대한불교조계종 사회복지재단, 2006.

장영인·최영신·백선희·임유경, 『아동복지론』, 나눔의 집, 2006.

장인협·오정수, 『아동·청소년복지론』(제2개정판), 서울대학교출판부, 2001.

전보경, 「불교여성복지 활성화를 위한 발전 과제」, 『불교사회복지 실천과제와 전략』,
　　대한불교조계종 사회복지재단 불교사회복지연구소, 2006.

정무성, 「한국 종교사회복지발전과 원불교사회복지」, 『원불교사회복지총람』, 원불교
　　교정원 공익복지부, 2008.

정문영, 「불교아동복지시설의 활성화 방안에 관한 연구－서울·경기지역 아동양육시
　　설의 사례를 중심으로－」, 동국대학교 불교대학원 불교사회복지학과 석사학위논
　　문, 2004.

정일교·김만호, 『장애인복지론』, 양서원, 2010.

조기룡, 「조계종사회복지 전달체계 개선방안」, 『불교사회복지 실천과제와 전략』,
　　대한불교조계종 사회복지재단 불교사회복지연구소, 2006.

조보각, 「불교사회복지 이념과 활동사례」, 『한국불교사회복지총람』, 조계종 불교사회
　　복지정보센터, 1999.

_____, 「불교사회복지 어떻게 할 것인가」, 한국불교발전 연구원 개원 법회 기념
　　세미나 자료집, 1994.

_____, 『불교사회복지사상사』, 중앙승가대학교 출판부, 2001.

조성은, 『사회복지법령집』, 나눔의 집, 2007.

조연숙, 「여성복지서비스 공급기관 운영형태의 다양화의 성과에 관한 연구」, 명지대학

교 박사학위논문, 2001.

조휘일·정재훈·원미순·박윤숙, 『자원봉사론』, 공동체, 2009.

조홍식·김인숙·김혜란·김혜련·신은주, 『가족복지학』, 학지사, 1997.

조홍식, 「종교 사회복지활동의 방향과 과제」, 『제1회 종교와 사회복지 심포지엄 자료집』, 한국 종교계 사회복지 대표자협의회, pp.9~21, 1998.

조홍식·권기창·이태수·박경수·이용표·엄규숙·박기훈, 『사회복지학개론정』, 창지사, 2008.

조홍식·김혜련·신혜섭·김혜란, 『여성복지학』, 학지사, 2001.

중앙승가대학교 대학원, 중앙승가대학교 대학원 학술대회, 『불교학과 상담심리』, 2010.

차문섭, 『효행점고 충효사상』, 단국대학교출판부, 1977.

최광식, 「불교아동복지사업의 활성화 방안 연구」, 원광대학교 행정대학원 사회복지학과 석사학위논문, 2001.

최성균·고명석·승금희, 『사회복지개론』, 대왕사, 2005.

최성재·남기민, 『사회복지행정론』, 나남, 1993.

최옥채, 『교정복지론』(제3판), 아시아미디어리서치, 2001.

최일섭·박광준 외, 『사회복지관 평가모형 개발 연구』, 한국사회복지관협회, 1998.

표갑수, 『아동청소년 복지론』, 나남출판사, 2000.

한국유아교육학회편, 『유아교육사전』, 한국사전연구사, 1996.

한인영·최현미, 『의료사회사업론』, 학문사, 2000.

황옥자, 『불교아동교육론』, 불교시대사, 1994.

외국문헌

Costin,L.B. 1984, *Child Welfare: Policies & Practice*(3rd ed.), New York: Mcgraw-Hill Book Co.

Friedlander, W. A. & Apte. R.Z. 1980, *Introduction to Social Welfare*(5th ed.), Englewood Cliffs, N. J.: Prentice-Hall.

Romanyshin, J. M. 1971, *Social Welfare, Charity to Justice*, New York: Random House.

James Midgley Wiley, 1984, *Social Security, Inequality and the Third World*, Chichester.

Kadushin, A. & Martin, J. A., 1988, *Child Welfare Services*, 4th, MacMillan Publishing

Company, pp.226~239.

Nirje, B., 1980, *The Normalization Principle*. Normalization, Social Intergration and Community Srevices. Fiynn, R. J. & Nitsch, K. E., Baltimore.

Williams, F., 1989, *Social Policy: A Critical Intrudution*. Cambridge: Policy Press.

水谷辛正, 1989, 『佛敎福祉』 第15号, 佛敎大學 佛敎社會硏究所.

_____, 1982, 『佛敎と福祉』, 佛敎大學 佛敎社會硏究所.

_____, 1974, "佛敎社會福祉學の意図したもの", 『佛敎福祉』 創刊号, 佛敎大學 佛敎社會硏究所.

_____, 1967, "淨土敎と社會福祉", 『淨土宗學硏究』 第2号, 淨土宗學硏究會.

守屋茂, 1971, 『佛敎社會事業の硏究』, 法藏館.

孝橋正一, 1977, "佛敎と社會福祉の結合樣式", 『佛敎福祉』 第4号, 佛敎大學 佛敎社會硏究所.

花田順信, 1986, 『佛敎と福祉』, 佛敎大學通信敎育部.

森永松信, 1964, 『佛敎社會福祉學』, 誠信書房.

東北福祉大學社會福祉硏究室, 1994, "東北地方における自立センター設立の動向," 『社會福祉硏究室報』 第4号.

佐藤久夫, 1994, 『障害者福祉論』, 誠信書房.

定藤丈弘, 1996, 『現代の障害者福祉』, 有斐閣.

齊場三十四・橋元隆 編, 1996, 『入門リハビリテーションと生活環境』, 相川書房.

新社會福祉學習雙書 編輯委員會 編, 1998, 『兒童福祉論 9』, 全國社會福祉協議會.

井垣章二, 2002, 『兒童福祉』, ミネルヴァ書房.

中垣昌美, 1999, "佛敎と福祉にする硏究方法論", 『佛敎と福祉の硏究』龍谷大學 記念論集.

_____, 1991, "社會福祉學と佛敎社會福祉學の社會科學的接点", 龍谷大學 社會學部學會, 『社會學部紀要』 第2号.

道端良秀, 1967, 『中國佛敎と社會福祉事業』, 法藏館.

中村元역, 1968, 『Sutta-nipāta(ブッダのことば)』, 岩波文庫.

_____역, 1982, 『尼僧の告白』, 岩波文庫.

內海正, 1979, 「불교의 장애인관 일고찰」, 『일본불교사회복지학회년보』, 11호.

金慧棹・株本千鶴・田宮仁, 1997, 仏敎社會福祉に關する日韓比較硏究―その1, 韓國曹溪宗の仏教社會福祉活動を中心に,『仏教社會福祉學會年報』第27号.

赤坂 一, 1982, 盲人教育・福祉における仏教の役割,『仏教社會福祉學會年報』第13.

大橋隆憲, 1982, 國際障害者年と仏教教団,『仏教社會福祉學會年報』第13号.

內海 正, 1979, 仏教における障害者觀の一考察,『仏教社會福祉學會年報』第10号.

中西直樹, 2004,『仏教と医療・福祉の近代史』法藏館.

長谷川匡俊編, 2003,『戰後仏教社會福祉事業の歷史と現狀に關する總合研究』, 科學 研究費研究結果報告書.

山本曉得, 1934, 仏教的盲人觀,『佛眼』, 法藏館.

吉田久一, 2003,『社會福祉と日本の宗教思想』, 勁草書房.

上野谷加代子・松端克文・山縣文治遍, 2004,『よくわかる地域福祉』, ミネルヴァ書房.

경전

한글대장경,『대지도론大智度論』5권, 동국역경원.

한글대장경,『대지도론大智度論』24권, 동국역경원.

한글대장경,『약사경』, 동국역경원.

한글대장경,『중아함경』, 동국역경원.

한글대장경,『지장십륜경』, 동국역경원.

한글대장경, 經部 12권,『금광명최승왕경金光明最勝王經』.

『大正新修大藏經』제1권,『출요경』권17, 유념품 제1.

『大正新修大藏經』제1권,『장아함경』권17, 사문과경.

『大正新修大藏經』제2권,『증아함경』권31, 역품.

『大正新修大藏經』제4권,『법구경유경』권1, 다이품

『大正新修大藏經』제4권,『법구비유경』권2, 명철품.

『大正新修大藏經』제4권,『법구비유경』권1, 자인품.

『大正新修大藏經』제13권,『대집경』권18, 허공장보살품.

『大正新修大藏經』제14권,『법구경유경』권1, 마이품.

기타

불교신문(1997) 제1639호.

진각종보(1997.8.1).

진각종보(1998.1.1).

진각종보(1998. 10. 1).

진각종보(1998. 12. 1).

http://www.mahayana.or.kr.

http://stat.mw.go.kr.

찾아보기

396

보각 스님 중앙대학교 사회복지학과 석사
상지대학교 행정학과 박사
현재 중앙승가대학교 사회복지학과 교수
저서 :『불교사회복지사상사』외 다수

능인 스님 일본불교대학 사회복지학 석사 및 박사
중앙승가대학교 사회복지학과 교수 역임
논문 :「가족정책의 동향과 전망」외 다수

혜도 스님 일본숙덕대학 사회복지학 석사
일본불교대학 사회복지학 박사
현재 중앙승가대학교 사회복지학과 교수
저서 :『노인복지의 정책과 과제』외 다수

최영신 중앙대학교 사회복지학 석사
오사카시립대학교 사회복지학 박사
현재 중앙승가대학교 사회복지학과 부교수
저서 :『아동복지개론』외 다수

불교사회복지개론

초판 1쇄 인쇄 2012년 9월 7일 | **초판 1쇄 발행** 2012년 9월 14일
지은이 조보각, 손능인, 김혜도, 최영신 | **펴낸이** 김시열
펴낸곳 도서출판 운주사

(136-034) 서울 성북구 동소문동 4가 270번지 성심빌딩 3층
전화 (02) 926-8361 | **팩스** 0505-115-8361
ISBN 978-89-5746-322-2 93220   값 20,000원
http://cafe.daum.net/unjubooks 〈다음카페: 도서출판 운주사〉